Rüdiger Heimlich · Abu Simbel

Rüdiger Heimlich

Abu Simbel
Wettlauf am Nil

HORLEMANN

Deutsche Originalausgabe

© 2006 Horlemann
Alle Rechte vorbehalten!

Bitte fordern Sie unser
aktuelles Gesamtverzeichnis an

Horlemann Verlag
Postfach 1307
53583 Bad Honnef
Telefax 0 22 24 / 54 29
E-Mail: info@horlemann-verlag.de
www.horlemann-verlag.de

Gedruckt in Deutschland

ISBN 3-89502-216-0

Wir danken der HOCHTIEF Aktiengesellschaft
für die freundliche Unterstützung.

Inhaltsverzeichnis

7 Vorwort

8 Jäger, Sammler, Produzenten

15 Megaprojekte – Megastorys

36 Heinrich Barths Erben

42 Fliegen mit Mohammed Atta

47 Abwarten und Tee trinken in Kairo

65 Gedächtnisdepot – das Ägyptische Museum

98 Assuan. Dämme, Dörfer und Bewacher

145 Toshka. Trauben in der Wüste

154 Ramses und Nefertari

176 Die Vierte Pyramide

191 Doktor Farid

196 Ägypten für Zeitreisende

213 El Kahira

231 Abu Simbel Gedid

244 Ursuppe, Urhügel, Urhütte. Das Sonnenwunder

254 Im Pumpensumpf

266 Literatur, Autor, Danksagung

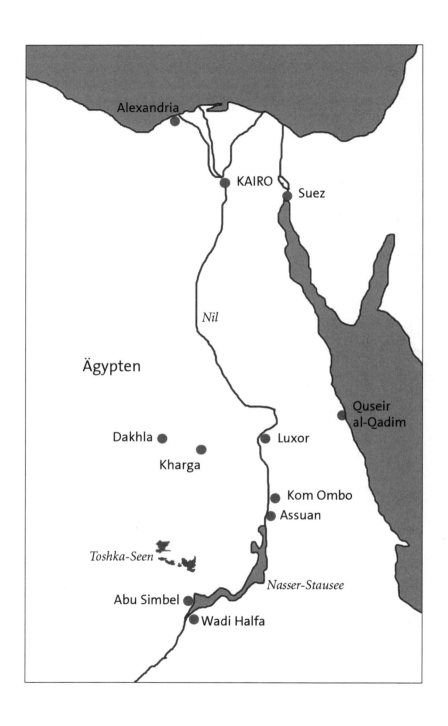

Vorwort

Das erste Mal sah ich das Foto, als ich sechs oder sieben Jahre alt war: Der enthauptete Ramses, an einer Stahltrosse hängend, hoch über Bauarbeiterköpfen. Das Bild hat mich damals ziemlich beschäftigt: Da wurden zwei Tempelberge mit der Säge zerlegt und 65 Meter höher wieder zusammengesetzt. Und Ramses lächelte gleichgültig. Das war 1965, an einem mir damals unerreichbar fernen, abenteuerlich anmutenden Ort im Süden Ägyptens, am Nil, am Rande der Wüste – Abu Simbel.

Beinahe 40 Jahre später sollte ich für die Filmdokumentation „Abu Simbel. Ein Tempel bewegt die Welt" die spektakulärste Rettungsaktion recherchieren, die je einem Weltkulturerbe galt. Ich machte mich auf die Suche nach Zeitzeugen dieses Wettlaufs gegen den steigenden Nil: nach Ingenieuren, Archäologen und den Nubiern, deren Dörfer damals im Nasser-Stausee versanken. Aus einer historischen Rückblende wurde ein Blick in Gegenwart und Zukunft Ägyptens.

Vielleicht hat meine Reise nach Abu Simbel schon vor vier Jahrzehnten begonnen. Ich staune noch jetzt darüber, wie viele spannende Umwege sie nahm, und wie vielen interessanten und hilfsbereiten Menschen ich dabei begegnen durfte. Ich denke voller Dankbarkeit an sie. Zu allererst an meine Frau und meinen Sohn. Sie haben es mir ermöglicht, auf eine Reise zu gehen, von der ich schon als Junge träumte.

Jäger, Sammler, Produzenten

Jede Reise ist eine Reise ins eigene Herz.
NOMADENWEISHEIT

Es war in Nabta, vielleicht fünfzig, sechzig Schritte vom Wagen entfernt. Wir waren erst am späten Nachmittag von der Wüstenstraße abgebogen, an einem verbogenen Stahlrohr, das rechts der Piste im Sand steckte und für andere, wenn sie es überhaupt wahrnahmen, eben nur ein Rohr im Sand war. Irgendein Straßenarbeiter mochte es steckengelassen haben, ein Pfahl in einer sonst konturlosen Landschaft. Attiya hatte ihn schon von weitem geortet. Im Vierradantrieb fräste sich der Wagen dröhnend durch Sandwehen, bis die Reifen auf hartem Schotter griffen. Attiya dirigierte Kuper über die Ebene, die mit Fahrspuren überzogen war wie ein Schnittmusterblatt. Dann hielten wir, weil Kuper nicht zu nah heranfahren wollte. Ich konnte da draußen nichts ausmachen, an das man überhaupt hätte heranfahren können.

Es dämmerte bereits. Die Wüste lag enttäuschend farblos da. Draußen ging es sich wie durch einen schallgedämmten Raum, durch eine wattige Stille, so lautlos blieben die Schritte. Das Gelände stieg sanft an. Ich blickte zurück in einen Horizont wie aus einem Cinemascopefilm. Der Sand war hier fest, als hätte ihn eben eine ablaufende Welle steif gestrichen. Rudolph Kuper und Attiya Radwan strebten der Anhöhe zu. „Playa"-Siedlung, hörte ich Kuper sagen. Sein archäologisches Vokabular war mir immer noch fremd. Der Boden sei hier übersät mit Artefakten. Er deutete auf ein unübersehbares Mosaik von Steinen, das auf dem Sand ausgelegt schien. „Artefakt" – archäologischer Begriff für ein Gerät, etwas Hergestelltes, Gestaltetes. Sonderlich spannend habe ich Faustkeile oder steinerne Speerspitzen nie gefunden. Als Schüler sollten wir uns die Dinger während des Heimatkunde-Unterrichts im Landesmuseum ansehen, hinter Vitrinenglas in Reih und Glied, nach Größe und Profil sortiert. Die Ritterrüstungen nebenan waren imposanter.

Hier im Gelände war das anders. Wusste das Auge einmal, wonach es suchte, wurde es auf der Stelle fündig. Vor mir lag eine rotbraune glatte Steinklinge, an den Rändern wie von Mäusezähnchen benagt. Das letzte Stück der Spitze fehlte. Die Unterseite wie ein Mandolinenbauch, ein Instrument wie aus poliertem Holz, liegengelassen oder verloren gegangen vor sechs-, sieben- oder zehntausend Jahren, vielleicht von einem zottelbärtigen Jäger oder einem sonnenverbrannten Jungen, der das unbrauchbar gewordene Stück ins kniehohe Savannengras warf.

Damals verlandete an dieser Anhöhe ein türkisfarbener See, leckte Wasser über den geneigten Strand. Vielleicht spiegelte sich die Sonne auf unzähligen Wasseroberflächen bis an den Horizont. Schilf und hohes Gras, stakende Störche, lauernde Reiher, ein Fiepen und Summen in der lauen Luft. Lachende, rufende Menschen, ihr blökendes Vieh. Vor 8.000 Jahren. Jetzt war hier nichts als Sand und Geröll, das Steinwerkzeug und ich. Eine Begegnung in Zeit und Raum. Ich hob den Stein aus dem Sand, in dem sein Mandolinenrücken so lange gebettet war. Eine seltsame Vorstellung: Der Erste zu sein, der das Stück berührt, seitdem es von einem anderen vor Jahrtausenden weggeworfen worden war. Dazwischen lag nur ein einziger Augenblick in der Ewigkeit dieser Wüste, ein Moment nur und doch die Kulturgeschichte der Menschheit.

Diese Klinge lag unverändert da seit vielleicht 8.000 Jahren in der Western Desert, drei Fahrstunden westlich von Abu Simbel. In dem Augenblick, in dem ich sie aufhob, brachte sie mich unversehens zum Glühen. Es war, als ob ein Streichholz auf einer Reibfläche aufschlägt und einen Funken zündet. So entfaltete sich ihre Aura. Ich packte die Steinklinge – und sie packte mich: die Raffgier. Ich musste diesen Stein haben. Ich wollte ihn eben einstecken, als Kuper sagte: „Eines Tages werden sie unseren Spuren auch hierhin folgen. Sie werden die Sandhügel finden und den Fundplatz plündern. In wenigen Jahren ist dann nichts mehr da." Ich kannte Kupers Rede schon: über die Verheerungen im Gilf Kebir oder am Abu Ballas, wo irgendwelchen Dahergefahrenen nichts Besseres einfiel, als in die Wasserkrüge des Alten Reichs zu kacken, darin ihr Altöl abzulassen oder ihren Müll zu entsorgen.

Ich sah hinüber zu den beiden Archäologen, die von Geröllhaufen zu Geröllhaufen gingen. Ihre ausgestreckten Zeigefinger schlugen aus wie Wünschelruten. Meine Augen hasteten über den Boden. Plötzlich wurden aus Steinen Stücke. Auf jedem Quadratmeter lagen Dutzende von Steinabschlägen, Splitter, behauene Flintsteinknollen, benagte Rundlinge. Das Fundfieber packte mich. Dunkle Splitterflecken lockten immer weiter, wie Blumen aus Eisenspänen in einem magisch-magnetischen Feld.

Kuper rief mich herüber und deutete auf Mahl- und Reibsteine, schöne, geschmeidige Platten und wohlgeformte Rundlinge, ohne jede Spur von Beschädigung. Die gaben mir den Rest. Eine Hitze schlug mir ins Gesicht. „Das ist doch der schiere Wahnsinn! Das liegt hier alles so rum!" Ich kniete nieder und probierte einen Reibstein, der mir in der Hand lag, als wäre er für sie gemacht worden. Ich fuhr damit über die ausgehöhlte Fläche des Mahlsteins. Beide passten zueinander wie das Deckelchen aufs Töpfchen. Eigenartig, das so herzunehmen und damit diese fremde und doch so geläufige Bewegung zu machen. Sie ist so alt wie die Menschheit, dachte ich. „Bitte legen Sie den Stein wieder an seine Stelle", bat Kuper. Wären er und Attiya nicht dabei gewesen, ich hätte der Versuchung nicht widerstanden. Ich hätte das komplette Steinzeit-Set eingesackt.

Aber hatte Rudolph Kuper nichtsahnend und gutgläubig einen ordinären Dieb zu verborgenen Fundorten mitgenommen? Ich fühlte mich ertappt wie ein Schulbub, der im Kaufhaus ein paar Buntstifte klaut. War das nicht ein beschämender Befund! Auch nur Jäger und Sammler zu sein wie ein x-beliebiger Wüstentourist. Ein „Nehmer" und kein „Liegenlasser". Wo war sie, meine professionelle Distanz zu den Dingen? Zwischen „Haben" und „Sein" hätte ich mich wider besseres Wissen und allen Skrupeln zum Trotz für die ordinärste Selbstbereicherung entschieden. Dass ein Stein eine solche Versuchung sein konnte! Lächerlich. Aber löste diese Begegnung nicht auch eine Verbindung ein, die lange vor meiner Zeit angebahnt war? Zu einem historischen Moment: als der Jäger, Sammler und Hirte seine Steinklingen ins Gras warf, um sesshaft zu werden, Besitz abzustecken und mehr Eigentum aufzuhäufen, als ein Nomade tragen kann.

„Die sammeln hier die schönsten Stücke raus", sagte Attiya und Kuper wandte sich an mich: „Wissen Sie, es geht nicht darum, dass die Leute Artefakte mitnehmen. Der ganze Fundzusammenhang wird zerstört." Das hatte ich in den zurückliegenden Wochen gelernt: Archäologen graben nicht nach Funden, sondern nach Befunden. Sie sind keine Schatzgräber, sie rekonstruieren Zusammenhänge. „Wenn aus einem Befund einzelne Stücke herausgenommen werden, ist es so, als würden aus einer mittelalterlichen Urkunde Seiten herausgerissen. Ein Befund ist dann nicht mehr les- und interpretierbar." – Nach acht Jahrtausenden wäre ich also der Dahergelaufene, der die Geschichte dieses Stückes, seine historische Information für immer vernichtet und zugleich der Steinwerkzeugfamilie, die hier so lange beisammengelegen hatte, ein Sippenmitglied entführte.

Ich beruhigte mich durch Wahrscheinlichkeitsrechnung: Dieser Wüstenfleck war übersät mit den Fußabdrücken der Archäologen. Mein Artefakt, dachte ich, musste doch längst verzeichnet, fotografiert, kommentiert und daher für die Wissenschaft bereits gleichgültig sein. Sie hatte doch längst ihren Befund. „Mein" Stein war eine für die Kulturgeschichte der Menschheit zu vernachlässigende Größe. Warum sollte ich ihn nicht als Trophäe von diesem Wüstenabenteuer mitbringen? Wenn ich es nicht tat, der Nächste würde nicht zögern. In wenigen Jahren werden Bulldozer diese Siedlungsplätze planschieben und aus dem prähistorischen Fundplatz einen tropfenbewässerten Kartoffelacker machen. Die Aura des Ortes, die Magie des Steins, all das wird in 15 Jahren unter Tomaten, Zucchini und Paprikaschoten verblichen sein. Rudolph Kuper, Gründer des renommierten Kölner Heinrich-Barth-Institutes, auch er würde diese Wüstensenke kaum retten können, dachte ich. Und Attiya Radwan, Direktor des Ägyptischen Antikendienstes, verantwortlich für die Archäologie in der Western Desert, er würde auch nach dieser Ortsbegehung weder seine Behörde noch die UNESCO zum Eingreifen bewegen. Nein, dieser Wüstenfleck wird nicht einmal auf der Roten Liste des gefährdeten „Weltkulturerbes" erscheinen. Warum also nicht zugreifen!?

An diesem Abend campierten wir in der Ebene von Nabta im Windschatten einer Wanderdüne. Ich lag auf einer Pritsche, seitab schnarchte Attiya. Zum Schutz gegen die Kälte der Nacht hatte er eine weiße Wollmütze über den Kopf gezogen und sah aus wie ein ägyptischer Michel. Kuper saß im Wagen und tippte unter der schwachen Leselampe in ein winziges Notebook. Ich blickte in einen unspektakulären Nachthimmel, nur ein paar Sterne blinkten hie und da hinter den Wolken auf, Teile eines großen Puzzles. Der Große und der Kleine Wagen, zwei Karren, übers Firmament gezogen ohne Fracht und Ross und Reiter. Flugzeuge blinkten in der Stratosphäre. Das Mondlicht illuminierte die Wolkendecke wie eine Martinslaterne. Ich hatte auf die legendäre Stille der Wüstennacht gehofft, aber Attiya sog laut an der trockenen Luft. Ich rückte mit meinem Feldbett weiter ab. Zu Hause begann der Abend jetzt mit der Acht-Uhr-Tagesschau.

Da lag ich also endlich in der Wüste – an einem Ort der Eingebung und Offenbarung, an einem Ort, an dem der Mensch gemeinhin die Seele sucht und vom Teufel versucht wird, wo der Allmächtige den Sand für sein großes Stundenglas holt; wo die Metaphysik und das Nichts wie eine sich spiegelnde Fata Morgana erscheinen. Wo, wenn nicht hier, an diesem Irgendwo im Nirgendwo war der Ort, über meine verhuschte Existenz nachzudenken. War nicht Nabta, dieser uralte Nomadenrastplatz der rechte Ort, die immer gleichen Nomadenfragen zu stellen: Woher kommst du? Wer bist du? Wohin gehst du? – Und was tat ich? Ich dachte ans Fernsehen.

Nobody is perfect
BILLY WILDER „MANCHE MÖGEN'S HEISS"

„Aber ich war noch nie in Ägypten!"
„Dann fahren Sie halt hin!"
„Aber ich kenne überhaupt keine Nubier!"
„Dann machen Sie sich eben bekannt! Sie sind doch Journalist."
„Aber ich habe noch nie einen Film gedreht!"
„Macht nichts. Das übernehmen wir."
So weit wollte ich eigentlich nicht gehen: Einen Film drehen – in Ägypten, über Abu Simbel und die Nubier. Für den Herrn hinter dem aufgeräumten Schreibtisch schien das allerdings bereits abgemacht, und er tippelte mit den Fingern ungeduldig auf der Klarsichthülle, in der mein dünnes Exposé lag: „Das wandernde Erbe. Ein Filmessay über migrierende Monumente."
„Also n' Film aus Archivmaterial wollen Sie machen. Einen Filmessay. Und wer, bitteschön, soll'n so was senden, Herr! 3sat nachts um halb drei? Na, Sie müssen's ja wissen." Da war sie wieder, die kaum verhüllte Spitze gegen den TV-Kritiker und seine snobistische Ablehnung des Massengeschmacks.
Dann gab mir der Mann ein Privatissimum, und das Gespräch zwischen Eleve und Produzent verlief, wie solche Begegnungen im Kino gerne persifliert werden: „Wenig-Zeit-Wollen-Se-n-Kaffee-Glauben-Se-bloß-nich-dass-Se-damit-Geld-verdienen-können." Der Mann war freundlich, aber fahrig. Ein zerfledderter Terminkalender neben der aufblinkenden Telefonanlage. „Ich will jetzt mal kein Gespräch hier rein haben, ja!", raunzte er in den Hörer. Dann folgten Klarstellungen: „Massenpublikum-Hochglanzproduktion, Blue Chip, wenn Sie verstehen, was ich meine. Internationaler Markt! Wettbewerb. Quote."
Das Telefon klingelte. „Wer… Was will'n der… Na geben'sen…" Der Produzent rollte die Augen. Ich betrachtete die Fotografien an den Wänden: Der wollhaarige Produzent in jungen Jahren. Der krawattierte Produzent als Preisträger. Der Produzent als Golfspieler.
„Wo… Wieso… Was macht ihr denn immer noch da… Länger

drehen? Was kost'n das, Mann… Ja-aa. Tschö. Ja-aa. Tschö-ö!" Ein Filmteam rapportierte aus Südamerika.

Dann war ich dran. „Sie müssen eine Geschichte erzählen." Abu Simbel, die Wüste, die Nubier, damit ließe sich doch was machen. „Archivmaterial, gut und schön. Sie müssen selber drehen, Herr!" Länder-Menschen-Abenteuer. „Sie brauchen Protagonisten. Menschen, keine Denkmäler. Emotionen, keine Reflexionen. Meinetwegen Betroffenheit, aber nichts Besinnliches. Also, aus der Perspektive eines Tempels kann man doch keinen Film erzählen, Herr. Wie soll'n das funktionieren! Soll Ramses vielleicht aus'm Off raunen? Das ist doch albern."

Der Mann musste es wissen. Er hatte Dutzende von Geschichten erzählt: von Entdeckern und Abenteurern, von Helden, Siegern und Eroberern. Auf dem Schreibtisch lagen Stapel glänzender Bildbände über Angkor Wat und Simbabwe, über Hannibal und Captain Cook. Auf einem anderen Stapel lagen Drehbuch-Entwürfe und Video-Kassetten mit enzyklopädischen Titeln wie „Die Völkerwanderung", „Die Geschichte der Medizin" oder „Säugetiere". In den Regalen Jahrgänge von „National Geographic", „Science" und „Geo".

„Gibt's da eigentlich nur'n Tempel? Sonst nix, nur Wüste? Schau'n Sie sich da mal um. Fahrn'se. Muss ja nicht gleich'n Vermögen kosten." Und tschö. Tschö-ö.

Am selben Tag kaufte ich Polyglotts „Ägypten", Maßstab 1:800.000. Abu Simbel lag am unteren Kartenrand, linkerhand eines tintenblauen Geschlinges: der Nasser-Stausee. Mein Darmgeschlinge krampfte vor Nervosität. Ich wusste nichts von Ägypten. Ich wusste nichts über Nubier. Ich bin nicht der Typ Länder-Menschen-Abenteuer. Worauf hatte ich mich da eingelassen! Von wegen, na klar doch, dann dreh ich einen Film in Ägypten. Hätte ich nicht die Klappe halten können! „Nu' fahren Sie halt hin, Herr!", lag mir der Mann im Ohr.

Megaprojekte – Megastorys

Dieses niedliche Gebäude würde, fast ohne alle Ausbesserung, den hübschesten Parktempel für eine moderne europäische Anlage abgeben, wenn man ihn nur durch Aladins Lampe gleich dorthin versetzen könnte.
HERMANN FÜRST VON PÜCKLER-MUSKAU
ÜBER DEN TEMPEL VON DENDUR, 1844

Eine Geschichte erzählen. Eine? – Ich blickte hinauf zum Kamm der Wanderdüne, über den die Sandkörner im schwachen Mondlicht tanzten und dann den Rücken des Barchans herunterpurzelten bis an den Fuß meines Feldbetts. Ganze Dörfer und Straßenzüge können diese Sicheldünen überwandern. Nach Jahr und Tag kommt das, was längst aufgegeben, wieder unter ihrer Schleppe zum Vorschein. So schiebt der Wind die Düne vor sich her, unterwegs im Ungefähren. Vielleicht bis an eine Felskante hoch über dem Niltal. Dort rinnt sie dann hinab und begräbt das Antlitz der Zeit. Wer weiß, wie viele dieser Wanderdünen über die Jahrtausende hinweg über die Felskante hoch über Abu Simbel herabgerieselt waren.

Der Felsentempel hatte mich hierher gebracht. Das erste Mal sah ich die berühmte Fassade in einer Illustrierten, als ich sechs Jahre alt war. An einer Stahltrosse baumelte die steinerne Maske Ramses' II. hoch über Bauarbeiterhelmen. Braungebrannte Männer standen unten in kurzen Hosen und Pepitahütchen und verschatteten mit den Händen die Augen, blickten auf zum „Pharao der Pharaonen". Das war am 10. Oktober 1965, um 6 Uhr 10 an einem einsamen Wüstenort an der Südgrenze Ägyptens.[*] Wer den Tag miterlebt hat, schildert

---

[*] Dass Ramses sein Gesicht morgens um zehn nach sechs verlor, ist allein auf die konspirativen Machenschaften des schweizer Fotografen Georg Gerster zurückzu-

ihn in raunendem Ton, so als hätten nicht nur einige hundert Arbeiter und Ingenieure, sondern die ganze Welt an diesem Tag den Atem angehalten. Es war der Tag, an dem Ramses das Gesicht verlor.

3300 Jahre nachdem Pharaos Steinmetze Ramses in vier kolossalen Figuren aus dem Berg modelliert hatten, hob ein Kran sein Antlitz vorsichtig aus dem Fels. Errichtet als „Haus der Ewigkeit", als unverrückbare Weltenuhr, an der die Priester den ewigen Gang der Sonne überwachten, wurde Gott-Pharao in Abu Simbel aus dem Weg geräumt, um 65 Meter höher wieder zu erstehen. Er wäre sonst für immer im Nasser-Stausee versunken. Eine spektakuläre Rettungsaktion. Aber wie viele Sensationen heute nur noch eine Fußnote der Geschichte.

Im Januar 1996 spaziere ich in New York am Morgen vor dem Rückflug nach Deutschland durch den Central Park und stehe vor einem ägyptischen Obelisken. Ich begutachte die Hieroglyphen auf der „Nadel Cleopatras". Die Wetterseite ist beinahe blank geschliffen von den rauen Eisregen am Hudson River. Drüben am Metropolitan Museum luge ich durch die Scheiben des Sackler Wing und sehe einen ägyptischen Tempel. Unter Taglichtlampen und in staubfreier Belüftung steht der Tempel von Dendur: ein kleiner Pylon, ein Sanktuarium mit Hieroglyphen und denkmalgeschützten Graffiti.

Zwei Jahre später, wieder vor einem Rückflug, habe ich Zeit, den Museums-Tempel zu besichtigen. Im weichen nubischen Sandstein haben Reisende des 19. Jahrhunderts ihre Namen hinterlassen, eingeritzt an einem anderen Ort zu einer anderen Zeit, nicht ahnend, dass sie einmal auf einem anderen Erdteil gelesen würden. Ist das nicht verrückt, denke ich: Da macht ein Nubischer Tempel am Hud-

---

führen: „Ich bekenne die Sünde ohne Reue. Am 11. Oktober 1965 sollte Ramses sein Gesicht verlieren. Drei Tage vor dem Ereignis legte ein Boot mit einer Filmcrew an, unangemeldet, nichts ahnend, aber doch erfreut über ein Extra. Ich hatte für die National Geografic Society in Washington die Bauarbeiten seit Beginn verfolgt und wochenlang auf diesen Höhepunkt hingearbeitet. Keinesfalls wollte ich auf die Exklusivität eines Schlüsselbilds verzichten. Ich überredete den Baustellenleiter, Carl Th. Mäckel, dazu, den Epoxydharz für die Anker des Gesichts durch Zugabe von Schnellhärtern zu festigen. Die *marmisti* legten eine Nachtschicht ein, mit einer Kiste Bier hielt ich sie bei Laune – und in der Verschwörung. So verlor der erste Koloß sein Gesicht unangemeldet schon am 10. Oktober, 6 Uhr 10. Die Filmer saßen noch bei Tee und Rührei in ihrem Hausboot." Die Passage entnehme ich dem eindrucksvollen Fotoband „Flug in die Vergangenheit. Archäologische Stätten in Flugbildern von Georg Gerster". Trümpler 2003, 399.

son River Station auf seiner Zeitreise, darauf Namen wie Blinde Passagiere. Ich spaziere durch den Pylon wie weiland Fürst Pückler. Im Laufe der Jahrhunderte war dieser Tempel frühchristliche Kirche, Steinbruch, Lagerplatz, Reiseziel und Denkmal – eine sandverwehte Ruine, in deren kühlenden Schatten Reisende über den Wandel der Zeiten sinnierten. Heute wird der Tempel gerne als Filmkulisse vermietet, als exklusive Location für die Events der Großkonzerne, für Produktpromotion oder die Bekanntgabe von Fusionen und mehr oder weniger freundlichen Übernahmen. So viel hat sich also seit der Antike nicht verändert. Immerhin verdankt das Tempelchen der freundlichen Hilfe bei der feindlichen Übernahme Nubiens durch die Römer seine Existenz.*

Ich betrachtete die Graffiti im Sanktuarium und spann Geschichten: Was hatte sich hier alles abgespielt? Ich sah Priesterprozessionen, die den Pylon durchschritten, in kostbaren Gewändern, mit orientalischen Gesängen; römische Legionäre fluchten über die Augusthitze; koptische Priester murmelten Gebete. Wie oft hatten Meißel frühere Widmungen von den Wänden entfernt und neue eingeschlagen? Reisende ritzten ihre Namen neben heilige Zeichen. Ein Casati, ein Belmore, ein gewisser Patterson hatten sich Anfang des 19. Jahrhunderts verewigt. Mir kamen Szenen in den Sinn von der Mühsal und den Fährnissen ihrer Nilpassage, von ihren Reisebekanntschaften und Dienern. Am Ende gingen alle ihres Weges, im Gepäck Erinnerungen an eine gemeinsam erlebte Zeit, Einzelpers-

---

* Der Tempel von Dendur stammt aus der römischen Ära Ägyptens und wurde zur Zeit Kaiser Augustus wohl um 22 v. Chr. vom römischen Gouverneur Petronius erbaut. Er ist der Isis, dem Osiris und den beiden Brüdern Pediese und Pathor geweiht. Die beiden Jungen sind offenbar die Söhne eines nubischen Stammesfürsten, der an der Seite der Römer gegen die Kushiten kämpfte und dabei seine beiden Söhne verlor. Ihrem Andenken errichteten die Römer den Tempel und erwiesen so der Loyalität der Alliierten Ehre und Respekt. 1963 wurde das Tor und der Tempel abgetragen. Die hinter dem Tempel in den Felsen geschlagene Kammer, die vielleicht die Grabkammer der beiden Brüder vorstellen sollte, verblieb an Ort und Stelle. Dazu eine weitere Fußnote: Das fränkische Kloster Banz besitzt ein Mitbringsel des Ägyptenreisenden Herzog Max von Bayern: Ein 120 Kilo schwerer Stein, den das Metropolitan Museum als Lücke im Tempel von Dendur vermisst. Da „Zitter-Maxls" Souvenir als fränkisches Kulturgut betrachtet wird, bleibt es aber in Bayern. Eine ausführliche wissenschaftliche Beschreibung des Tempels liefert A. M. Blackman 1912; Cyril Aldred 1978.

pektiven, Fragmente, notiert in Tagebüchern und auf Skizzenblocks. Fügte man alle diese Teile zusammen, nie wieder ergäbe sich ein Ganzes, geschweige denn ein ursprünglicher Befund. Kuper würde sagen: ein Befund in situ.

Am Anfang einer Geschichte steht meist das Staunen. Schon als Junge hatte ich gestaunt, dass man ganze Tempelanlagen einpacken und davontragen kann, wie ein Dschinn in TausendundeinerNacht. Angesichts der zusammengesetzten Ruine aber kamen mir Zweifel: Ist das wirklich noch der Tempel von Dendur? Was für eine Frage! Was sollte er sonst sein? Eine Subway Station?

Im Metropolitan Museum, in der vollklimatisierten Glasvitrine des Sackler Wing fand ich das ganze kostbare Sammelsurium um mich herum plötzlich verrückt im doppelten Wortsinn: ein Nubischer Tempel, eingebettet in polierte Marmorplatten, umgeben von plätschernden Wasserbecken, die den einstigen Standort über dem Nil simulierten. Draußen die aufheulenden Sirenen auf der 5th Avenue. Was soll das! Was macht das hier!

Der Obelisk im Central Park, der Monolith auf dem Place de la Concorde in Paris, natürlich bleiben sie immer ägyptische Obelisken, geschlagen aus den Granitbrüchen von Assuan, einzig zu dem Zweck, den Namen des Pharaos, seine Macht und Herrlichkeit bis in alle Zeiten zu verkünden. Als pharaonische Artefakte schauen wir sie an und nicht als U-Bahn-Station oder Leuchtturm – obwohl sie mit ihnen einiges gemeinsam haben. Denn was sonst sollte ein Tempel anderes sein als eine metaphysische Untergrundstation, ein Ort des Transits. Was sonst sollte ein Obelisk sein als ein Reflektor göttlichen Lichts.

Und doch sind sie nicht mehr nur das, was sie einmal waren. Sie blieben, von den Erosionsfolgen einmal abgesehen, nicht unbeeindruckt von ihren Standortveränderungen. Sie sind längst mit der Geschichte und den Geschichten ihrer Metropolen so sehr verbunden, dass sie inzwischen als „naturalisiert" gelten dürfen, als integrale Fixpunkte urbaner Architektur. Gleichgültig wo sie heute stehen, korrespondieren sie immer noch mit den Leerstellen, die sie in Ägypten hinterließen, als Entwurzelte, ihres Ursprungs und Zwecks Enteignete, vereinnahmt als Schaustück im Dienste neuer Herren, als koloniales Memorandum, als Ziel unseres Fernwehs.

Das Museum dokumentiert mit einigen Fotos, wie die „Nubischen Monumente" in den 60er Jahren aus dem Überschwemmungsgebiet des Nasser-Stausees evakuiert und zu anderen Standorten gebracht worden waren: nach New York, Turin, Madrid, Leiden, Stockholm, Khartum. Darunter ist auch ein Foto von Abu Simbel. Es zeigt das Haupt Ramses' am Ende einer Stahltrosse. Sein unbeeindrucktes Lächeln.

> *Wer die Geschichte so einer Granit-Säule erzählen könnte, die erst in Egypten zu einem Memphitischen Tempel zugehauen, dann nach Alexandrien geschlept wurde, ferner die Reise nach Rom machte, dort umgestürzt ward und nach Jahrhunderten wieder aufgerichtet und einem anderen Gott zu Ehren zu rechte gestellt.*
>
> GOETHE „TAGEBUCH DER ITALIENISCHEN REISE"

Sechs Jahre später, im Frühjahr 2002, liege ich auf einem Feldbett vor einer Wanderdüne in der Western Desert Ägyptens und sinniere: Woher kommst du? Wohin gehst du? Vor 8.000 Jahren war dies schon einmal ein Rastplatz, einer von vielen in der andauernden Migrationsgeschichte der Menschheit – einer Geschichte von Völkerwanderungen und Grenzüberschreitungen, von Invasion und Emigration, von Vertreibung und Flucht, von Um- und Herumzügen. Vielleicht saßen hier vor 8.000 Jahren schon einmal Menschen um ein Feuer und fragten: Woher kommen wir, wohin gehen wir?

Die Bibel lässt die Geschichte mit einem Exodus beginnen. Ob der Auszug des Menschen aus dem „Paradies" vor anderthalb Millionen Jahren stattfand, als der Homo erectus sich langsam aus den Hochebenen Äthiopiens gen Norden begab? Oder vor 60.000 Jahren, als der Homo sapiens sich „out of Africa" aufmachte nach Australien, Asien oder Amerika? Seither erzählen Menschen und Dinge von Entwurzelungen und erneuten Verwurzelungen, von Erkundungen und Eroberungen, von Fluchten, Vertreibungen und erneuten Aufbrüchen.

Ich blicke in den Nachthimmel, über den Wolken und Sterne ziehen, und resümiere den „Gang der Dinge": Ein Steinwerkzeug, über Wochen von Lagerplatz zu Lagerplatz getragen, von einem Weideplatz zum nächsten, bleibt unbrauchbar im Gras liegen. Irgendein Dahergelaufener kommt 8.000 Jahre später, steckt es ein und legt es sich zu Hause aufs Bücherbord. Eine Trophäe für ein privates Museum, ein Fetisch auf dem Hausaltar. In Mußestunden wird die Magie des Augenblicks, die Aura des Ortes heraufbeschworen. Mit der Zeit aber verliert das Artefakt an Beachtung, wird durch ein anderes Mitbringsel abgelöst. Seine Magie erlischt, der Stein wandert in einem Pappkarton in den Keller, beim nächsten Umzug zum Sperrmüll, in eine Müllverbrennungsanlage. Zuletzt liegt das Artefakt im Granulat unter einer Asphaltdecke, der Verkehr rollt darüber hinweg. Padang, padang. Woher kommst du, wohin gehst du? Und irgendwo in der Wüste verweht eine Leerstelle.

Damals in New York hatte ich die Idee zu einem Essay über „angestammte Standorte" und wandernde Artefakte, inmitten einer Welt, in der alles in Bewegung ist, immer zwanghafter, immer zwangsläufiger. Das Nubische Tempelchen sollte als ein leitmotivisches Kuriosum dienen: ein Altertümchen unter Wolkenkratzern, ein Fremdling fern der Heimat, in der Metropole der Neuen Welt, die ihre Entstehung allein der menschlichen Mobilität verdankt. Das umgesetzte Monument sollte als doppelte Metapher dienen: für die Genealogie der Bedeutungen und Umwertungen, die ein Ding im Laufe der Zeit erfährt; für den so genannten postmodernen Lebensstil, also für die Geschmeidigkeit der Habenden, sich jeden Stil und jeden kulturellen Inhalt einzuverleiben; andererseits für die wüstenwarme Melancholie, die uns anweht – Standorte sind nur Etappen eines Weges, die banale Laune des Zufalls, die Disposition anderer, zur Selbstverständlichkeit gewordene Provisorien. Du schaust dich um: Was ist das eigentlich für ein Platz, den du einnimmst im Leben?

Da saß ich auf einem Marmorbänkchen angesichts des Tempels von Dendur und sann darüber nach, wie notwendig Menschen und Dinge tatsächlich mit ihrem so genannten „angestammten Platz" verbunden sind. Hinter der Glaswand lag Manhattan. China Town, Little-Italy, Harlem. Jedes Viertel eine Welt für sich: Russen, Pakistani, Puertoricaner, Muslime, Juden, Baptisten. Hier Wallstreet-Händler, dort Tellerwäscher. Da Alteingesessene, dort illegale Immigranten. Was weiß der eine vom anderen? Kaum sprechen sie eine gemeinsame Sprache. Abertausende Egozentren auf ihren diffusen Umlaufbahnen. Die einen leben in Nischen, die anderen in Zwischenwelten, nicht mehr dort, noch kaum hier. Und dann gibt es diese merkwürdigen Haltepunkte: Eine Gruppe asiatischer Jugendlicher, die sich an diesem Morgen auf den Bänken um „Cleopatras Nadel" niederlässt und den gusseisernen Text der Gedenkplatte radebrecht: „User maat ra, king of upper and Lower Egypt, chosen of Ra, Ramesses, beloved of Amun." Vielleicht interessiert die jungen Leute Ramses mehr als ein Bewohner Little Italys.

Ich notierte: Mobilität als conditio humana; daher unsere Ehrfurcht vor dem, was über Jahrtausende hinweg der Flüchtigkeit und dem Verschwinden trotzt: Das scheinbar Bleibende ist die trügerische Ausnahme von der Regel; der Mensch, der Berge versetzt, hebt Obelisken, Tempel- und Klosteranlagen herum und damit die Wegmarken der eigenen Wanderung. Wo und unter welchen Umständen wir ihnen dann begegnen, ist wieder eine eigene Geschichte. Die Ironie: Dass die Stadt ihre großen Sammlungen – die Gedächtnisdepots der Menschheit – just jenen Eisenbahn-Baronen und Bank-Magnaten verdankt, den Vanderbilts und Rockefellers, die ihre (Immobilien-) Vermögen machten, indem sie die Menschen und ihre Geldanlagen in Bewegung hielten. Doppelte Ironie: das florierende Ausstellungsgeschäft der Museen. Sie schicken Artefakte auf Tournee und vermehrwerten so deren Mobilität.

Abstrus mutete mir an diesem kosmopolitischen Ort eine andere Diskussion an: Bis in feinste juristische und moralische Nuancen wird seit Jahrzehnten argumentiert über den Parthenon-Fries in London oder den „Schatz des Priamos" in der Eremitage. „Gehören" sie nach Deutschland, Russland, Griechenland, in die Türkei? Die Rückführung von erbeuteter Kunst zur Wiedereingliederung in deren ursprünglichen Sammlungszusammenhang – bei welchem Beutezug wollen wir beginnen, bei welchem Krieg aufhören? Wer bestimmt, welcher Sammlungszusammenhang der Ursprünglichste ist?

Der ägyptische Obelisk im römischen Stadion zu Byzanz, die ehemals byzantinische Quadriga über dem Markusplatz, die beiden prächtigen Sphingen am Ufer der Newa – es gibt einen Zeitpunkt, an dem erscheint, zumindest den neuen Eigentümern, der Gedanke, diese Migranten müssten in ihre „Heimat" zurückkehren, befremdlich. Haben sie nicht in Istanbul, Venedig und St. Petersburg längst ihren neuen „angestammten Platz"? Wie viele Geschichten und Geschäfte ranken sich dort bereits um diese Objekte; Episoden und Anekdoten von Liebe und Not, Ruhm und Händel, so dass die Monumente aufs Neue Wurzel fassten in unzähligen Geschichten, Erinnerungen und Lebensläufen.

Für die ehemaligen Besitzer, die Zurückgebliebenen, bleibt die

Leerstelle in der Fassade des Parthenon eine offene Wunde. Dass sie auch noch die schwächere Verhandlungsposition haben, wirkt wie ein Stachel. Zum Beispiel Ägypten. Da wird immer mal wieder die Forderung nach der Rückgabe der „Berliner" Nofretete laut, des „Londoner" Rosetta-Steins, des „Pariser" Obelisken. „Zurück in die Heimat", heißt es, sie „gehören" an den Nil.

An der 5th Avenue mutete mir „Heimat" als ein Seppelhosen-Begriff an, „Heimatgefühl" als Folklore. Der Ort der ersten Prägung mag für Lachse arterhaltend sein. Der Mensch und die Kunst sind über die Fesseln des Instinkts und der Prägung erhaben! Und immerhin: Der Parthenon-Fries, die Nofretete, der Rosetta-Stein, waren sie nicht legal erworben? Was wäre am angestammten Ort aus ihnen geworden? Kalkputz?

Das Tempelchen von Dendur war ein „Give away" der ägyptischen Regierung in Anerkennung der amerikanischen Verdienste um die Rettung ägyptischer Kulturgüter. „Take it or leave it" hieß es damals, nehmt ihn oder lasst ihn absaufen. Deshalb wechselte die Immobilie den Besitzer und den Kontinent. Einst zu kultischen Zwecken an geweihtem Ort errichtet, dient sie nun der kulturellen Erbauung der Neuen Welt, in einer klimatisierten Museumsvitrine, unter künstlichem Licht und in hallender Akustik – eine rentierliche Attraktion im Schau-Business mit zeitloser Kunst. Nur noch schwach verweist sie auf eine Leerstelle unter der Wasseroberfläche des Nasser-Sees. Auf ihren angestammten Ort. Wenn es aber das, worauf der Migrant Bezug nimmt, nicht mehr gibt, weil sein Ursprung, seine lokale, ethnische, kulturelle Verankerung sich in Raum und Zeit verflüchtigte, wie lebt es sich mit dieser verjährten Identität?

Geschichten sind wichtig als Überlebensformen ... sie helfen den Menschen, ihre großen Ängste zu besiegen: die Angst, dass es keinen Gott gibt und dass sie nur kleinste fluktuierende Teilchen sind, ausgestattet mit Wahrnehmungen und Bewusstsein, doch verloren in einem Universum, das jede ihrer Vorstellungen übersteigt.

Wim Wenders „Unmögliche Geschichten"

„*Sie müssen eine Geschichte erzählen*", hatte der Produzent mich belehrt! – Was ist das, eine Geschichte? Eine Handlung mit Anfang, Mitte und Ende, die sich nur aus der Perspektive eines Sinns ergeben. Geschichten reduzieren Komplexität: Alles Nebensächliche muss weggelassen werden, sonst kann man keine Geschichte erzählen. Man geriete ins Uferlose. Ich beneide Leute, die Geschichten erzählen können. Ich kann es nicht. Mir gerät alles zur Episode.

Die Versetzung von Abu Simbel war natürlich eine Geschichte: Die von einer logistischen und technischen Glanzleistung von Ingenieuren, eines Geniestreichs, dem der Steinmetze Ramses' II. ebenbürtig. Den dramaturgischen Rahmen *einer* Geschichte aber sprengte schon in den 60er Jahren die Versetzung von zwei Dutzend weiteren Tempeln in Ägypten und im Sudan, erst recht der endgültige Verlust einer ganzen Kulturlandschaft. Heute mutet der Untergang des ägyptischen Nubien an wie eine vergilbte Immobilien-Anzeige, auf die man beim Blättern im Zeitungsarchiv stößt.

Schlagzeilen machte damals der Bau des Assuan-Staudamms. Der „Sadd el Ali", der „Vater aller Dämme", war die bis dahin gewaltigste aller Talsperren. Sie stemmte sich gegen das größte von Menschenhand geschaffene Binnenmeer der Welt. Ägypten feierte seinen Damm zu Recht als „Mauer gegen die Dürre". Hinter der Mauer versanken allerdings mehrere hundert größere und kleinere Siedlungen, die Heimat von 120.000 Nubiern. Das waren 120.000 Geschichten, die freilich von der Megastory des Dammbaus überboten wurden. Inzwischen sind auch dessen Rekorde getoppt.

Da war der längste Fluss der Welt, dessen blaue und weiße Adern zum Stocken gebracht, plötzlich den Lebenspuls des ganzen Landes veränderte. Der Stausee beendete den unberechenbaren Wechsel von Dürre und Flut, ermöglichte die ganzjährige Bewässerung der Felder und mehrere Ernten. Die Turbinen produzierten Elektrizität für die Städte und neue Industrien. Sie sollten das arme Land endlich in die Moderne katapultieren.

Diese Fortschrittsgeschichte wurde schon in den 60er Jahren durch ein Katastrophen-Szenario gekontert: Würde der Damm brechen oder im Kriegsfall zerstört, so warnten kritische Stimmen*, werde eine gewaltige Flut ganz Ägypten ins Mittelmeer spülen. Der riesige See, dessen enorme Masse Erdbeben auslösen könne, werde das Klima und die Ökologie des Landes nachhaltig verändern. Die negativen Folgen des Damms würden die positiven bei weitem überwiegen.**

Es wurden damals anrührende Filme gedreht über die zum Untergang verurteilten Nubischen Tempel. Heute erscheinen sie in verblichener Kolorierung und traurigem Schwarz-Weiß auf der Mattscheibe. Von den untergehenden nubischen Dörfern gibt es nur wenige sentimentale Kamerafahrten. Nubier waren ohnehin meist nur in einem Ansichtskartenwinkel zu finden, vor Säulen oder monumentalen Skulpturen, vom Fotografen als ein orientalisches Ornament arrangiert. Mitte des 19. Jahrhunderts schon dienten sie Malern und Fotografen wie dem Franzosen Maxim Du Camps als menschlicher Zollstock, mit dem die Monumentalität Pharaos ins rechte Verhältnis gesetzt wurde.***

Als die UNESCO 1960 internationale Hilfe für die so genannten „Nubischen Monumente" mobilisierte, kamen Wissenschaftler, Ingenieure, Journalisten und Kamerateams ins Land. Die Steintem-

---

* Siehe dazu die Aufsätze von Fuad Ibrahim.
** Der Wasserbauingenieur Prof. Peter Wolff relativierte 1997 diese Szenarien und schreibt in seinem „Pro und Contra": „Gut dreißig Jahre nach Fertigstellung des Dammes kann festgestellt werden, dass die Schreckensszenarien der Kritiker dieses Vorhabens erfreulicherweise nicht Realität geworden sind... Die Hysterie, die von selbsternannten und/oder öffentlichkeitssüchtigen Fachleuten und von den sensationsgierigen Journalisten und Medien geschürt wurde, hat deren Urheber selbst disqualifiziert. Schon allein deshalb, weil sie unzureichend recherchiert und unzureichend belegte Behauptungen zu Tatsachen verdreht haben." Peter Wolff 1998, 65. Gleichwohl listet Wolff umfangreich auch nachteilige Effekte auf.
*** Bodo von Dewitz und Karin Schuller Procopovici 1997.

pel der Pharaonen- und Römerzeit wurden mit beträchtlichem finanziellen Aufwand gerettet, die „Niederlage des Geistes" abgewendet. Die ebenso traditionsreiche Lehmziegelarchitektur Nubiens versank im Stausee. Für die Nubier interessierte sich die kulturbesorgte Weltöffentlichkeit eher beiläufig. Gewiss, da waren 120.000 Menschen, die im Sudan und in Ägypten umgesiedelt wurden. Das war traurig. Aber was war das nubische Schicksal angesichts all der Menschenströme, die dieses Jahrhundert bereits bewegt hatte, angesichts von Vertreibung, Verfolgung und Flucht. Es war die Zeit des Kalten Krieges, des Niedergangs des Britischen Empire, die Kolonialstaaten entließen Afrika in die Unabhängigkeit. Die ganze Welt war in Bewegung.

„Sie brauchen Protagonisten!" – Die Reporter der 60er Jahre begleiteten bevorzugt die Ingenieure des internationalen „Joint Venture Abu Simbel". Männer, die Berge versetzten. Auf der „heißesten Baustelle der Welt" ließen sie den Beton herunterkühlen und gossen damit die bis dahin komplizierteste Spannbetonkuppel der Welt. Da gab es die *marmisti*, Marmorschneider aus Norditalien, die tagsüber unter glühender Wüstensonne und nachts im grellen Scheinwerferlicht einen Berg mit der Handsäge zerlegten. Das waren Helden-Geschichten.

„Sie brauchen Schicksale!" – Archäologen durchsiebten den Wüstenboden, Ethnologen notierten in den Nildörfern Sprachen, Sitten und Bräuche von Menschen, die später in den gleichförmigen Straßen halbfertiger Neubausiedlungen in der Wüste bei Kom Ombo und südlich von Khartum herumirrten. Das waren Schicksale, erzählt aus der Perspektive wissenschaftlicher und journalistischer Beobachter. Die verließen dann das Land, so wie fünf in Kisten und Kästen verpackte „Nubische Monumente"; so wie Tausende von Meter Zelluloid, die sich heute in den Filmarchiven langsam chemisch zersetzen. Letzte Dokumente einer untergegangenen Kultur.

„Aber du warst doch noch nie in Ägypten!" – „Na und. Dann fahr' ich halt hin! Millionen Touristen tun das auch." – „Aber du kennst doch überhaupt keine Nubier!" – „Kann man ja kennen lernen. Journalisten lernen Leute ziemlich einfach kennen." – „Außerdem hast du noch nie einen Film gedreht!" – „Nobody is perfect!"

Meine Frau ist nicht begeistert. Kurz nach dem 11. September nach Ägypten. Die Amerikaner marschieren in Afghanistan ein. Der Nahe Osten, die islamische Welt erscheint noch unberechenbarer. Die Al Kaida lauert hinter jeder Tempelsäule. Immerhin legten Islamisten schon einmal auf die Besucher des Hatschepsut-Tempels an und töteten 56 Menschen. Was das eigentlich für Leute seien, will meine Frau wissen, diese Nubier? Und wie ich Abu Simbel noch einmal filmisch zu retten gedächte?

Das ist mein kleinstes Problem. Die Umsetzung ist auch filmisch hervorragend dokumentiert. Gegen einen geringen Betrag erhalte ich das Video „Pharao muss wandern" bei der Essener Hochtief AG. Ich lege also den Film ein, und meiner Frau ergeht es so wie mir, als ich ihn das erste Mal sah: Die Patina der Bilder, die Musik und der Reportageton der 60er Jahre nehmen den Zuschauer mit auf die Zeitreise. Ein Nubier erzählt in einnehmend trauriger Melodie:

Unser Dorf liegt am Nil, nur wenige Tagesreisen von Assuan entfernt. 200 Menschen lebten einmal dort. Jetzt ist es leer, verlassen, wie ausgestorben. Auf dieser Mastaba vor meinem Hause habe ich oft gesessen, mit Josef, Mustafa und den anderen. Sie sind jetzt alle fort. Ich bin der Letzte.

„Josef und Mustafa", sind das nubische Namen, will meine Frau wissen. Ich habe keine Ahnung. Die Stimme aus dem Off erzählt vom Exodus der Dorfbewohner, zeigt, wie der Nil bereits die Lehmmauern ihrer Häuser unterspült. Treppen führen ins steigende Wasser. Dann wechselt der Film plötzlich Melodie und Perspektive – vom traurigen Ton der Flöte zum metallenen Rhythmus orientalisierter Combo-Klänge. Im warmen Licht der untergehenden Sonne fliegt eine Cessna in niedriger Höhe über Nil- und Sandlandschaften. Palmwedel ragen unten aus dem Wasser.

„Pharao muss wandern" wurde zwischen 1964 und 1967 von Horst Nagel und Wolfgang Kohl im Auftrag der Essener Hochtief AG gedreht. Der deutsche Baukonzern leitete das Joint Venture Abu Simbel, ein internationales Firmenkonsortium zur Rettung der Felsentempel.

Es war nicht schwer, die beiden Filmemacher ausfindig zu machen, und sofort waren sie zu einem Treffen bereit. Mit dem Film

verbinden sie aufregende Erinnerungen aus ihren beruflichen Anfangsjahren. Viermal reisten sie damals nach Assuan und Abu Simbel. Nagel und Kohl drehten die Versetzungsaktion in verschiedenen Phasen über die Jahre hinweg. Natürlich will ich wissen, wer jener Nubier vom Beginn ihres Filmes ist, wo er heute lebt und ob es noch einen Kontakt zu ihm gibt.
„Da müssen wir Sie leider enttäuschen. Nubier haben wir nicht wirklich kennen gelernt."
„Dazu hatten wir gar keine Zeit. Die wenigen Aufnahmen von den untergehenden Häusern haben wir in Abu Simbel gemacht. Und die Nubier im Film waren auf der Baustelle beschäftigt."
Und der Nubier am Anfang des Films, die Stimme aus dem Off?
„Ein dramaturgischer Kunstgriff. Erfunden."
Horst Nagel und sein ehemaliger Kameraassistent Wolfgang Kohl sind inzwischen über 60, aber ihre Erinnerungen an die Dreharbeiten sind erstaunlich präsent. Nagel blättert in einem alten Terminkalender, auf dem Tisch liegt der Bildband des Schweizer Fotografen Georg Gerster[*], der damals für National Geographic mehrere Fotoreportagen über Nubien machte. Für Kohl und Nagel war Abu Simbel einer ihrer ersten Auslanddrehs. „Wir haben damals viel für Hochtief gearbeitet", erzählt Nagel. „Bevor wir nach Ägypten gingen, waren wir in Indien, weil die da auch einen Staudamm bauten", ergänzt Kohl.
Beide haben nichts dagegen, dass ich ihr munteres Hin und Her mit dem Rekorder aufnehme.
„Abu Simbel war damals nur über den Nil zu erreichen. Außer gelegentlichen Kamelpatrouillen der ägyptischen Grenzpolizei lebte zwischen Assuan und Abu Simbel, über Hunderte von Kilometern, kaum mehr ein Mensch."
„Zuerst sind wir mit dem Nachtzug von Kairo nach Assuan, dann mit dem Nildampfer weiter nach Abu Simbel. Das war eine Drei-Tage-Reise, immer vorbei an den untergehenden nubischen Dörfern, an Palmen, die fast völlig unter Wasser standen."
„Wir haben da keine Nubier mehr gesehen. Die waren alle schon weg. Und wir waren die meiste Zeit auf der Baustelle."
Anfangs schliefen sie auf Hotelschiffen und in Zelten. Alles sei

---

[*] Georg Gerster, Christiane Desroche-Noblecourt 1968.

recht improvisiert gewesen. Man hatte keine Zeit, solide Unterkünfte für die Arbeiter zu bauen.

„Das war ja ein Wettrennen gegen die Zeit. Der Nil stieg schon, und die bauten eilends diesen Kofferdamm aus Spundbohlen, damit das Wasser die Tempel nicht überflutete", erzählt Nagel. „Also war zunächst alles sehr primitiv. Es gab noch keine Kantine. Man musste gucken, wo man was herbekam. Aber es hat immer was gegeben, wenn auch recht dürftig."

„Die mussten ja aus Alexandria alles da runterschaffen: Stahl und Zement, die Caterpillar, die Kompressoren, Pumpen, Fahrzeuge, jeden Nagel und jede Schraube. Jeden Salatkopf und jede Flasche Bier. Das war eine ungeheure logistische Herausforderung."

Für das „Joint Venture Abu Simbel" hatte die UNESCO in 53 Staaten 26 Millionen Dollar gesammelt. Eigentlich entstand damals das erste Mal das Bewusstsein für die internationale Verantwortung für nationale Kulturgüter – die „Weltkulturerbe"-Initiative wurde wesentlich durch die Rettungsaktion von Abu Simbel befördert. Da das Geld nicht reichte, gab das Ölscheichtum Kuwait ein Darlehen, Nasser und Kennedy legten den Rest drauf. Im Frühsommer 1964, im letztmöglichen Augenblick, begannen die Bauarbeiten in Abu Simbel. Hätte die Rettungsaktion zwei Jahre früher begonnen, der 360 Meter lange Kofferdamm zum Schutz gegen das steigende Wasser wäre nicht nötig gewesen.

„Hochtief koordinierte ein Konsortium von ägyptischen, italienischen, französischen und schwedischen Firmen. Die Europäer waren für die technischen Arbeiten verantwortlich, die Ägypter beseitigten vor allen Dingen den Abraum", erzählt Nagel.

„Die haben aber auch die Tempel restauriert. Ägyptische Archäologen beklebten die Fassade mit Leinwand, damit sie nicht beschädigt wurde", ergänzt Kohl. „Auch das Transportwesen war den Ägyptern unterstellt. Zwei Bölkow-Flugzeuge und zwei Tragflügelboote verkehrten ständig zwischen Assuan und Abu Simbel."

„Die Europäer bauten schließlich 30 Bungalows für ihre Leute, ein Kasino, einen Swimmingpool, ein Gästehaus, eine Moschee für die arabischen Arbeiter, ein kleines Hospital, Generatorenstationen und eine Funkstation. Das war die Postadresse Abu Simbel."

„Und einen Tennisplatz, ein Kino, eine Eisfabrik."

„Ja, richtig, der Europäische Club. Der war sogar ganz komfortabel."

„Einige Ingenieure hatten ihre Frauen und Kinder dabei. Denen musste man schon was bieten."

„Die Ägypter bauten für ihre Bauarbeiter ein eigenes Dorf. Häuser in traditioneller Bauweise, die, soweit ich weiß, auch heute noch benutzt werden. Die hatten Kuppeln und blieben so relativ kühl."

„Aber trotz allem Komfort – die Hitze war enorm. Es waren 50 Grad im Schatten, und Schatten hatten wir meistens nicht. Wir tranken zehn Liter am Tag. Man glaubt, man kann das nicht, aber es geht."

„Abends sind wir todmüde ins Bett gefallen. Es war unheimlich anstrengend, den ganzen Tag mit der schweren 35-Millimeter-Filmkamera, mit dem schweren Stativ. Man darf nicht vergessen, wir hatten wenig Filmmaterial dabei, mit dem wir sehr sparsam umgehen mussten. Eine einzige 120-Meter-Rolle war in vier Minuten durch."

„Originalton konnten wir fast gar nicht aufnehmen. Die Kamera, eine Arriflex IIc, war nicht für Synchronisation ausgelegt und hatte ein sehr lautes Laufgeräusch. Das Tongerät hatte einen Federwerkaufzug für kurze Sequenzen und konnte nur bei ausgeschalteter Kamera benutzt werden. Aber das Ding war so schwer, dass wir es nicht immer mit herumschleppen konnten. Wir haben allgemeine Baustellengeräusche oder arabische Stimmen aufgenommen. Alles andere wurde dann zu Hause nachvertont."

„Es war eine ziemliche Maloche, 12 bis 14 Stunden am Tag, vom ersten Tageslicht bis zum letzten. Der Druck war enorm, alles musste sehr schnell gehen, weil wir immer nur für ein paar Tage eingeflogen wurden. Abends hast du noch ein Bier mit dem Polier getrunken, der dir Strom für dein Licht besorgt hat, hast dich erkundigt, was am anderen Tag auf der Baustelle los ist, wo du was drehen kannst. Und dann bist du in die Klappe gefallen."

„Die Baustellenleute hatten aber bestimmt eine 80-Stunden-Woche, mindestens."

„Und trotzdem war die Atmosphäre im Camp und auf der Baustelle gut. Zu den Arabern gab es aufgrund der Sprachschwierigkeiten nur wenig Kontakt. Vom Leben außerhalb der Baustelle, von Land und Leuten haben wir nichts mitgekriegt."

„Als ich einmal zurückkam", erinnert sich Nagel, „da stand meine

Frau traurig am Flughafen und sagte: ‚Du hast mir gar keinen Brief geschrieben.' Da meinte unser Produzent nur trocken: ‚Ja meinen Sie denn, in Abu Simbel steht an jeder Ecke ein Briefkasten?'"

Der Abbau des Tempels begann im März 1965. Als die beiden Filmer eintrafen, hatten Studenten der TH Aachen gerade die Aufmessungsarbeiten beendet. Sie filmten, wie die beiden Tempel im Inneren mit Stahlstützen ausgesteift und die Reliefs und Hieroglyphen mit Filzmatten und Plastikfolien geschützt wurden. Draußen wurde die Fassade zum Schutz vor Beschädigungen durch herabfallende Steine mit einer künstlich aufgehäuften Düne bedeckt. „Ja und dann begannen die damit, beide Berge über den Tempelinnenräumen abzutragen. Bis auf acht Meter über den Tempeldecken wurde mit Maschinen gearbeitet, dann per Hand mit Presslufthämmern und Felsmeißeln – bis die Decken nur noch 80 Zentimeter stark waren."

„Sicher waren die sich alle nicht, ob das wirklich klappt", erinnert sich Nagel. Der Felsen stand unter Spannung, der Sandstein war so porös, dass beim Bohren und Sägen auf Wasserspülung und -kühlung verzichtet werden musste. Das Gestein wurde mit Kunstharz-Injektionen gefestigt. 1.036 Blöcke mit einem Durchschnittsgewicht von jeweils 30 Tonnen wurden herausgesägt, dazu weitere 1.112 Blöcke aus dem Berg über dem Tempel. „Das machten die Italiener mit Seil- und Handsägen, meistens nachts", erinnert sich Kohl. „Scalpellini" der italienischen Firma Impreliglio wurden aus Carrara eingeflogen. Sie vollbrachten die delikate Gesichtschirurgie an der kostbaren Fassade. Jeder Schnitt durfte nicht breiter als sechs Millimeter sein. „Ich fand das ganze Vorhaben eigentlich unglaublich. Dass man das in solche kleine Stücke schneiden und anschließend wieder zusammensetzen kann. Das war mutig, wirklich imponierend", sagt Nagel.*

Im Film haben die beiden den historischen Moment festgehalten: Der erste Block mit dem Sigel G.A.1A01 wurde am 21. Mai 1965 ge-

---

* Eine ausführliche Darstellung der Umsetzung sowie der damals diskutierten Rettungsvarianten liefert der ehemalige Unternehmenssprecher von „Hochtief", Karl-Heinz Martini, in seiner Dissertation „Natürliche und künstliche Methoden bei der Erhaltung von historischen Bauwerken", Freiburg, 1982. Siehe dazu auch den offiziellen UNESCO-Bericht zu den Rettungsarbeiten in Säve-Söderbergh, Torgny 1987.

hoben und auf das Felsplateau verbracht.* Während die letzten Elemente unten noch auf den Abtransport warteten, begann oberhalb des einstigen Standortes schon der Wiederaufbau. „Das kann sich der Laie gar nicht vorstellen. Wie in einer Bibliothek waren die Blöcke oben auf der Ebene gelagert. Die hatten damals noch keine Computer und führten über jeden Stein genau Buch."

In einer Rekordzeit von nur 18 Monaten war der große Tempel am 31. März 1966 vollständig abgebaut. Die herrschaftlichen Füße von Ramses II. wanderten zuletzt. Wenige Tage nach dem Abbau flutete das aufgestaute Wasser des Nils die Baustelle. Die Tempel abzubauen, war aber nur ein Teil der Aufgabe. Nun mussten sie originalgetreu wiederaufgebaut werden. Dazu konnten die Bauteile nicht einfach zusammengesetzt werden. Unter ihrem Eigengewicht wären die Blöcke zerbröselt. Deshalb wurden sie in ein Gerüst aus Stahlbeton eingehängt. Dahinter errichteten die Baufirmen zwei Spannbetonschalen, die verkleidet mit einer Schicht Originalfelsfront die Tempelberge simulieren. Am 22. September 1968 wurde der Tempel zum zweiten Mal eingeweiht. Die Archäologen hatten gewarnt, jeder dritte Stein würde zerbrechen. Zuletzt waren nur drei Blöcke beschädigt, die jedoch sorgfältig zusammengeleimt wurden.

„Es war eine seltsame Situation", erinnert sich Nagel. „In Abu Simbel rettete der Westen, was zu retten war, und in Assuan bauten die Russen den Damm. Wir haben versucht, auch diese Baustelle zu drehen, aber wo die Russen waren, kam man nicht ran. Man galt immer als Spion. Wir durften nur aus ganz großer Entfernung drehen, sodass man keine gute Übersicht oder eine Totale vom Staudamm bekam."

„Die Russen brachten ja damals ihr schweres Gerät mit nach Assuan, Bagger und Lastwagen. Man erzählte, ich weiß nicht, ob's stimmt: Die Fahrzeuge hatten alle eine Heizung, aber keine Klimaanlage. Also genau das Gegenteil von dem, was in Ägypten gebraucht wurde." Nagel lacht immer noch kopfschüttelnd. „Klingt nach Radio Eriwan."

---

* Georg Gerster hat mir versichert, dass Bernd Nagel und Wolfgang Kohl nicht das von ihm beschriebene Filmteam war, das er am frühen Morgen des 10. Oktober 1965 um die Filmaufnahmen über die erste Gesichtsabnahme brachte.

Ich lese den beiden eine Passage vor aus einem Artikel in der „Zeit" von 1967: „Ob das neue Leben, zu dem man die alten Götter und Pharaonen jetzt errettet hat, ihnen gefallen wird? Abu Simbel wird nie mehr das sein, was es war… Nur wenige Touristen werden daran Anstoß nehmen, wenn die gewaltigen Tempel in ihren Steinquartieren weit aus dem nicht immer gefüllten Stausee ragen."

„Wissen Sie, über die Frage, wie sehr diese Aktion das Bauwerk verändern würde, darüber wurde damals nicht diskutiert", sagt Kohl.

„Da gab es nur die Frage: Könnt ihr das machen oder nicht? Man war emphatisch. Man fand das toll, dass man diese Tempel zerlegen und wieder zusammensetzen konnte."

„In dieser Zeit haben wir begeistert Atomkraftwerke gedreht. Es war die Zeit der Ingenieure und ihrer Devise: Alles ist machbar. Wir sind die Größten. Mit diesem Bewusstsein liefen die Ingenieure über die Baustellen."

„Unsere Auftraggeber wollten da natürlich nichts Kritisches haben, ist doch klar."

„Ja, heute würde man das anders drehen. Da würde man auch in die Dörfer reingehen und fragen, ist das in Ordnung, was hier geschieht."

„Das war vor 1968, das darf man nicht vergessen. Da hat keiner danach gefragt, wie legitim die Umsiedlung der Nubier ist."

Horst Nagel und Wolfgang Kohl reisten dann ein letztes Mal 1967 nach Ägypten. „Ich weiß noch, wir saßen in Abu Simbel im Europäischen Club, und der Kellner, der uns immer bediente, brachte jedem von uns eine Cola und sagte: ‚Es ist Krieg. Wir werfen jetzt die Israelis ins Meer.' Eine halbe Stunde später kam er zurück, mit so einer Flappe. Es war gerade umgekehrt. Unser Kellner druckste: ‚Die Amerikaner sind an allem schuld.'"

„Pausenlos flogen Flugzeuge über Abu Simbel hinweg. Ich weiß nicht, ob das Israelis waren oder Ägypter. Jedenfalls mussten alle Scheiben blau gestrichen werden, und es durfte kein Licht angemacht werden."

Das waren die ersten Tage des so genannten dritten Nahostkrieges. Wer ihn auslöste, darüber streiten noch die Historiker. Eine Theorie ist, dass Nasser den intriganten Einflüsterungen Moskaus erlag, wonach Israel angeblich einen Angriff auf seine arabischen Nachbarn plane. Nasser jedenfalls sperrte am 26. Mai 1967 die Straße von Hormus im Roten Meer für israelische Schiffe, verschärfte seine Kriegsrhetorik und mobilisierte ägyptische Truppen auf der Sinai-Halbinsel. Israel setzte daraufhin am 5. Juni zu einem „Präventivschlag" an: Ohne vorhergehende Kriegserklärung setzte Israel die ägyptische und syrische Luftwaffe außer Gefecht. Am Ende dieses von Israel so genannten Sechs-Tage-Krieges stand die israelische Annexion der Sinai-Halbinsel, des Gaza-Streifens, des Westjordanlandes mit der historischen Altstadt Jerusalems und der syrischen Golanhöhen. Mindestens 15.000 Menschen sollen allein auf ägyptischer Seite getötet worden sein.

Bernd Nagel und Wolfgang Kohl reisten über Assuan zurück nach Kairo. „Da standen wir dann mit unseren zehn Alu-Kisten mit dem ganzen Filmmaterial auf dem Bahnhof, und uns wollte kein Taxifahrer ins Hotel bringen. Als Weißer war man da gleich Amerikaner. Wir saßen auf unseren Kisten, während die ersten Verletzten vom Sinai vorbeigetragen wurden. Leute mit abgerissenen Beinen, halben Armen."

„Dann kam der Mann, der uns immer über den Zoll half, ein gebildeter Ägypter, der schon mal zwei Jahre in Deutschland gewesen war, ein Ingenieur. Der behauptete ernsthaft, die gesamten Nato-Flugstreitkräfte würden Ägypten angreifen. Die konnten einfach nicht glauben, dass das nur die Israelis waren."

„Wir sind dann ins Nile Hilton. Am Abend gab es Fliegeralarm. Die Israelis würden Kairo bombardieren, hieß es, was aber nicht stimmte. Wir nahmen die Zahnbürsten, ließen das Filmmaterial oben und gingen in die Kellerbar, wo schon die anderen Hotelgäste ängstlich beieinandersaßen."

„Am nächsten Tag trat Nasser zurück. Auf den Straßen war die Hölle los. Wären wir da rausgegangen, das wäre unser Todesurteil gewesen. Alle Ausländer wurden ins Hilton gebracht. Draußen riegelten 300 Polizisten das Hotel hermetisch ab. Der Krieg war vorbei, der Flughafen kaputt. Flugzeuge konnten nicht landen und nicht starten. Da saßen wir und konnten nichts tun als warten", erzählt Nagel.

„Ich bin dann jeden Tag in die Stadt zum Lufthansa-Büro. Jedes Mal umsonst. Bis sie dann eines Tages einen Flug nach Athen anboten. Ich hab' gesagt, egal wohin, Hauptsache raus hier."
„Die Frage war nur, was geschieht mit unserem Filmmaterial. Auf dem Flughafen wurde den Touristen der Film aus der Kamera gerissen. Wir befürchteten das Schlimmste. Der ganze Film wäre in Frage gestellt gewesen, wenn sie das Material beschlagnahmt hätten. Aber unsere 30 Rollen gingen anstandslos durch. Ich verstehe es heute noch nicht. Wir landeten also in Athen..."
„... und haben erst mal erleichtert ganz viel Ouzo getrunken."

Heinrich Barths Erben

Im Schein des Wagenlichts gräbt Rudolph Kuper eine Mulde in den Rücken der Wanderdüne, breitet einige Decken darin aus und will sich eben in sein Sandbett rollen. Ich raffe mich auf und gehe noch einmal hinüber.

„Gibt's noch einen Fingerhut Whisky?"

„Aber immer!"

Kuper zieht den Flachmann aus der Weste und schenkt uns zwei Zinnbecherchen voll.

„Ich möchte Ihnen noch einmal danken, dass Sie mich hierher gebracht haben."

„Auf Ihren Film!", toastet Kuper. „Ich hoffe, es hat Ihnen was gebracht."

Ohne Kuper wäre ich nie hierher gekommen. Dabei hatte ich ihn erst ein halbes Jahr zuvor kennen gelernt. Der Produzent saß mir im Nacken: wann ich denn nun nach Abu Simbel reisen und diese Nubier suchen würde? Ich zögerte die Reise immer wieder hinaus. Was wusste ich über Abu Simbel? Dass es inzwischen wieder ein kleines Städtchen im Schatten der Tempel gab; dass in den ehemaligen Baustellen-Bungalows nubische Tempelwächter wohnten. Ich hätte eigentlich nur ein paar freundliche, telegene Protagonisten suchen müssen, die willens waren, vor der berühmten Tempelfassade ihre Geschichte zu erzählen. Von Frankfurt sind es nur wenige Flugstunden nach Abu Simbel. Hilfreich vor Ort würden der Ägyptische Antikendienst und das Staatliche Pressebüro sein. Es gibt Banken, Hotels, Telefone.

Aber es kam mir so vor, als würde ich nach Ägypten reisen, um dort für eine vorgefertigte Story einheimische Komparsen zu casten, die Versatzstücke ihrer Biographie in die Kamera sprechen und dabei vor einer Tempelattrappe posieren. Die Kulisse und die Statisten waren bereits vor Ort, nur die Statements hätte ich noch in mitgebrachte Sprechblasen füllen müssen. Ich hätte in wenigen Tagen zurück sein können.

Das wollte ich nicht. Das erschien mir zu billig. Dabei konnte ich mir etwas Teueres nicht leisten. Ich solle mich rund um den Stausee umschauen, hatte der Produzent empfohlen – und dabei am Besten kein Geld ausgeben. Das sagt sich so einfach: rund um den See umschauen. Es gibt dort kaum Straßen. Das Grenzgebiet zum Sudan wird militärisch kontrolliert. Als Tourist kann man sich nicht frei bewegen, noch weniger als Journalist. Man braucht eine Desert Permission, einen Geländewagen, einen Guide.

Als ich den Nasser-Stausee googelte, stieß ich auch auf Satellitenbilder der NASA. Neben dem „Nubischen Meer", nur wenige Kilometer nordwestlich von Abu Simbel, war eine Seenkette abgebildet, die auf meiner Polyglott-Karte nicht vorkam. Drei, vier Mouseclicks entfernt erklärte „Al Ahram": „Toshka turns Millenium green". Da war von einem landwirtschaftlichen Megaprojekt in der so genannten Toshka-Depression die Rede, von Wasserstraßen in der Wüste und einer gigantischen Pumpstation, von neuen Städten und saudischen Großinvestoren, von riesigen Obst- und Gemüse-Plantagen in der Western Desert Ägyptens.

Ich machte mich auf die Suche nach einem Kenner der Westlichen Wüste Ägyptens und wurde vor der eigenen Haustür fündig: das Kölner Heinrich-Barth-Institut (HBI). Eine kuriose Einrichtung. Einige Baracken unterhalb eines efeuberankten Bahndamms, in einer abgelegenen Großstadtecke fern ab des Kölner Universitätscampus. Über Jahre hinweg hat Rudolph Kuper, Gründer des HBI und langjähriger Leiter der Forschungsstelle Afrika, mit Studenten und Kollegen den ehemaligen Bauhof der Kölner Stadtwerke umgebaut, „zu einer Stadtoase", wie Kuper sagt. Von hier aus starten die wissenschaftlichen Expeditionen der Kölner Ur- und Frühgeschichtler in den Tschad, in den Sudan, nach Libyen, Namibia und Ägypten. Das Institut trägt nicht nur den Namen eines berühmten Wüstenforschers, es ist selbst eine Berühmtheit.

Rudolph Kuper ist ein braun gebrannter, hagerer Mittsechziger, einladend, freundlich, neugierig. Wir waren schon im Gespräch, bevor wir uns recht miteinander bekannt gemacht hatten. Ich folgte ihm durch die HBI-Baracken, und Kuper erklärte en passant, was die Tierknochen auf dem Labortisch, die Pflanzen und Samenreste unterm Mikroskop, die abgepausten Graffiti im Zeichenraum bedeuten – Felsmalereien der Ur- und Frühgeschichte, Zeugnisse der ersten Hirten- und Siedlerkulturen, die Zeit der Domestizierung des Rindes.

Mein historisches Vorstellungsvermögen verliert sich bei Jahreszahlen jenseits der Pyramidenzeit. Ob hinter der eins fünf oder sechs Nullen vor Christi Geburt folgen, das macht für mich keinen greifbaren Unterschied. Mit Steinzeit assoziiere ich vage den Neandertaler, und der kommt bei mir kurz nach den Dinosauriern. Davor gähnt nur noch das Schwarze Loch des Urknalls.

Als ich Kuper treffe, kommt er gerade zurück von einer Expedition in den Gilf Kebir in der Libyschen Wüste. Er ist überrascht, dass mir diese Region gänzlich unbekannt ist. Ob ich denn nicht von der Oase Zarzura oder von der „Höhle der Schwimmer" gehört habe, von Ladislaus Almásy, der als „Englischer Patient" immerhin Film-Karriere gemacht habe. Ich musste passen. Die Sahara ist ein weites Feld.

An diesem Nachmittag pinne ich viele Namen auf meinen Notizblock: Wadi Howar und Abu Ballas, Hans Rhotert und Leo Frobenius, Namen, mit denen ich nichts anfangen kann. Kuper steckt mir einen dicken Band über den „Sonderforschungsbereich Kultur- und Landschaftswandel im ariden Afrika" zu. Ich erhalte einen Schnellkurs in Prähistorie, erfahre, dass vor 10.000 Jahren viele Regionen der heutigen Sahara feucht waren, weil die Monsunregen nördlicher als heute niedergingen. In diesen Feuchtphasen gab es in weiten Teilen eine Savannenlandschaft mit Seen, Bächen und Flüssen, die zeitweise so groß wie der heutige Nil waren. Wo jetzt nur Sand, Geröll und Felsen sind, grasten damals Tiere, wuchs Wildgetreide. Den Tieren folgten die Menschen – Wildbeuter, die mit ihren Sippen als Halbnomaden herumzogen und so lange an einer Stelle blieben, wie es Wasser und Weide gab.

Die Wissenschaftler rekonstruieren die Klimageschichte der Sahara, den Wechsel von Feucht- und Trockenphasen. Aus dem Wechsel der ökologischen und klimatischen Verhältnisse schließen sie auf die Lebensbedingungen und die kulturelle Entwicklung der Menschen von damals. Klimageschichte sei Migrationsgeschichte, erklärt Kuper. Die Austrocknung der Sahara sei der Motor der Siedlungsgeschichte Afrikas.

Ich hatte meinen Mann gefunden. Kuper kannte die Toshka-Seen. Monate zuvor war er mit dem Kölner Geologen Stephan Kröpelin von der Oase Dakhla aus nach Assuan gefahren. Nach Hunderten von Kilometern unwegsamer Extremwüste stand ihr Geländewagen plötzlich vor einem unüberwindbaren Hindernis: vor Wasser, großen Seen, kilometerweitem, dichten Buschwerk, kleinen Bäumen, einer Art Savannenlandschaft mit Störchen und Gazellen. Die beiden Forscher glaubten fast, eine Fata Morgana narre sie. „Wir waren geradezu bestürzt."

Seltsam. Da erforschen die Ur- und Frühgeschichtler, Geologen und Paläobotaniker seit Jahrzehnten diese Wüsteneien, stoßen schließlich auf eine Landschaft, die so ähnlich aussieht wie die, die sie zu rekonstruieren versuchen. Und sind darüber bestürzt.

Die NASA-Satellitenaufnahmen zeigen eine Kette von sechs großen Seen in der Toshka-Senke westlich des Nasser-Sees. Mitte der 90er Jahre fiel in den Hochebenen Äthiopiens überdurchschnittlich viel Regen, erklärt mir Kuper. Die speisten den Blauen Nil mit einer Hochflut. Um den Assuan-Staudamm vor Überkapazitäten zu schützen, war in den 80er Jahren bereits ein Überlaufkanal gegraben worden. Der spülte nun das Wasser in die trockenen Senken. Es entstanden Seen mit einer Oberfläche von zeitweise rund 1.560 km².

Mitte der 90er Jahre lief diese Flut gleichsam auf die Mühlen der Ägyptischen Regierung und bestärkte sie in einem Mega-Projekt, das seit den 60er Jahren in den Schubladen lag: Das „South Valley Development Project", ein umfassendes Landgewinnungsprojekt, in dem Toshka nur einen Teil darstellt[*]: Dort will Ägypten mit dem Wasser des Nasser-Sees und in unmittelbarer Nähe der Schwemm-Seen die

---

[*] Zum „Southern Valley Development Project" (SVPO) gehören neben dem Toshka-Projekt noch das „East of Oweinat-Project" (200.000 Feddan, 92.400 Hektar) und die Landerschließungen um die Oasen Kharga und Dakhla (400.000 Feddan, 184.800 Hektar).

Wüste kultivieren und auf 540.000 Feddan* (rund 226.800 Hektar = 2.268 km²) Landwirtschaft betreiben, auf einem Areal fast so groß wie das Saarland. In wenigen Jahren schon sollen dort Tausende von Landarbeitern Mangos, Papayas, aber auch Zitrusfrüchte, Gewürze, Oliven, Kartoffeln, Bohnen und Tomaten, Baumwolle und Getreide anbauen. Auch eine Stadt namens Toshka City soll wenige Kilometer nördlich von Abu Simbel entstehen, ein neuer Flughafen. Ein 250 Kilometer langer Betonkanal bildet dann ein zweites, künstliches Niltal, Lebensnerv einer „neuen Zivilisation in der Wüste", so die Mubarak-Propaganda. Toshka soll den Bevölkerungsdruck auf Kairo und Alexandria mindern helfen, sagt die Regierung. Später einmal, so die Vision, könnten weitere Kanäle die Oasen Dakhla, Kharga, Baris, Farafra verbinden. „Dann können Sie mit dem Schiff durch die Wüste fahren", meint Kuper. Noch sei allerdings, al hamduilla, niemand gefunden, der das Ganze finanziere.

Für Kuper ist das Szenario bedenklich, nicht nur, weil er bezweifelt, dass Ägypten die erklärten Ziele erreicht und stattdessen aber Milliarden in den Sand setzt. Das Projekt spielt sich, zumindest teilweise, in einer archäologisch vielversprechenden Region ab. Die Wissenschaftler erschreckt das Ausmaß, mit dem das Agrar-Projekt Neuland erschließen und Flächen „kultivieren" will. „Die Planierraupen walzen bereits in die Wüste, scharren Böden zusammen und zerstören alles, was dort an Fundplätzen vorhanden sein könnte. Das wäre eine archäologische Katastrophe, beinahe so dramatisch wie die in Nubien vor 40 Jahren", sagt Kuper.

In den 60er Jahren hatten Archäologen aus aller Welt das zum Untergang verurteilte Kulturerbe Unternubiens sichern und dokumentieren können. Dieses Mal aber kämen die Wissenschaftler zu spät, fürchtet Kuper. „Vor Jahren schon habe ich gemeinsam mit meinem amerikanischen Kollegen Fred Wendorf eine UNESCO-Initiative angeregt. In Abu Simbel gab es dazu im Januar 1998 sogar eine Konferenz. Wir forderten dringend eine sofortige großflächige Sondierung des Geländes. Wir baten den Ägyptischen Antikendienst, Nabta

---

* Inzwischen ist zu lesen (www.bibliothek-alexandria.de/toshka/), dass das Projekt um weitere 60.000 Feddan auf insgesamt 600.000 Feddan (rund 252.000 Hektar) ausgeweitet wurde.

Playa für die Welterbeliste vorzuschlagen und damit unter Schutz zu stellen. Nichts von alledem ist realisiert worden. Die Initiative verlief im Sande." Noch sei ungewiss, ob und wann die bedeutendste prähistorische Fundstätte westlich des Nils von den Bauarbeiten betroffen sein werden, sagt Kuper. Das Toshka-Projekt werde unter großer Geheimhaltung aller relevanten technischen und finanziellen Eckdaten an Parlament und Opposition vorbei realisiert. Es berge gewaltige ökonomische und ökologische Risiken. Kuper beugte sich über die Satellitenaufnahmen, dann über meine Karte und schüttelte den Kopf. „Diese Karte ist völlig unbrauchbar. Es ist unglaublich, aber von der Mondoberfläche gibt es genauere Karten als von der Sahara. Sehen Sie selbst: Nach den Satellitenbildern müssten diese Seen über die Höhenzüge Ihrer topographischen Karte schwappen." Ich nickte zustimmend. Dabei vermochte ich auf den NASA-Fotos Wolkenzüge nicht von Sanddünen zu unterscheiden.

An den Wänden von Kupers Arbeitszimmer hingen Bilder von Felszeichnungen: wandernde, springende, tanzende Strichmenschen; in der Ecke dickbauchige Tonkrüge, am Bücherbord ein Säbel in einer bunten Lederscheide, Bücher ringsum. Kuper machte Tee und sprach vom Toshka-Projekt, von Nabta Playa, von der Wiederholung einer archäologischen Katastrophe; hierzulande sei das alles kaum bekannt. „Zeigen Sie das doch in Ihrem Film. Das spielt sich alles in unmittelbarer Umgebung von Abu Simbel ab!" – Plötzlich wurde mir klar, warum ich mit der Reise so lange gezögert hatte: Mein Film hatte kein journalistisches Anliegen. Wandernde Monumente zu zeigen, an Abu Simbel und das Schicksal der Nubier zu erinnern, gut und schön. Erst mit Kupers Hinweis, dass sich 40 Jahre nach Abu Simbel ein Szenario wiederhole, aber heute kein Mensch dafür zu gewinnen sei, das bedrohte Kulturerbe zu retten, erst damit erhielt meine Unternehmung eine gewisse Ambition und mutete nicht nur retrospektiv an. Gut, dachte ich, erzählen wir vom Wüstenwahnsinn und retten wir Nabta Playa.

Fliegen mit Mohammed Atta

Im Februar 2002 schiebe ich einen Gepäckwagen durch die marmorgeflieste Halle des Frankfurter Flughafens. Über die elektronischen Anzeigetafeln flattern die Destinationen. Ich fliege endlich nach Ägypten. In den Auslagen der Shops begutachte ich Safarimode, mustere skeptisch mein Wüstenkleid: Jackett, Jeans, Wanderschuhe. Wüsten-Camouflage sieht definitiv anders aus: Hosen mit aufgesetzten Taschen und abnehmbaren Beinen, sandfarbene Westen mit Dutzenden von Reißverschlüssen und Taschen für alle möglichen Survival-Dinge. Mein Überleben sichern Durchfall-Tabletten und Sonnencreme mit Lichtschutzfaktor 30.

Am Egypt-Air-Schalter blockiert eine ägyptische Familie mit vier großen Umzugskisten, einem Dreirad und einem beinahe mannshohen, langhaarigen Schaukelpferd den Fortgang der Dinge. Die bekopftuchte Frau zeigt in bittender Geste auf den Herrn, der es nur auf ein Gepäckstück bringt. Ob der nicht etwas auf sein Ticket nehmen könne. Sorry, ich winke ab. Ich kann für diese Reise kein Risiko eingehen – ich allein bin mir bereits Risiko genug. Die Frau wendet sich mit einem Blick ab, der keinen Zweifel darüber lässt, was sie von einem Menschen hält, der ein kleines Kind um ein mannshohes Schaukelpferd bringt. Zur Strafe stehe ich 20 Minuten hinter dem Trio an. Hinterm Schalter ist niemand in der Lage, das Übergepäck-Problem zu lösen; ägyptische Mitreisende vermitteln wortreich. Es ist nichts zu machen: Das Schaukelpferd passt nicht ins Handgepäckfach, auch nicht der aufwendig verschnürte Riesenkarton, dessen Inhalt händeringend auf dem Check-in-Schalter ausgebreitet wird.

Ich greife nach einer der ausgelegten Zeitschriften des Ägyptischen Fremdenverkehrsbüros mit der beruhigenden Mitteilung: Ägypten ist vollkommen sicher. Einstürzende Hochbauten andernorts, der Krieg in Afghanistan, fundamentalistische Drohungen seien kein

Grund, auf das Tauchen im Roten Meer zu verzichten. Das glaubt nur kaum einer, vielmehr brechen die Besucherzahlen in Ägypten dramatisch ein. Die Buchungen für 2002 sind um zwei Drittel geringer als im Vorjahr. Die wegsackenden Türme des World Trade Center sind ein ökonomisches Desaster auch für Ägypten. Warum auch sollte man in ein Land reisen, dessen Regierung ganze Landstriche aus Angst vor islamistischen Anschlägen zum touristischem Sperrgebiet erklärt.

Ich stehe vor dem Check-in-Schalter und denke an September Eleven, an die Flughafen-Bilder von Mohammed Atta, der mit kleinem Handgepäck Sicherheitskontrollen und Beobachtungskameras passiert. Atta, neun Jahre jünger als ich, Architekturstudent aus Kairo und Hamburg-Harburg. Es war gegen drei Uhr nachmittags, als ein Kollege in meine Redaktion stürzt und aufgeregt nach der Fernbedienung fragt. Ich solle CNN einschalten. – Zur gleichen Zeit drückten Bankangestellte im World Trade Center ebenfalls die Fernbedienung und sahen, so wie ich, im Fernsehen ein zweites Flugzeug auf ihr Gebäude zurasen.

Hinter meinem Schreibtisch versammeln sich immer mehr Kollegen. Gebannt blicken wir auf die Twin Towers, zwei rauchende Fackeln vor der Skyline von Manhattan. Es ist die Rede von weiteren Terrorflugzeugen im Anflug auf Washington. Immer wieder werden die Bildsequenzen gezeigt, in denen das Verkehrsflugzeug in den zweiten Turm schießt. „Live" sacken die Wolkenkratzer in sich zusammen. Reporter ringen um Worte.

Über Stunden hinweg läuft ein Katastrophenfilm. Als Medienjournalist versuche ich, mich auch auf die Bilder zu konzentrieren, auf Schnitte, Sprache, weniger auf die Ereignisse als auf die Dramaturgie der Bilder. Kollegen kommen und gehen, fragen nach dem Stand der Dinge. Wie nach dem Spielstand eines Fußballmatchs. In Erwartung weiterer Hiobsbotschaften. Hat dieser Tag noch mehr in petto? Kommen noch mehr Flugzeuge runter? Fliegt ein zweites ins Pentagon? Ist ein weiteres im Anflug aufs Weiße Haus? Alles scheint möglich.

Ich weiß nicht mehr, wann ich die eigene, drängelnde Lust am Untergang bemerkte. Es waren nur kurze, irritierende Momente, aber sie waren da: Weiter! Mehr! Und dann wieder weg. Verdrängt von Bildern der Menschen, die aus den Fenstern der oberen WTC-Stockwerke mit Taschentüchern nach Hilfe winkten. Doch dieser Katastrophen-Film war mitreißend. Vielleicht wirkte die Gewalt der Bilder ansteckend. Vielleicht wurde da eine Aggression, eine nihilistische Lust bei mir angesprochen, der ich mir nicht bewusst bin. Vermutlich war es die Faszination der ungeheuerlichen, ultimativen Tat – der Angriff auf die USA, der Versuch der Zertrümmerung des Weißen Hauses, des Pentagon, der Twin Towers. Dort oben hatte ich auch schon gestanden. Zuletzt an dem Tag, als ich das Tempelchen von Dendur besuchte. Und nun winkten diese Leute herüber zu mir, der ich in einem Bürohaus saß und auf ihr brennendes Bürohaus sah. – Als alles nur noch Qualm und Schutt und Asche war, standen wir kopfschüttelnd vor der Glotze. Sprachlos. Dabei registrierte ich kurz so etwas wie Enttäuschung, eine Leere. Der Film war zu Ende. Das war's. Augenblicke später hieß es: Hau rein in die Tasten. Wir hatten der kollektiven Sprachlosigkeit mehrspaltigen Ausdruck zu verleihen.

Es ist später von der Traumatisierung der Zuschauer durch die Gewalt auf dem Bildschirm geschrieben worden, von einem universalen Schock. Ich war weder geschockt noch traumatisiert. Aber ich machte eine befremdliche Selbsterfahrung: Eine Fühllosigkeit, die sich durch die Distanz zu den Vorgängen einstellte. Das Medium lässt die Angst und die Panik, die das unmittelbare Erlebnis provoziert, nicht wirklich zu. Die Mittelbarkeit, die Moderation des Ereignisses produziert Taubheit, jedenfalls etwas Zynisches, ein innerliches Zurückweichen und zugleich eine voyeuristische Faszination. Das war für mich die Lektion des 11. September. Und dann immer wieder die Bilder von den Flugzeugen, der Crash, die feuerfauchende Explosion. Ich sehe das Cockpit, die Windschutzscheibe, dahinter den jungen Mann, konzentriert vor den Instrumenten, die Hand am Schubhebel, sein Blick, die Sekunden vor dem Einschlag.

Am Tag danach läuft das „Best of" der Katastrophe. Comedys und Unterhaltungsshows sind abgesetzt. Vox verzichtet auf die Ausstrahlung des Spielfilms „Erdbeben in New York"; das Schweizer Fernsehen auf „Mars Attacks". Harald Schmidt verordnet sich eine Woche Scherzverzicht. Sat.1 setzt die Barbara-Salesch-Sendung „Nackte Rache" über einen Kinderschänder ab. Viva teilt auf einer Tafel mit, dass man „aus Respekt vor den aktuellen Geschehnissen das Programm aussetzt."

„Wir glauben nicht, dass einfach abzuschalten eine Lösung ist", meint dagegen der US-Konkurrent MTV: „Die nackte Angst war überall förmlich zu spüren, wir wollten unsere Zuschauer nicht noch mehr in Panik versetzen, indem wir ‚schwarz' senden." Während die Börsen in New York den Handel aussetzen, geht der Verkauf auf deutschen Teleshoppingkanälen weiter. QVC erklärt, man werde sich nicht dem Terror beugen.

Die Katastrophenbilder sind zu Trailern und Trennern geschnippselt, eine wabernde Studiotapete, vor der Günter Jauch den Rennfahrer und Piloten Niki Lauda zur Flugfähigkeit von Terroristen befragt. Im Hintergrund crasht immer wieder der Architekturstudent Mohammed Atta ins World Trade Center. Architekten fachsimpeln über die Hitzebeständigkeit der Stahlkonstruktionen von Hochhäusern.

Bei amerikanischen Nachrichtensendern sind die spektakulären Szenen ständig in einem kleineren Bildrahmen zu sehen. Die Bilder sind längst Anklage, Drohung, Fanal: Attack on America. Präsident Bush spricht auf CNN vom Kampf des Guten gegen das Böse. Es ist die Stunde der Experten: Henry Kissinger gibt Interviews, weil er Henry Kissinger ist. Der deutsche Bundesinnenminister wird von einem Sender zum nächsten gebeamt, Thema „Innere Sicherheit". Scholl-Latour fordert das Ende der „verdammten Spaßkultur" und die Atombombe für Europa. Für Helmut Schmidt sind die Deutschen „das ängstliche Volk Europas". Im Frühstücks-Fernsehen erklärt der Bundesverteidigungsminister, Solidarität sei keine Schönwetterveranstaltung.

MTV blendet während der Schweigeminute für die Opfer der Anschläge ein griffiges „Fuck Terrorism" ein, während die „Tagesschau" nachsieht, wie Deutschland inne hält: an Straßenbahnhaltestellen und Flughafen-Check-ins. Bei „Bärbel Schäfer" ringen Gäste mit ihrer Betroffenheit: Eine Schülerin, die im Oktober als Au-pair-Mädchen nach New York geht, sagt, dass sie im Oktober als Au-pair-Mädchen nach New York geht. Eine Mutter aus Berlin sagt, sie habe Angst, und sei deshalb nicht mit dem Flugzeug, sondern mit dem Zug nach Köln gekommen. Unter der Frau wird eingeblendet: „Meine Angst wird immer größer!" Mit Ausrufezeichen wird nur so um sich geschmissen. ANGST! Angst vor Mohammed Atta.

Muss ich deshalb Bauchgrimmen vor einem Flug nach Ägypten haben? Hatte es der Ägypter Atta auf unsereinen abgesehen? Gewiss, es war ein Höllenritt gegen den westlichen, den globalen Kapitalismus, den allerdings auch unsereiner durchaus bedenklich findet. Aber die Zerstörung des World Trade Center galt nicht allein einem Symbol. Hier waren keine Bilderstürmer am Werk. Attas Truppe nahm 3315 Menschen mit in den Tod. Kann man sagen, sie waren an diesem Tag zur falschen Zeit am falschen Ort? Nein, der Student aus Hamburg-Harburg attackierte eindeutig auch unsereinen. Ich hatte nur das Glück, am 11. September im anderen Hochhaus zu sitzen. – Du stehst am Check-in-Schalter, passierst Pass- und Sicherheitskontrollen, blickst in Überwachungskameras und denkst: Et hät noch immer jot jejange.

Über dem Ground Zero, dessen gewaltige Ausgrabungsflächen an antike Stadtruinen erinnern, soll die „Leerstelle" des WCT möglichst rasch überbaut werden. Der Anteil, den das „9/11-Memorial" einnehmen wird, schrumpft allerdings von Monat zu Monat. Es ist jetzt von einem Kunst- und Kulturzentrum die Rede, auch von einem Theater zur Rekultivierung des Financial District. Die Angehörigen der 9/11-Opfer protestieren gegen den Missbrauch des Andenkens der Opfer. Goldman Sachs droht mit dem Wegzug nach Midtown, kann aber mit Steuervergünstigungen in Millionenhöhe zum Bleiben bewegt werden. Längst hat das Feilschen begonnen. 9/11-Business. – Mit solchen Bildern reist man in ein anderes Land.

Abwarten und Tee trinken in Kairo

Sei mir gegrüßt, Kahira, du herrliche, wüstenbegrenzte, gärtenumlegene, palmenumstandene Königin Ägyptens
Karl May „Leilet"

Die Luft in der Egypt Air-Maschine ist trocken. Meine Nasenschleimhäute knistern wie Papier. High Arid Desert, denke ich, extrem trockenes Wüstenklima. Schlimmer wird's nimmer. Neben mir schläft Rudolph Kuper. Ich müsste mal raus, will den Mann aber nicht wecken. Er müsse Schlaf nachholen, die Nächte vor unserem Abflug habe er kaum welchen bekommen. In der Zeit zwischen den Expeditionen sei all die Arbeit zu erledigen, die in seiner Abwesenheit auflaufe. Dazu komme die wissenschaftliche Dokumentation der letzten, die Vorbereitung der nächsten Survey. Die Wüste schlaucht. Kaum taucht das Lichtermeer Kairos unter uns auf, erwacht Kuper. Noch im Landeanflug schaffe ich es auf die Toilette. Dass mir der Anblick dieser Stadt solche Erleichterung verschaffen würde.

In der Empfangshalle des Flughafens reicht mir Kuper Satellitentelefon und Laptop. So sieht ein Wüstenprofi aus: Lederweste, leichte Hosen, feste Schuhe. Anstehen für Visa-Märkchen. Für meine straffen Dollarnoten erhalte ich einen Batzen schlapper Lappen. Anstehen vor der Passkontrolle. Vor mir ein mannshohes Schaukelpferd. Ägyptische Polizisten mit hartgeschnittenen Staatsmachtgesichtern. Auch sie sind nur Menschen: Wie sie ihre Kabine umstandslos verlassen, wenn es darum geht, einen Kollegen zu begrüßen, zu herzen, Gruß und Kuss.

Mit melancholischem Lächeln verfolgen einige hundert Abfertigungswillige in vier Warteschlangen die orientalischen Begrüßungsrituale.

Auf dem Vorplatz umsurrt uns ein Schwarm Taxifahrer. Kuper besteht auf einem lizenzierten Taxi, will keinen Schwarzfahrer, der uns in seine Rostbeule quetscht und mit dem Fahrpreis bescheißt. Einer bezwingt Kuper mit einem Lächeln, das jede deutsche Krankenkasse in die Insolvenz triebe. 60 ägyptische Pfund bringen uns in den Genuss eines Autoradios, dessen Leistungsstärke überzeugender als die der Stoßdämpfer ist. Wir fliegen dem Zentrum zu. Durch eine lichterhelle Stadt, über Brücken, die sinnigerweise Fly Over heißen und eine kurze rasende Fahrt in einem hupenden Stoßverkehr enden lassen.

„Nobelviertel" Zamalek. Halt in einer Seitenstraße mit unansehnlichen Hochhäusern. Ein Hausdiener, dunkelhäutig, scheu und höflich, öffnet still die wuchtige Tür einer Villa, die in ermutigendem Kontrast zur Umgebung steht. Ein poliertes Messingschild annonciert das „Schweizerische Institut für Ägyptische Bauforschung und Altertumskunde". Wir betreten die Halle. Gediegene Bücherschränke im Entrée gewinnen mich sofort, lichte Räume, wohl fünf Meter hohe Decken, unter denen Jugendstillampen Jugendstilmöbel beleuchten. Die Schweiz ist eine Insel.

Wir beziehen ein Doppelzimmer mit einem erstaunlichen Jugendstilschreibtisch und robustem Kleiderschrank, vor dem Kuper steht, als suche er nach einem Losungswort. Wir untersuchen die Front und zweifeln, ob dieser Sesam sich überhaupt öffnen lässt. Ich ziehe neugierig an zwei Messingknöpfen und heraus fahren zwei schwere, türgroße Spiegelladen, die nach links und rechts wegklappen: Wir stehen im Spiegelkabinett wie Pat und Pattachon. Knarzend fällt uns die Schranktür entgegen. Kuper nickt anerkennend. Drinnen Fächer für Schuhe, eine Stange für Krawatten, schwere altdeutsche „Union-Kleiderbügel" aus der Zeit vor dem Krieg. Im Bad ein Waschtisch mit blitzenden Kupferarmaturen, eine Waage aus der Frühzeit der Mechanik. „Alles noch wie bei Almásy", meint Kuper.

Es ist nach 23 Uhr, was dem Kairoer Verkehr keinen Abbruch tut. Entlang einer dunklen, aufgerissenen Straße unter einem Fly Over sitzen Männer und saugen an ihren Schischahs, trinken Tee, spielen Domino. An einem Imbiss an der Straße des 27. Juli nehmen wir Falafel und Tamiyas. Ich solle ruhig essen, was auch er nehme, empfiehlt Kuper. Wenn mich „die Rache Montezumas" ereile, so sei es eben. Insh'allah. Wir decken uns noch mit einigen Lebensmitteln ein, suchen und finden ein offenes Postamt mit Fernsprechkabinen. Um Mitternacht.

Kuper geht in einer weißen Galabija zu Bett. Amüsant, ein Mann im Nachthemd. Ich weiß nicht, wann ich das letzte Mal mit einem Fremden in einem Zimmer übernachtet habe. Kuper kommt mir schon so vertraut vor. Ich mag seine zutrauende Art: Wie er in Köln seinen Terminkalender zog und kurzerhand sagte: „Ich habe noch zwei Wochen im Frühjahr." Er wolle sich ohnehin in Toshka umschauen. Vielleicht würden meine Recherchen endlich genaues Kartenmaterial über das Projekt auftun. Wir könnten in der Nähe der Seen vier, fünf Tage im Gelände verbringen. Er würde ein Logis in Kairo und mit etwas Glück auch eins auf Elephantine anbieten, ansonsten Feldbett unter freiem Wüstenhimmel. Ich steuere die Hoteldusche in Abu Simbel bei.

Wir stellen zwei Wecker, schenken zwei Whiskys in zwei Fingerhüte, lesen zwei Bücher und knipsen zwei Nachttischlämpchen aus – zwei antike Nachttischlämpchen.

„Gute Nacht, Herr Kuper."

„Schlafen Sie wohl."

Zwei Wecker ticken im Sechsachteltakt. Meine Zeit läuft: 13 Tage, um Protagonisten zu finden, eine Geschichte und attraktive Schauplätze.

Als die elektronische Fanfare des Rudolph Kuper losbläst, schnorchelt der Doktor unbeirrt weiter. Im Badezimmer stehe ich ratlos vor dem antiken Gasboiler und muss den Kopf unters kalte Wasser halten. Dafür erfahre ich den Respekt des Doktors. Der glaubt tatsächlich, ich hätte mich mannhaft einer Ganzkörperdusche unterzogen. Lass ihn man denken. Ich höre, wie er unterm Duschkopf hechelt.

Währenddessen inspiziere ich das „Schweizer Institut für ägyptische Bauforschung". Es ist aus einer anderen Zeit, übriggeblieben aus kolonialen Tagen, als diese Stadt noch kein Moloch, sondern mit ihren Prachtalleen und Gärten mit Paris und London konkurrierte: die Stadt der Könige, Fürsten und ottomanischen Paschas, der Eisenbahn-Barone, Nabobs und Lords. Aus dieser Belle Époque stammt das Haus. Der Berliner Baumeister und Ägyptologe Ludwig Borchardt kaufte Anfang des vergangenen Jahrhunderts die Gründerzeitvilla von einem schottischen Offizier, erwarb – mit eigenem Geld – später auch die Nachbarvilla hinzu. Borchhardt machte sie zum Sitz des „Deutschen Instituts für Ägyptische Altertumskunde", dem Vorgänger des heutigen Deutschen Archäologischen Instituts.

Die Front ist hinter hohen Palmen verdeckt, toskanische Würde zwischen modernen Wohnburgen. Die Rückfront mit den Holzveranden liegt prächtig im Morgenlicht, ein herrlicher Garten mit hohen Palmen und saftig grünen Blattkronen direkt am Nilufer; die Bougainvillea, die Blumen, die alten Bäume, der gepflegte Rasen. Es ist wunderbar. Der Blick über die Gartenmauer ist dann ernüchternd: Die Uferböschung gleicht einer Müllkippe.

Das Institut ist eine Wolke. Die Bibliotheksschränke sind voller antiquarischer Schätze. Alte Folianten, Kartentrommeln, in Leder eingebundene Reisebeschreibungen und Lithografische Mappen aus dem 19. Jahrhundert. Das Licht wallt über breite Zeichentische. Was für ein Privileg, hier einer wissenschaftlichen Arbeit nachgehen zu dürfen. Hausherr ist der Heidelberger Archäologe Cornelius von Pilgrim. Unser Gastgeber aber ist gemeinsam mit seiner Frau Beatrice auf einer Grabung auf Elephantine. Wir sind allein im Haus. Im Parterre liegen die Gästezimmer für Wissenschaftler, die Küche und die fantastische Privatbibliothek, die Mimi Borchardt Anfang des 20. Jahrhunderts zusammengestellte. Sie verrät einen sicheren Geschmack: Erstausgaben des Expressionismus, der klassischen Moderne.

Im Lesezimmer liegen zwei Fotoalben aus der Zeit vor dem Ersten Weltkrieg: Die Bilder zeigen ein Kaffeekränzchen mit Damen in weißen Kleidern und Hüten, Kinder am Kaffee- und Kuchentisch. Diener in weißen Galabijen bedienen die Kaffeegesellschaft unter der Pergola am Nilufer. Dann führen die Kinder eines dieser wallenden, jugendbewegten Tanzspiele auf, kostümiert als Feen und Zwerge. Wie unverändert scheint es draußen: die Pergola, der Garten. Das gegenüberliegende Nilufer ist heute freilich lückenlos überbaut. Auf den Bildern sind da noch Felder und nur einige flache Häuser zu sehen. In einer Glasvitrine liegen schwere Messinginstrumente: das archäologische

Vermessungsgerät des preußischen Regierungsbaumeisters Borchardt, Feldstecher, Messbänder, Kompass, der Spazierstock des Hausherrn.

Nach dem Frühstück geht es im strammen Kuper-Schritt zum Deutschen Archäologischen Institut (DAI). An diesem Morgen müssen wir Behördengänge und Einkäufe erledigen. Am Mittag wollen wir zum Roten Meer aufbrechen. Insh'allah. Die Voraustruppe von Kupers Expeditionskorps packt vor dem DAI bereits ihre Geländewagen. Unserer ist nicht dabei. Wolfgang, der Mechaniker des Heinrich-Barth-Instituts, erklärt, unser Wagen stehe seit Tagen in der Werkstatt, sei nicht einsatzbereit, und er sehe schwarz.

Kuper sieht aus, als wäre er vor eine Wand gelaufen. Wolfgang erklärt, der neue Benz bringe aus unerfindlichen Gründen nur die halbe Leistung. Ein grundsätzliches Problem, vermutlich. Vielleicht würden die Sensoren nicht mit dem schlechten ägyptischen Diesel fertig. Kuper ist sprachlos, staunt durch dunkle Brillengläser und bollert los: Ein 40.000 Euro teurer Geländewagen, kaum ein Jahr alt, wie so etwas möglich sei! Es folgt des Doktors Fluch über die moderne Elektronik, die Beschwörung alter Land-Rover-Zeiten. Da hätte einer doch, verdammt, alles noch selber schrauben können.

Wolfgang ist ein Recke von wohl zwei Metern, breite Schultern, braun gebrannt; der Sohn eines deutschen Mercedes-Mechanikers, der die meiste Zeit seines Lebens im Ausland verbrachte. Er kennt Dritte-Welt-Werkstätten und bezweifelt rundweg, dass es in ganz Afrika eine Werkstatt gebe, die solch komplexe Elektronik repariert. In Kapstadt vielleicht. Kuper braust auf: Schlechter Sprit, lächerlich. Schlechter Sprit sei doch in einem Land wie Ägypten völlig normal. „Diese Wagen werden doch für Entwicklungsländer gebaut!" Wolfgang lächelt süffisant. Nicht diese Luxuskarossen. Die würden vor allem für europäische und amerikanische Großstädter gebaut, die den Four Wheel Drive zum Einparken auf dem Grünstreifen einlegen. Die ägyptischen Fahrer des DAI empfehlen schließlich eine LKW-Werkstatt an der Ismailia Road.

Das DAI ist ein stattliches Haus am Nil, Bauhausstil, 20er Jahre. Hohe Räume, aber ohne die vornehme Wohnlichkeit des Schweizer Instituts. Im Haus herrscht beinahe Jugendherbergsbetrieb. Einige Korridore sind mit Schlafsäcken und Liegen belegt, in der Küche

Studenten, die entweder von Exkursionen zurückkehren oder hinausziehen. Draußen bricht der HBI-Konvoi auf in Richtung Süden. Ich sehe ihm wehmütig hinterher. Wie sich sein armes Institut überhaupt einen solch teuren Mercedes-Wagen leisten könne, frage ich Kuper. „Weil sie uns die Wagen sponsern." Ich lobe den wissenschaftsfreundlichen Konzern. „Ja, ja, dafür bringen wir ihre Wagen aber auch gelegentlich ins Fernsehen. Wenn wir ein Filmteam in die Wüste bringen, dann bedeutet das für Mercedes natürlich Off-Road-Reklame."

Das Government Press Office der Ägyptischen Regierung ist im Haus für Rundfunk untergebracht, ein markantes Hochhaus an der Corniche. Hier sollen wir unsere Journalistenausweise abholen. Ein Behördengang in Kairo sei mit drei Worten zu beschreiben, erklärt Kuper lakonisch: insh'allah (so Gott will), bukra (morgen), malesch (macht nichts) – und zwar genau in dieser Reihenfolge: IBM.

Nach der Ausweiskontrolle und einem elektronischen Sicherheitscheck werden wir in einen abgedunkelten Büroraum im ersten Stock gebracht: Hinter engen Reihen aus alten Metalltischen sitzen Frauen unter Neonröhren. Über ihnen verticken vier Wanduhren die Weltzeiten. London und Paris trennen hier vier Stunden. Ein Mann präsidiert an dem einzigen aktenleeren Schreibtisch, auf dem der einzige, allerdings ungenutzte Computer des Büros steht, daneben ein zusammengerollter Gebetsteppich; Büroboten bringen Tee an die Tische. Eine Frau schneidet Zeitungsartikel aus und klebt sie in eine große Kladde; eine andere hat einen Stapel gefalteter Briefe vor sich.

Wir füllen Formulare für Nashwa Tantawi aus. Wochenlang habe ich sie am Telefon mit meinen Fragen beschäftigt, und sie hat sie freundlich und zuverlässig beantwortet. Wir kennen uns also eigentlich schon ganz gut. Nashwa ist Anfang 30, trägt – im Gegensatz zu ihren Kolleginnen – Kopftuch, unter dem die arabesken Bügel ihrer großen Brille verschwinden. Sie lächelt freundlich und erzählt Kuper in respektablem Deutsch, wie lange sie nun schon meine Akte betreue und dass sie sich zuletzt doch gefragt habe, ob ich wohl wirklich nach Ägypten kommen werde. Es habe nur so lange gedauert, erkläre ich ihr, weil ich fast ein Jahr gebraucht hätte, Herrn Kuper zu finden. Sie reicht uns ägyptische Journalistenausweise, die Adressen der Kollegen in Assuan und Abu Simbel und entlässt uns nach kaum 30 Minuten. „Na bitte! Das ging doch zügig!", sage ich. „Hamduillah", sagt Kuper.

*Das erste Glas ist bitter wie das Leben, das zweite süß
wie die Liebe und das dritte leicht wie die Luft.*
Tee-Weisheit der Tuareg

Abbasiya. Ägptischer Antiken Dienst. Ein unansehnlicher Bürobau, der bei laufendem Betrieb renoviert wird. Kuper fehlt noch ein Security-Papier für seine Expeditionstruppe. Auf den Fluren wuseln Büroboten, Teeträger, Antragsteller und Bauarbeiter. Aktenordner, leere Tabletts und Farbeimer wandern treppauf, treppab. Wir nehmen Platz bei Herrn Magdy, Direktor des Permanenten Komitees, einer Versammlung von, so schätzt Kuper, wohl 30 ägyptischen Archäologen, die über ausländische Forschungsanträge entscheiden. Über Magdys Schreibtisch gehen alle Grabungszulassungen und Passierscheine. Ohne Magdys Stempel hat niemand etwas in der Wüste zu suchen oder zu finden.

Der Mann führt eine Art offenes Büro. Es ist ein ständiges Gehen und Kommen. Unablässig steht einer, stehen zwei, drei, ein Stoßtrupp von Besuchern im Türrahmen. Sie begrüßen den Direktor mit einem Wortschwall und sprechenden Gesten: Man schüttelt Hände, umarmt sich, küsst sich, welche Freude, welche Überraschung, es wird nach Tee geschickt, man nimmt Platz in den zerschlissenen Sesseln vor Magdys Schreibtisch. Palaver. Es ist nicht festzustellen, ob sie auf einen Plausch vorbeikommen oder ein Anliegen haben. Einer hat seinen Jungen dabei. Der Kleine wird zu dem Mann hinter dem großen Tisch geschoben. Scheu gibt er ihm die Hand, und Magdy fährt dem Buben sanft über den kurz geschorenen Kopf, spricht leise und freundlich mit ihm, und der Kleine nickt mehrmals mit niedergeschlagenen Augen und darf zuletzt wieder zurück zu den Männern. Die lächeln die ganze Zeit und gurgeln Konsonanten.

Über Magdy hinweg in das Büro blickt ein grimmiger Mubarak aus dem Holzrahmen. Die Amtszimmer-Visage des Big Brother, denke ich. Ein kalter Haifischblick, der nur eine Botschaft an den Bittsteller hat: Wurm! Es gibt auch andere Mubarak-Masken in der Stadt: Mubarak, der Gönner; der Volksfreund, der Geschenke macht, ein neues Stadion, ein Krankenhaus. Naive Staatsmalerei vor schmucklosen Fassaden.

Kuper fragt, warum seine Wüstenlizenz dieses Mal so lange brauche. Magdy meint, es sei das Militär. Die ägyptische Generalbegründung. Geht es nicht vorwärts oder rückwärts oder gar nicht – es ist das Militär. Ich denke an all die Ägyptenreisenden der vergangenen zwei Jahrhunderte, an die unzähligen Stunden, die sie in ägyptischen Amtszimmern verwarteten für ihren hochherrschaftlichen Erlaubnisschein, den „Firman". Zum Beispiel Carl Jacob Burckhardt: „Diesen Tag und auch einen Teil des folgenden brachte ich in Unterhandlungen mit dem Statthalter zu, um einen Führer zu erhalten, der mich nach Süden hin begleite..." Das schreibt er 1813, Wochen bevor er als erster Europäer Abu Simbel entdeckte.

Magdys Sekretärin lüftet stets die gleichen zehn Aktendeckel auf der Suche nach einer Unterlage. Sie reicht ein Papier an, sie nimmt eins entgegen. Deckel auf, Deckel zu. Draußen der Ruf des Muezzin. Nach einer Stunde hält Kuper endlich ein Bündel Papiere in Händen. Wir müssen zu einem weiteren Herren, den Kuper vielsagend den „Obergeheimen" nennt – die Sicherheitspolizei. Seit 20 Jahren bearbeite der Mann schon seine Anträge, sagt Kuper, seit 20 Jahren bestehe er auf dem stets gleichen, umständlichen Ausfüllen derselben Formulare. Wehe aber, es fehle auch nur ein winziges, wenngleich bekanntes Detail. Das Monate zuvor eingereichte Papier gehe zurück zum Antragsteller, auch wenn der bereits im Flugzeug nach Kairo sitze.

Wir durchsteigen das Treppenhaus. Es muss ein orientalischer Brauch sein: Bürodiener eilen mit dampfenden Teekannen und gefüllten Gläsern in abzweigende Gänge, steigen hinab, klettern hinauf, es ist wie ein Blick in ein Escher'sches Labyrinth, man verliert das Gefühl für oben und unten. – Der Obergeheime macht einen aufgeräumten Eindruck, auch sein Zimmer: großer Teppich, Louis-seize-Möbel, alles proper. Auch hier ein halbes Dutzend Männer, stehend, sitzend, redend, Tee schlürfend. Boten kommen, gehen, werden zurückgerufen, ein ausgehender Wisch wird erneut gemustert, während etwas anderes unterschrieben wird; ein Dritter nimmt das Telefon ab, reicht es einem Vierten. Auf diesem Bürobasar erhält Kuper ein Butterbrotpapier, das 1.500 Kilometer weiter südlich die Gnade eines unrasierten Militärpostens finden soll. Wie sie hier überhaupt mit Papier umgehen. Sie halten es anders. Es liegt nicht steif in ihrer Hand, es wird im Laufe weniger Handreichungen knittrig, faltig, weich, franst aus, wird auf eine respektlose Art zum Wisch, der irgendwo zwischen zerdellte Aktendeckel gesteckt wird. Kuper erzählt, dass ihm beim Zoll in Alexandria, wo er Aktenschränke gesehen habe, die jedem deutschen Leitz-Ordner höhnen, dass ihm dort noch der kleinste Vermerk Jahre später unter die Nase gerieben worden sei. Alles finde sich, nichts gehe verloren, jedenfalls nichts, das nicht verloren gehen soll.

Eine halbe Stunde später geht es zurück zu Magdy. Warten, Tee trinken, Sessel sitzen und aufrücken. Es fehlt die Unterschrift des neuen Direktors für Ober-Ägypten. Zeit für Seinsfragen: Woher komme ich, wohin gehe ich, was verdammt noch mal mache ich eigentlich hier? – Das Büro des neuen Direktors für Oberägypten erhält gerade neue Fenster. Eine Runde von acht, neun Besuchern lässt sich durch die Einbauarbeiten allerdings nicht stören. Der neue Mann macht einen engagierten Eindruck. Die Runde verabschiedet sich. Leere Gläser werden abgeräumt. Tee? Natürlich würden wir Tee trinken wollen.

Der Mann klagt ohne weiteres über die Unbeweglichkeit des Apparates, die Verfehlungen der Antikenverwaltung. Und es scheint ihm ernst damit. Tatsächlich ist über seine Behörde kaum je ein gutes Wort geschrieben worden: ihre Undurchschaubarkeit, Ignoranz, Inkompetenz. Der „Supreme Council of Antiquities" wurde bereits 1835, also in der Regierungszeit Mohamed Alis, als „Service des Antiquités de l'Égypt" gegründet. Er ist damit die älteste und mit wohl 15.000 Beschäftigten die größte Behörde Ägyptens.

Ich frage den Direktor, was denn gegen den Verfall der Tempelfassaden in Karnak unternommen werde. Sei dafür das steigende Grundwasser, so eine Theorie, oder tatsächlich der Assuan-Damm verantwortlich? Nein, sagt er, der Sadd el Ali habe damit nur indirekt zu tun. Das Hauptproblem sei die Verstädterung, die fehlende Kanalisation. Landwirtschaftliche Flächen und Siedlungen rückten immer näher an die Monumente heran. Die städtischen Abwässer erhöhten den Grundwasserspiegel. Die Sandsteinfundamente der Tempel saugten die Feuchtigkeit wie ein Schwamm auf und schwitzten sie mit den im Stein mineralisierten Salzen wieder aus. Da zerbrösele der Sandstein und die Reliefs blätterten ab. Werde das nicht gestoppt, gehe auch er davon aus, dass die Tempelfassaden in Luxor und Karnak und die vieler anderer antiker Stätten nur noch 100 Jahre überdauern werden. „Ägypten braucht eine Kanalisation", sagt der Mann. Ägypten brauche ausländische Hilfe. – Die Antike steckt bis zu den Knien in der Jauche.

Mit einer weiteren Unterschrift kehren wir zurück zu Magdy. Dort hat jetzt Herr Yamani Platz genommen, den Kuper fröhlich in die Arme schließt. Kupers Antiken-Inspektor aus Dakhla. Großes Händerühren. „Jetzt lernen Sie den auch mal kennen", präsentiert mir Kuper den kleinen Mann. Wir trinken Tee. Zeit für Seinsfragen. Yamani, Mitte 40, ein Gesicht wie eine polierte Büste aus Rosengranit, ein rundes, sanftes, freundliches Lächeln. Yamani hält stolz seine erste Publikation in Händen wie ein Kaspar Hauser den Brief auf dem Dorfplatz. „Der will auch mal raus aus Dakhla", flüstert Kuper. „Vorträge halten, verstehen Sie, reisen." Nur wer schreibt, hat auch was vorzulesen. Die antiken Stätten sind das Sprungbrett einer Inspektoren-Karriere. Die Ruine ist die Chance, den mäßigen Verhältnissen zu entkommen. Jeder, der hier Ägyptologie studiert, erhalte das Anrecht auf eine – wenn auch mies dotierte – Staatsanstellung, erklärt mir Kuper. Wer versorgt sein muss, studiere Ägyptologie und suche daneben nach einem möglichst lukrativen Zweitjob. Mancher Graduierte erhalte ein Monatseinkommen von 100 Euro, reiße jahrelang am Tempeleingang Eintrittskarten ab und sei bitter angewiesen auf die Trinkgelder der Touristen. So warte er auf das Aufrücken in der Hierarchie, träume davon, in jene Länder reisen zu dürfen, die es sich leisten können, ihre Archäologen wochenlang in ägyptischen Wüsten forschen zu lassen. Ich habe den Eindruck, dass nur wenige ägyptische Archäologen von ihren ausländischen Kollegen wissenschaftlich für voll genommen werden. Mit der schlechteren Ausbildung, mit den geringeren finanziellen Mitteln ist es für Ägypter schwer, im eigenen Lande wissenschaftlichen Ehrgeiz zu entwickeln und zu finanzieren. Von der Archäologie allein kann hier kaum einer leben. Ist es da verwunderlich, wenn in der Presse von Antiken-Inspektoren zu lesen ist, die aus den übervollen Ausgräber-Magazinen das ein oder andere Artefakt zu verscherbeln suchen? Die Fama von korrupten Seilschaften innerhalb der Antiken-Behörde würde Kriminalromane füllen. Aber es bleibt meist bei vertraulichen Andeutungen gut informierter Insider, bei vielsagendem Augenrollen. Gerichtsfest werden nur wenige Fälle. Die Kleinen fängt man, die Großen schachern weiter. Manus manum lavat.

Nach einem verwarteten Nachmittag in den tristen Dienstzimmern dieser Antiken-Mautstelle kocht in mir anfängliche Verdrossenheit zum Zorn auf. Plötzlich mutet mir dieses ganze Buhei um Mumien, Ruinen und Scherben wie ein Sandkastenspiel an, stößt mir diese Bittstellerei vor dem matten Behördenkoloss auf. 300 ausländische Expeditionen durchfurchen Jahr für Jahr den größten Friedhof der Welt. Da stehen die angereisten Wissenschaftler in diesen Kabuffs für ihre Lizenz zum Graben an, bangen darum, auch fürderhin ihre Claims abstecken zu können. Da reklamiert der verhältnismäßig gut betuchte westliche Wissenschaftsbetrieb wie selbstverständlich das Recht, die historischen Ressourcen armer Länder zu erschließen. Und dann die Eitelkeit, mit der neue Funde und Befunde den heimischen Medien als die Entdeckungen und Erkenntnisse unserer Wissenschaftler präsentiert werden, oft genug bevor das Supreme Council for Antiquities davon überhaupt in Kenntnis gesetzt wird. Mit welcher Geschäftsmäßigkeit ägyptische Pachtherren wiederum die Gräber ihrer Vorväter abgraben lassen. Was aber bringt es uns, immer weitere Friedhöfe, Ruinen und Wüstungen zu öffnen, wenn wir das längst Freigelegte nicht vor dem Verfall schützen können? – Ich kenne Kupers Worte: Wenn wir es nicht tun, versinkt das kostbare Erbe im Dreck, dann ist es für die Menschheit für immer verloren oder wird von korrupten Antiken-Händlern verschachert. Natürlich hat er Recht. Ich aber wiege mich im Einerseits-Andererseits:

Was erzählt einer der vielen Teeträger abends wohl seinen Freunden beim Domino? Die Damen und Herren Forscher, residieren sie nicht angenehm in ihren internationalen Instituten am Nil, leben sie nicht gut von ihren Stipendien, Forschungsaufträgen und gesponserten Exkursionen, deren Ergebnisse die Weitgereisten auf Kongressen und Tagungen, in der Presse und in TV-Dokumentationen präsentieren. Auf unseren Ruinen gründen sie Karrieren und Reputationen. Was wären sie ohne unsere Toten? Würden sie Institute leiten? Würden sie mit noblen Geländewagen monatelang die letzten unberührten Landschaften erforschen!? Nein, sie würden auf vernebelten Hunsrückhöhen oder im rheinischen Braunkohlerevier spaten. Wer aber ermöglicht ihnen ihre Sonnenjobs im Orient!? Wir, die ägyptische Antiken-Verwaltung. Wir erlauben ihnen, ihren Spaten an unsere endlichen historischen Ressourcen zu setzen. Würden deutsche Denkmalbehörden aber auch uns an ihre Bodenschätze lassen? Was würden sie sagen, wenn wir uns anstellig machten, das thüringische Neolithikum abzugraben? Sie füllen Bibliotheken mit Ägyptischer Geschichte – Abhandlungen, von denen die wenigsten ins Arabische übersetzt sind. Das Gros archäologischer Standardliteratur, publiziert in europäischen Sprachen, steht unseren ägyptischen Studenten gar nicht zur Verfügung.

Andererseits: Wissenschaftler wie Rudolph Kuper sind sich ihrer misslichen Situation durchaus bewusst. Sie wollen und sollen ja forschen. Mit ihren beschränkten Mitteln können sie das postkoloniale Wissenschaftsgefälle nicht beheben. Dabei wissen sie um ihre oft prekäre politische Situation: Wenn sie Genehmigungen von autoritären Regimes erbetteln, obwohl sie deren korrupte Verwaltungen öffentlich ächten müssten. Jedes Jahr fließen der Ägyptischen Antiken Verwaltung beträchtliche Finanzmittel aus Eintrittsgeldern und von ausländischen Sponsoren zu. Und doch reicht das Geld nicht dazu, dem Wachpersonal antiker Stätten menschenwürdige Latrinen zu bauen! Da steht der Tempeltourist in Luxor unversehens vor einer abgelegenen Grabkammer, in der die Männer ihre Notdurft verrichten.

Das Verhältnis der Ausgräber zu ihren Gastländern ist durch die komplizierte postkoloniale Befindlichkeit dieser Länder geprägt: die oft ideologische Verwahrung gegen westliche Hilfe einerseits, die Empfänglichkeit für deren Geld und Expertise andererseits; ein leicht zu kränkender Stolz einerseits, eine oft skandalöse kulturelle Indifferenz andererseits. Es ist ein Geben und Nehmen. Die Ruinen, das ist mein Eindruck, sind vor allem Wirtschaftsfaktor – so wie bei uns auch.

Endlich sind Kupers Papiere beisammen. Wir streben glücklich dem Ausgang zu – als uns der Chef der Antiken Verwaltung entgegenkommt. Umarmungen, Händeschütteln, Tee. Geduld und Hoffnung, sagt eine Nomadenweisheit, sind der Schlüssel zum Himmel. Gaballah Ali Gaballah begrüßt auch den scheuen Yamani. „Good to see your first publication." Yamani strahlt wie ein Schulbub. Wir treffen Dr. Gaballah an seinem letzten Arbeitstag. Er gilt als integrer Verwaltungschef und angesehener Ägyptologe. 15.000 Mitarbeiter habe er, scherzt Gaballah. Die meisten hätten nichts anderes zu tun gehabt, als ihn von der Arbeit abzuhalten. Gaballahs Nachfolger ist Zahi Hawass, der „Herr der Pyramiden". Der Mann, der in TV-Dokumentationen mit einem Indiana-Jones-Hut auftritt, versteht das Spiel mit den amerikanischen Medien und der ägyptischen Politik zu spielen, gilt aber als eitel und herrisch. Kuper hat nicht vergessen, wie Hawass ihn einmal kurz und kaltschnäuzig abfertigte: What do you want! Wie ein Bittsteller sei er sich vorgekommen. – Was sonst glaubt er hier zu sein?

Auch am späten Nachmittag gibt es keine Neuigkeiten aus der Werkstatt. Wir laufen zum Garden City Hotel, einem ergrauten Jugendstilbau in der Nähe des Ägyptischen Museums. Hier steigen seit Jahrzehnten die amerikanischen Kollegen ab, erzählt Kuper, aus Nostalgie: Die Rezeption besteht aus einer Telefonanlage, bei der die Verbindungen noch gesteckt werden. „Sie müssen Fred Wendorf kennen lernen", hatte Kuper gesagt. „Keiner kennt die Toshka-Region und Nabta Playa besser als Wendorf." Ich hätte unverschämtes Glück, den Mann noch hier anzutreffen. „Fred gräbt seit 30 Jahren in der Western Desert. Er hat in den 60er Jahren schon an den prähistorischen Surveys der nubischen Kampagne teilgenommen."

Wendorf, Gründer des Anthropology Department der Southern Methodist University in Dallas/Texas, empfängt uns in der Lobby des Hotels, in dem arabische Gäste vor einem lauten Fernseher dösen. Der Amerikaner ist jenseits der 70, hochgewachsen, ein wenig gebeugt, geistig präsent, aber sichtlich erschöpft. Sein Arm ist infolge einer Kriegsverletzung gelähmt, die Knie wackeln unruhig. Der Emeritus kommt gerade von einer mehrwöchigen „Fieldschool" in Nabta. Das ist meine Chance, mehr über den Ort zu erfahren, den beide Archäologen für so bedeutend halten, dass sie ihn für die Welterbeliste vorgeschlagen haben – ein Ort, drei Fahrstunden westlich von Abu Simbel; eine Koordinatenangabe in den Notizblocks von bestenfalls einem Dutzend Wissenschaftlern weltweit. Nabta ist ein dickes Kapitel in Wendorfs wissenschaftlichem Lebenswerk.

Seine Einleitung holt denn auch weit aus: „Als die ägyptische Regierung Mitte der 50er Jahre den Assuan-Hochdamm genehmigte, nahm sie bewusst in Kauf, dass bedeutende Kunstschätze verloren gehen würden. Ägypten hatte keine Mittel für eine Rettungsaktion und ließ deshalb über 100 Universitäten, Museen und Forschungs-Expeditionen unter Führung der UNESCO ins Land. So wurde Nubien über Nacht zum ‚Weltzentrum' der Archäologie. In keiner Region der Welt waren mehr Archäologen versammelt. Nirgendwo gab es eine solche Konzentration von Artefakten pro Quadratmeter. Und keine andere Region der Welt wurde je so intensiv untersucht. Die enorme Zahl von Monumenten, antiken Friedhöfen und Objekten, die zerstört werden sollten, hatte eine unglaubliche Anziehungskraft. Man darf nicht vergessen: Ägypten bot den Grabungs-Expeditionen Fundteilung an, also die Hälfte der von ihnen gefundenen Objekte wurden ihnen als Exponate für ihre Museen und Institute versprochen. Das beförderte den akademischen Eifer ungemein.

Heute ist die Situation eine andere. Erneut drohen Hunderttausende Hektar Land für die Archäologie verloren zu gehen. Dieses Mal aber gibt es keine UNESCO-Kampagne. Das archäologische Material ist nicht spektakulär, es handelt sich eben ‚nur' um Funde des prähistorischen Ägypten, nicht um nubische Monumente. Die Informationen aber, die die Toshka-Region vermutlich birgt, geben Auskunft über eine Epoche, über die wir nur wenig wissen. Sie könnten vielleicht sogar die Frage beantworten helfen, wie es zur plötzlichen Entwicklung des Alten Reichs kam. Das verstehen wir ja immer noch nicht: Warum und wie konnten die Pyramiden und der ägyptische Zentralstaat innerhalb so kurzer Zeit entstehen? Da draußen könnte die Lösung dieses Rätsels zu finden sein – könnte."

Wendorf erzählt in flüssigen, druckreifen Sätzen, müde, aber präzise in mein Mikrofon. In diesem Wüstenareal gebe es nicht überall archäologische Fundstätten. Man brauche einen erfahrenen Blick für das Gelände, um herauszufinden, wo es einmal Wasser gab. „In Nabta gab es das letzte Mal vor rund 10.000 bis 7.000 Jahren Wasser. Es waren vermutlich weite Seengebiete. Wir haben dort weit über 100 Fundorte aufgenommen, viel mehr als irgendwo anders in der Westlichen Wüste. Darunter sind Plätze mit nur ein paar Reibsteinen und wenig Keramik, aber auch Fundorte, die fast einen Quadratkilome-

ter groß sind. Dort standen einmal Hütten, es gibt Hunderte von Abfallgruben, in denen die Menschen ihre Artefakte hinterließen."
Eine zuverlässige Chronologie für Nabta gibt es nicht, erklärt Wendorf, eine grobe Phasenbeschreibung aber für die Alt- und Jungsteinzeit sei immerhin möglich. Zwischen 600.000 und 300.000 vor unserer Zeitrechnung gab es hier verschiedene Feuchtphasen, die große Tiere wie Elefanten, Büffel, Giraffen und damit auch Jäger anlockten. Es folgten sehr trockene Phasen und dann zwischen 250.000 und 70.000 erneut Feuchtphasen. Für das Mittlere Paläolithikum – in der Zeit also, in der in Europa die so genannten Neandertaler lebten – lebte laut Wendorf bereits eine frühe Form des Homo sapiens in Nabta Playa. Zwischen 70.000 bis 13.000 war es erneut sehr trocken. Weder menschliche Besiedlung noch irgendwelche Tiere sind für diese Zeit nachweisbar. „Kein Leben, welcher Form auch immer. Absolut nichts."

Dann, ungefähr vor 13.000 Jahren, nehmen die tropischen Regen im Inneren Afrikas wieder zu, die Monsungrenzen verschieben sich um einige hundert Kilometer nach Norden. Das Klima in der Western Desert wird feucht, Tiere und Menschen kommen und bleiben, weichen immer wieder vor Trockenperioden zurück. „Über rund 5.000 Jahre hinweg ist es ein Kommen und Gehen. Irgendwann in dieser Zeit bringen Hirten ihr eigenes Vieh mit. Dann bleibt es trocken, für 7.000 Jahre bis zum heutigen Tag, hyper arid desert, eine der trockensten und heißesten Regionen der Welt, ein Glutofen, im Sommer von über 50 Grad Celsius. Dahinein wird der Toshka-Kanal das Wasser bringen."

Ich frage Wendorf, was es in Nabta zu sehen gebe? Welche Funde man dort drehen könne? Wendorf zuckt mit den Schultern: „Ich sagte ja bereits, für Laien ist dort wenig Spektakuläres zu sehen. Sand, Geröll, weites Panorama – und einige merkwürdige Steinformationen, die allerdings eine spannende Geschichte erzählen: Vor 7.000 Jahren gab es einen dramatischen Einschnitt im Leben der Leute dort. Wir haben Anzeichen dafür, dass sich hier eine andere Gesellschaftsform als die der Jäger und Sammler entwickelte. Die Kleingruppen umherwandernder Viehhirten bilden eine höhere Gemeinschaftsform aus. Wir haben da ein paar kuriose Funde gemacht."

In den vergangenen Jahren stieß Wendorf auf die Reste von über

100 Häusern, Herdstellen und auf unzählige Artefakte, außerdem auf merkwürdige Steinformationen, bestehend aus Blöcken zwischen zehn Fuß hoch und sechs Fuß breit. Wendorf und sein polnischer Kollege Romuald Schild glauben, dass diese tonnenschweren Steine in der Zeit zwischen 11.000 bis 5.000 vor unserer Zeitrechnung aus größerer Entfernung in die Ebene transportiert wurden, denn geologisch stammten sie nicht von dort. Das alles bleibe ein Rätsel: Warum bearbeiteten die Menschen diese Steine und vergruben sie dann im lockeren Playa-Sediment? Die Wissenschaftler spekulieren noch: Die Steinformationen könnten astrologische Funktion gehabt haben. Kleinere Steinstelen seien zu einem Kreis errichtet worden. Sie könnten als Kalender der Sonnenwenden gedient haben, vielleicht zeigten sie die Ankunft der Monsunregen an.

Unter einem dieser Megalithen fanden die Archäologen überraschend eine aus Holz gezimmerte und mit Lehm ausgeputzte Kammer. Darin lag das Skelett einer jungen Kuh, die offensichtlich zu kultischen Zwecken bestattet worden sei. Im ehemaligen Seegrund fanden sie weitere Megalithen. „Einer dieser Steine sieht aus wie eine Kuh, jedenfalls für mich", sagt Wendorf. Das Seltsame sei: „Von diesen Megalithstrukturen haben wir bislang 30 gefunden. Hatten sie eine zeremonielle Funktion? Wurden dort die jährlichen Regen mit Opferungen begrüßt? Wir wissen nicht, was sie bedeuten. Wir glauben aber, dass die Kuh eine kultische Rolle spielte. Da die Hirten später wegen der Trockenheit gezwungen waren, Nabta zu verlassen, vermuten wir, dass sie ihre Kulte aus der Wüste an den Nil brachten. Die Verehrung der Kuh-Göttin Hathor als Göttin der Schönheit und der Liebe spielte ja bei den Pharaonen eine herausragende Bedeutung."

Bemerkenswert sei außerdem, dass die Wüstenleute offenbar die Fähigkeit hatten, große Steine zu transportieren und damit relativ große Strukturen anzulegen. „Ich will nicht behaupten, dass hier der Pyramidenbau vorbereitet wurde. Vielleicht aber machten die Nabta-Leute die Nilbewohner mit astronomischen Beobachtungen bekannt. Wie auch immer, wir würden das gerne herausfinden, wenn man uns Zeit dazu gäbe. Aber in wenigen Jahren ist der Playa-Boden umgegraben und damit sind dann alle Spuren beseitigt."

Für Wendorf wäre das nicht das erste Mal, dass er erleben muss, wie prähistorische Siedlungsplätze weitflächig vernichtet werden. Gebiete, die in den 60er Jahren vom Nasser-See verschont geblieben waren, wurden Jahre später vernichtet. „Wir dachten, diese Areale seien für immer geschützt. Aber die ägyptische Regierung gab sie zur Landnahme frei. Wer immer Landwirtschaft betreiben wollte, durfte sich einen Claim abstecken. Die Folge war ein ‚Land Rush'. Es wurden Brunnen gebohrt, Land bearbeitet. Mit dem Erfolg, dass es heute so gut wie keine unberührten prähistorischen Fundstellen im Niltal mehr gibt. Alles ging binnen weniger Jahre verloren. Unversehrt blieb bislang allein die Wüste. Wenn aber nicht rasch etwas unternommen wird, verlieren wir auch noch diese letzten Fundplätze."

Wendorf reibt sich die müden Augen. Die Chancen für Nabta stehen schlecht. Es gibt nur wenige ausländische Teams, die in Ägypten überhaupt prähistorische Forschungen betreiben. Die Ägypter zeigten für dieses Erbe bislang kaum Interesse, sie hätten auch kein ausgebildetes Personal für prähistorische Surveys. Die hiesigen Ägyptologen seien in der Regel Philologen, die so gut wie keine praktischen Erfahrungen mit archäologischen Feldkampagnen hätten. „Das ist der Grund, warum wir diese Feldschulen machen. Wir trainieren ägyptische Archäologen sechs Wochen lang in der Wüste. Damit beim Antikendienst überhaupt jemand versteht, was dort draußen geschützt werden muss, bilden wir junge Inspektoren aus. Meine große Hoffnung ist, dass ein Fond aufgelegt wird, aus dem die Forschungen in Nabta finanziert werden können – bevor alles zu spät ist."

Als Pensionär also beginnt Wendorf, den archäologischen Nachwuchs seines Gastlandes zu trainieren. Ich frage mich: Warum drängt die Einsicht, dass zuletzt allein Ägypter ihr Erbe retten können, erst jetzt zu solch „nachhaltiger" Kooperation? Seit Jahrzehnten fahren ausländische Expeditionen durch die Wüsten Nordafrikas, seit Jahrzehnten bringen Professoren ihre Studenten hierher – vor Ort aber klagen sie über den Mangel an qualifiziertem Nachwuchs.

Ich spiele Ägyptische Antiken-Behörde und diktiere folgende Erlasse: 1. Jede ausländische Expedition hat die gleiche Anzahl heimischer wie ausländischer Studenten mitzunehmen – vorausgesetzt, es finden sich genügend ägyptische Freiwillige; 2. Ausländische Universitäten und Forschungsinstitute haben ägyptische Studenten in ihre Forschungsprogramme zu integrieren; 3. Von jeder ausländischen Publikation, die aufgrund von Recherchen im Lande entstanden ist, muss eine englische Übersetzung und eine arabische Zusammenfassung eingereicht werden. – Wir können uns das nicht leisten? Das müssen wir uns leisten. P.S. Ebenso wünschenswert ist es, wenn auch prominente ägyptische Archäologen ihre Bücher in arabischer Sprache und für ihre ägyptischen Studenten schreiben würden, selbst wenn sie damit kaum Geld verdienen können.

Ich frage Wendorf, ob man die Grabkammer und die Megalithen filmen kann und ob er sich für Interviews zur Verfügung stellen würde. Nein, sagt er, die Grabungen seien längst zugeschaufelt. Er selbst wisse nicht, wann er wieder nach Toshka kommen könne.

Zwei Jahre später begegne ich Fred Wendorf wieder – allerdings nur seinem Namen: Als ich die Hallen des altehrwürdigen Britischen Museums in London durchstreife, entdecke ich hoch über mir seinen in Stein gemeißelten Namenszug – der vorerst letzte in einer langen Reihe von Honoratioren, deren Andenken das Museum dankbar bewahrt. Fred Wendorf hat seinen Instituts-Nachlass, Dokumente aus über 40 Jahren Wüstenforschung, dem British Museum vermacht. Seine eigene Universität wollte damit nichts anfangen. So zieht das Erbe prähistorischer Jäger-Sammler-Hirten weiter. Von texanische in britische Depots.

Schlechte Nachricht am Abend: Der Wagen ist nicht zu bewegen. Die Mechaniker schraubten den ganzen Tag und fanden nichts. Morgen würden sie noch zwei, drei möglichen Ursachen nachgehen. Kuper klopft mir beruhigend auf die Schulter: „Zuletzt hat's noch immer geklappt. Inch'allah." Er werde am nächsten Tag selbst zur Werkstatt fahren. An diesem Abend rückt Nabta in weite Wüstenferne.

Gedächtnisdepot – das Ägyptische Museum

Auch am Morgen des zweiten Werkstatttages bleibt Kupers Diesel ein Mysterium.
„… und wenn wir mit der Bahn nach Assuan fahren, von dort einen Mietwagen nehmen?"
„Wir?" Kuper macht am Telefon klar: Ohne den Wagen werde er Kairo nicht verlassen. Die anschließende, von langer Hand vorbereitete Grabungs-Kampagne könne ohne den Wagen nicht durchgeführt werden. Er habe einfach keine andere Wahl. „Dann müssen Sie die Reise eben doch ohne mich machen. Das tut mir wirklich Leid, aber ich muss mich um den Wagen kümmern."
Sicherheitshalber solle ich eine Fahrkarte für den Abendzug reservieren. Wir verabreden uns für den Abend. Mein schöner Zeitplan ist Makulatur. Die seit Wochen telefonisch terminierten Verabredungen in Toshka und Abu Simbel, alles ist hinfällig, wenn ich mich am Abend nicht nach Assuan aufmache. Ich nehme ein Taxi zur Ramses Station und erfahre dort, dass der 22-Uhr-Schnellzug bereits ausgebucht ist; vom 23-Uhr-Zug, „der für das normale Volk", also ohne Erste-Klasse-Abteil, rät mir der Schaltermann ab. Ich buche den Liegewagen um 0.30 Uhr. Wagen 1, Sitz 6, ein 80-Pfund-Ticket. Morgens gegen 10 Uhr werde der Zug in Assuan sein. Inch'allah.

Notiz ins Reisetagebuch: So stand denn dort oben geschrieben, dass ich diese Reise allein antreten und Rudolph Kuper bei seinem geschenkten Diesel zurücklassen, ein Zugabteil erster Klasse buchen und in der Nacht Nil aufwärts fahren werde, ohne den Fluss in der Dunkelheit zu sichten; um am Morgen schließlich unausgeschlafen in Assuan Quartier zu machen.

Ich bin nicht der ich war,/
die Kräfte sind verschwunden./
Die Glieder sind verdorrt,/
als ein durchbrandter Grauß:
Mir schaut der schwarze Tod zu beyden Augen aus/
Ich werde von mir selbst nicht mehr gefunden.

ANDREAS GRYPHIUS

Wohin in Kairo, wenn man nur einen Tag hat? Zu den Pyramiden – oder ins Ägyptische Museum. Ich entscheide mich für das Museum am Tahrir Platz. Ein neoklassizistischer Bau aus der Zeit von Kairos Belle Époque; heute das wohl meistbesuchte Gebäude Ägyptens am vermutlich hektischsten Kreisverkehr des afrikanischen Kontinents, so jedenfalls kommt es mir vor. Ich habe schon Schwierigkeiten, hier überhaupt die mehrspurige Straße zu betreten und halte mich kaltblütig an einen Herrn, der sich, ohne zu zögern, über die Fahrbahn bewegt.

Vor 100 Jahren war das mit großem Pomp eingeweihte Museum der Mittelpunkt einer europäischen Stadt am Rande des Osmanischen Reichs. Kairo war das „Paris des Orients", seine Prachtboulevards hätten so auch für London, Paris oder Berlin entworfen werden können. Der Reiseführer warnt vor dem Museum als einer „Rumpelkammer" und rät zu einer geführten Tour. Trotzig wage ich die Allein-Begehung, eine Expedition in die Tiefen eines unübersehbaren Stapelhauses.

Draußen die Hitze des Tages, der Lärm, Smog und Staub; drinnen die kühle Weite einer Bahnhofshalle. Es geht tatsächlich zu wie in der Ramses-Station: Das gleiche Gewusel. Besuchergruppen aus aller Welt ziehen kreuz und quer, verstopfen vor einer Statue, vor einem Sarkophag die schmalen Gänge, als müssten sie übereinander hinweg dringend einen Blick auf einen Fahrplan erhaschen und dann zu einem der an- und abgehenden Züge eilen. Ich vermisse wummernde Hallenansagen und verrußte Hinweisschilder; statt „Zu den Gleisen" ein Pfeil „Zur ersten Zwischenzeit".

Für eine konzentrierte Begutachtung fehlt mir die Muße. Bin ich nach Kairo gekommen, um ein Museum zu besuchen? Ich streune umher, stelle mich zu einer englischen, zu einer deutschen Führung, erkenne hier ein prominentes Mumienpaar, dort eine berühmte Statue. Meine Kenntnisse waren nie systematisch. Sie sind Ergebnisse zufälliger Begegnungen. 120.000 bis 140.000 Exponate sollen hier untergebracht sein. Genau weiß das wohl nur die Generaldirektion. In den Katakomben des Hauses sollen weitere 40.000 Fundstücke lagern, die in den vergangenen 100 Jahren von Ausgrabungen aus ganz Ägypten hier eingelagert wurden. Alles steht dicht beieinander: Köpfe-Büsten-Stelen, Statuen-Statuetten-Statuengruppen, eng an eng, so wie einst in den Pharaonengräbern. Betten, Wagen, Stühle, der ganze Hausrat des Tutenchamun. Auch da lag alles wie im Möbellager. Als ob sich Pharao von einer 30-Zimmer-Villa überstürzt auf ein Single-Appartement verkleinern musste, sich aber von keinem seiner Schätze trennen konnte.

Von wegen Rumpelkammer – nur ein Ignorant wünschte sich hier eine moderne, museumspädagogischen Erkenntnissen gerecht werdende Präsentation. Wo heute zehn, 15 oder 20 Barkenmodelle nebeneinanderstehen, würde ein heutiger Kurator sich auf zwei oder drei repräsentative Exemplare beschränken. Die anderen verschwänden im Depot. Hier aber ist jedes Artefakt vielstimmig orchestriert: Uschebtis liegen da wie die Orgelpfeifen, in allen Halb- und Viertelnoten, Mumien, Stelen, Grabinventar in vielfarbigen Tonlagen. Jede Vitrine ist ein vollstimmiger Kanon. Die alten Glasschränke erinnern mich an die verstaubte Schulsammlung meines Gymnasiums. Tatsächlich dürften die vergilbten Matrikelnummern hinter den matten Scheiben wohl noch von der vorletzten Jahrhundertwende stammen.

Dieses Zeughaus scheint geordnet nach den Kriterien Monumentales, Tonnenschweres, Zerbrochenes (im Parterre). Unversehrtes steht oben. Unten Architekturteile jeden Zustandes in Reih und Glied; Vitrinen und Schränke übervoll mit jenen allerletzten Dingen, mit denen sich die Reichen die Ewigkeit möblierten: Jenseits-Nippes, hübsch anzusehen und vieles erstaunlich konserviert. Wunderbare Stücke neben Dutzendware, Vanitas-Tand, Katalogware. Schöner wohnen, schöner ruhen. Die Alten sparten ihr Leben lang fürs

Grab. Eine Wertanlage mit langer Laufzeit. Man ist länger tot als lebendig. – Mein Großvater wurde in seinem Lieblingsanzug beerdigt. Mein Vater hat sich bereits einen Urnenplatz reserviert. Meine Mutter wünscht, „Blue Eyes" auf ihrer Trauerfeier zu hören. Meine Frau möchte neben ihren Eltern liegen. Hanglage. Ich lehne es ab, mir über den Tod Gedanken zu machen. Angeblich ist dazu noch eine Ewigkeit Zeit.

Draußen im Museumsgarten steht Auguste Mariette (1821–1881) überlebensgroß auf einem Sockel über seinem Ehrengrab, umringt von den Büsten verdienter Kollegen. Der Franzose wollte den hemmungslosen Abtransport ägyptischer Kulturdenkmäler und Mumien ins westliche Ausland aufhalten und die Antiken vor den Gefahren der rapiden Modernisierung und Industrialisierung Ägyptens schützen. 1858 eröffnete er ein erstes Museum im Kairoer Stadtteil Bulaq. 1890 zogen die Kunstschätze in den Palast des Khediven nach Giza um. Mariette erlebte zwar den Bau und die Einweihung des großen Ägyptischen Museums am Tahrir Platz nicht mehr, aber er legte durch eigene Ausgrabungen und die Konfiszierung der bei anderen Kampagnen ausgegrabenen Stücke den Grundstock für diese inzwischen unübersehbare Sammlung.

Der neo-klassizistische Bau des französischen Architekten Marcel Dourgnon erhielt allerdings bei Fertigstellung schlechte Noten. Vier Jahre und neun Monate dauerte der Bau und war zur Eröffnung 1902 manchem ein Skandal: die Keller und damit die jahrtausendealten Artefakte würden bei Nilhochwasser überflutet, klagte der Archäologe Breasted. Der Amerikaner hatte eigene Pläne für ein neues Museum und dafür bereits Rockefeller-Millionen besorgt. Breasted wurde jedoch vom ägyptischen König abgewiesen. Angeblich sah der keinen Weg, einen Happen der Rockefeller-Schenkung für sich abzuzweigen. Seit 100 Jahren, so wird geunkt, brauche das Land ein neues Museum. Aber Provisorien sind bekanntlich recht langlebig. Nun aber soll es tatsächlich unterhalb des Giseh-Plateaus gebaut werden: das größte Museum der Welt. Man wird das erst glauben, wenn es steht. Für das 100-jährige Jubiläum des alten Kastens hatte Ägypten gerade mal Geld für einen neuen Fassadenanstrich. Einstweilen, finde ich, ist das erste Haus Ägyptens durchaus beachtlich und seine

Sammlung, das ist unbestritten, unvergleichlich. Allerdings wird es überwiegend von zahlungskräftigen westlichen Touristen frequentiert. Vor Jahren noch befand die Direktion, dass ägyptische Schulklassen den reibungslosen Fremdenverkehr behindern. Auch wurde die Relevanz des nicht-muslimischen Kulturerbes für die Erziehung des ägyptischen Nachwuchses als eher nachrangig eingeschätzt. Das Museum wird vor allem als Money-Maschine betrachtet. Investiert wird darin kaum.*

Dann gerate ich auf eine Geisterbahn. In Glassarkophagen liegen die dörren Rümpfe berühmter Herrschaften: Pharaonen, Gottkönige, Kriegsherren, vakuumverpackt und neonbeleuchtet. Amenophis III neben Papa Thutmosis IV und Großvater Amenophis II; Merenptah und Sethos; die Gottesgemahlinnen Nefertiri und Meritamun; Ramses II., erkennbar an der markanten Hakennase und der spröden Haarmatte. Da liegt er also, der legendäre Greis, hohläugig, dünnlippig. Jeder Pennäler kann dem Held von Kadesch in die zerborstenen Nasenlöcher lugen. Und Amenophis III., „der wahre Gott in der reinen Wahrheit, groß an geheiligten und reichen Monumenten" – eine lederne Hülle mit verhärtetem Lächeln. – „Ich bin nicht der ich war. Ich werde von mir selbst nicht mehr gefunden", heißt es in einem Totengedicht des Andreas Gryphius. Ob sich die Gottkönige nach ihrem Horus-Fluge wiedergefunden haben?

Was für ein Ewigkeits-Gemach hatte sich Sonnenkönig Amenophis bereiten lassen! 80 Meter tief getrieben in den Kalksteinfelsen, in einem Seitental am Westufer des Nil. Nicht tief, nicht abgelegen genug, um den Fledderern zu entgehen. Verschollen sein Sarkophag, ramponiert seine Mumie. Alle diese bandagierten Leichname haben die gleiche aberwitzige Odyssee hinter sich: Bereits in der Antike wurden sie, um Grabräubern zuvorzukommen, evakuiert. Heute

---

* Seit 2002 ist Dr. Wafaa El Saddik neue Direktorin des Ägyptischen Museums. Sie hat viele Jahre in Köln gelebt, wo ich sie, während der Vorbereitung des Films nach Hilfe suchend, kennenlernte. Ihre Auffassung von Museumspädagogik, von Ausstellungskonzeption, von wissenschaftlicher Arbeit und Pflege der Kunstschätze wurde wesentlich in Deutschland geprägt. Seit ihrer Rückkehr nach Ägypten werden in beinahe allen ägyptischen Museen museumspädagogische Workshops für Kinder und Schüler angeboten. Mein Film erhielt durch Dr. Wafaa El Saddik wichtige Unterstützung und Anregung, für die ich ihr sehr dankbar bin.

dienen sie als Attraktion eines Leichenkabinetts, das gegen ein geringes Aufgeld besichtigt werden kann. Was für eine Demütigung, für diese beschämend-banale Museums-Ewigkeit präpariert worden zu sein. Zerzauste Affen-Mumien, Krokodile, Katzen und diverses Getier stehen draußen Spalier. Ihr grausiges Grinsen – vielleicht ist es das Entsetzen über die Besucherströme, mit dem die Toten um ihr müßiges Jenseits betrogen werden.

Ramses II, der Bauwütige, der Restaurierte: Als VIP bestieg der alte Herr 1976 eine Maschine der Französischen Luftwaffe und flog zum Gesundheits-Check nach Paris. Er wurde geröngt, endoskopisch untersucht und chemischen Analysen unterzogen. Diagnose: der 85-jährige, tiefgebeugte Horus litt Zeitlebens unter Parodontose. Sein göttlicher Alltag wurde von Glieder- und Gelenkschmerzen getrübt. Seine Mumie war von einem Pilz befallen, dem erst durch Bestrahlung der Garaus gemacht wurde. Ein 110-köpfiges Wissenschaftlerteam machte in Paris Visite, darunter auch Chemiker der Kosmetikfirma L'Oréal. Die stellten einwandfrei fest: Der Sohn des Sonnengottes Re war rothaarig und seine Locken fallen auch nach 3190 Jahre immer noch seidigweich. Zudem soll Ramses' kurzes vorspringendes Profil verblüffende Ähnlichkeit mit seinen Flachrelief-Porträts in Abu Simbel haben, findet jedenfalls Christiane Desroche-Noblecourt, die Grand Dame der französischen Ägyptologie und Nothelferin von Abu Simbel.

Der alte Herr ist nun wieder fit für die Ewigkeit. Man darf ihn filmen, allerdings gegen eine üppige Gebühr. Der Tag kommt, an dem man auch seinen Schädel scannt, seine Gesichtszüge in Ton nachmodelliert. Das wird heute gerne für historische TV-Dokus gemacht: So sah er aus, heißt es, und der digitale Wiedergänger reitet anschließend durch rechneranimierte Kulissen. Das Hologramm des toten Pharao wird dann zur forensischen Begutachtung ins World Wide Web gestellt. Ramses, die öffentliche Leiche.

Ich stelle mir vor: Hinter einem Darsteller von ähnlicher Physiognomie marschiert eine Priesterprozession vor Abu Simbel auf, vorneweg die Sonnenbarke, hintendrein Gesang und Tanz. Ich denke an meinen Produzenten: Reenactment, Blue Chip, internationaler Markt.

Denn die Erinnerung beruht darauf, dass die Bewegung, aus der sie entspringt, potenziell in der Seele ruht, so dass man sich aus sich und seinen Bewegungen heraus zu ihr hinbewegt.

ARISTOTELES „VON GEDÄCHTNIS UND ERINNERUNG"

Vor den Gitterpforten des Museum reihen sich die Reisebus-Gesellschaften, warten auf Einlass in die Hallen mit den legendären Zeugnissen der Kulturgeschichte. Dann strömen sie zu den Ansichtssachen: Antiker Nippes, Scherben und zerbrochene Skulpturen, verwurmte Sargdeckel und zerborstene Mahlsteine, die makellose Schönheit der Tutenchamun-Maske, die geteerten Puppen einstiger Herrgötter. Der Blick in die Vergangenheit, heißt es, ist der in einen weiten Spiegel, in dem wir uns aus großer Distanz bestaunen und zu erkennen versuchen.

Nur 150 Generationen liegen zwischen uns und den ersten neolithischen Kulturen. 120.000 Generationen zwischen uns und den ersten Hominiden. Das ist die Zeitspanne, in der sich die Großhirnrinde in Falten warf und das Langzeitgedächtnis als neuronales Netzwerk flocht: jene Hirnkapazität, die es uns ermöglicht, in die Vergangenheit zu schauen und über die Zukunft reflektieren zu können. Der Mensch ist Mensch, weil er sich seiner Zeitlichkeit bewusst ist. Tiere bauen keine Gräber, errichten weder Grabsteine noch Museen, um der Erinnerung Dauer zu verleihen.

Die Erinnerung der Vergangenheit, schreibt der Ägyptologe Jan Assmann, folge keinem Trieb oder angeborenem Interesse, sondern einer inneren Pflicht. Es gebe so etwas wie den „kommemorativen Imperativ": Du sollst dich erinnern! Du sollst nicht vergessen! – Wenn all diese Artefakte das „Gedächtnis" der Menschheit bilden, welche Erinnerungen lösen sie aus? Die Vergangenheit werde nur in dem Maße erinnert, wie sie gebraucht und mit Sinn und Bedeutung erfüllt werde, so Assmann. Welchen Sinn, welche Bedeutung erhalten all diese Exponate im Auge des Betrachters, wozu werden sie gebraucht?

In Betrachtung der hereinkommenden Besucherschar, die vorbeidrängt an Wachpersonal mit Maschinengewehren, durch Drehangeln und Magnetschleusen, drängt sich mir die Frage auf, was die Menschen hierher treibt – neben der Lust auf das kunstgeschichtlich Spektakuläre, die Neugier auf das Weltbekannte, Interessante, Schöne, handwerklich Erstaunliche („Was die alten Ägypter schon alles konnten!"). Welche seelischen Bedürfnisse werden in einem Museum befriedigt?

Ich stehe vor einer bunten Guckkastenbühne mit fein geschnitzten Holzfigürchen. Bauern und Hirten treiben schwarz und braun gescheckte Kühe an einem hübsch bemalten Tempelchen mit allerliebsten Säulchen vorüber. „Oh look, how cute!", ruft eine Mutter entzückt. Ihre Tochter drückt das Näschen ans Vitrinenglas und lugt ins Puppenstübchen. „Grabbeigabe des Meketre, 11. Dynastie, um 1990 v. Christus." Schreiber und Beamte des Meketre zählen Rinder zum Zwecke der Steuereintreibung. Der Grabherr sitzt auf erhabenem Stuhl, vor seinen Augen zieht ein Steuereintreiber einem säumigen Hirten gerade ein paar Stockhiebe über das blanke Rückgrat. Eine Diesseitsszene fürs Jenseits, auf dass Meketres Seele sich auch drüben nachhaltig ihrer Privilegien versichere. Er wusste, welche Erinnerungen ihm im Jenseits nutzen. Ob auch die Seele des Bauern ewiglich der Stockhiebe gedenkt? „Nur was nicht aufhört, weh zu tun, bleibt im Gedächtnis", sagt Nietzsche. Den „Leidschatz" der Menschheit nennt der Kulturhistoriker Aby Warburg unsere Museen. Gesammelte Leiden.

Warum heben wir all das auf? Welcher sittliche Erkenntnisfortschritt erwächst dem Menschen aus seinen Museen? Damit er begreift, dass am Ende nur Stückwerk bleibt und er sich bescheidet? Warum füllen wir riesige Depots, Stapelhäuser, Museen und Archive mit alten Sachen? Weil im Zeitalter des Museums die Kunst die Religion abgelöst und das Artefakt die Funktion des sakralen Objektes übernommen hat? Der Museumsbesuch als Morgenandacht, als seelische Sammlung. Warum werfen wir Altes weg, um das noch Ältere als Kostbarkeit zu verehren? – Die seelischen Triebfedern des menschlichen Sammeleifers hat der New Yorker Psychoanalytiker und Kunsthistoriker Werner Muensterberger zu ergründen versucht: Sammeln – wenn nicht aus kommerziellem Interesse – sei auffällig oft die Kompensation eines seelischen Leidens, des Horror vacui. Unabhängig davon, was gesammelt wird, so Muensterberger, bis zum Erwerb eines Stückes lebe der Sammler wie auf Entzug, selbst die Genugtuung über die Inbesitznahme befreie ihn nur auf befristete Zeit von diesen Suchtsymptomen. Einige Sammler gestehen, dass ihre Sammelsucht stärker sei als ihr Wille und dass ihre Sucht auch unabhängig von irgendeinem konkreten Objekt der Begierde bestehe. Für Muensterberger ist klar: Über das Sammeln kompensieren manche Menschen ihre Kindheitstraumata: den Verlust eines Elternteils, seelische Verletzungen, den Mangel an Geborgenheit und Zuwendung. Sammelobjekte seien Wiedergutmachungen einstiger Vernachlässigung. Die Sammlung sei eine Ersatzfamilie, verdränge existenzielle Zweifel und Einsamkeit. Weniger die Sammlung als vielmehr das Sammeln selbst verschaffe kurzfristige Befriedigung. Der Weg ist das Ziel. Auch wenn es der Weg des Sisyphos ist. Gesammeltes Leiden – sammelndes Leiden.

Kopfjäger, heißt es, tragen das Haupt der Besiegten nach Hause, weil sie glauben, deren Kraft gehe auf sie über. Auch nationale Sammlungen bestehen aus Trophäen und Beutestücken. Seit dem Kolonialzeitalter dekorieren sie unsere Hauptstädte. Voodoo-Voodoo in London und New York. Die Zurschaustellung nationaler Überlegenheit als Kompensation kultureller Minderwertigkeitskomplexe?

Am Eingangsportal wird viel fotografiert. Der „kommemorative Imperativ" mahnt: Ich will mich später mal erinnern! Die Magie des Augenblicks, die Aura des Ortes kleben dann zwischen vergilbten Fotoecken. Beständig wird Erinnerung produziert. Erinnerung schafft Identität. Identität braucht Erinnerung, so die Identitätstheorie. Wie entscheidend Identitätsfindung in der Praxis von der Verweildauer eines Busses abhängt, von der freigeschlagenen Zeit einer Parkuhr.

Auf Flohmärkten oder in Antiquariaten stoße ich manchmal auf alte Fotoalben. Unterm aufgelösten Haushaltsnachlass liegen die magischen Augenblicke im Leben Fremder. Amüsiert blättert man: Hochzeit 1954, Kommunion 1965, Geburtstage, Kindstaufen, Karneval, Ägypten-Urlaub 1974.

Verramschte Fotoalben atmen eine eigenartige Melancholie: Mutter und Kind, Oma und Opa, Geschwister und Freunde, zwischen den Bildern geht etwas vor, aber der Betrachter gehört nicht dazu.

Man glaubt, jemanden zu hören: Das war an Omas 75. Geburtstag. Das da ist Onkel Werner und das ist die Trude, die hatte damals schon den starken Zucker und aß doch so gerne Kuchen. – Warum eigentlich werden auf Beerdigungen nie Bilder gemacht? Die meisten Bildwerke dieses Museums wurden nur für diesen Anlass gemacht. Überhaupt erscheint mir das Museum wie ein Friedhof. Jede Statue, jeder Mumiendeckel, jede Grabbeigabe erzählt mir von der unsterblichen Seele und dem ewigen Leben, von der Auferstehung des Leibes und einem feierlichen Jenseits. Zeit und Ewigkeit berühren sich in jedem Stück, das der Kurator vor dem Verschwinden bewahrt. In welcher uns heute so fremden Gewissheit die Menschen damals wohl lebten. Unsereinem ist mit dem lieben Gott auch das ewige Leben abhanden gekommen, der Sinn des Sterbens und Todes, die Zeit und das allmächtige Schicksal. Mitunter aber wird dem modernen Menschen ob seiner vagen Existenz doch bange.

Man blättert durch fremde Fotoalben und spekuliert für einen Augenblick: Wie, wenn es deine Bilder wären, du könntest dich nur nicht erinnern. Amnesie, Alzheimer. Unsere Panik: Nichts mehr wiederzuerkennen. Wer ist der, der sich erinnert? Was ist das, was erinnert wird? Ist das Erinnerung, was in mir aufblitzt, oder nur ein Traum? Jemand zeigt auf ein Bild und spricht laut mit dir: Das sind Sie! In Ägypten! 1974. Das da ist Ramses.

Die Erinnerung, sagt Aristoteles, ist ein Suchen der Seele nach dem, was sich ihr einst einprägte und im Gedächtnis abgelegt wurde. Wenn sich Erinnerung partout nicht einstellt, solle man zurückgehen an einen sicheren Punkt in der Zeit, von dem aus sich dann das eine aus dem anderen ergebe, bis man im Verlauf weiterer Schlüsse an das gerate, was einem zunächst nicht eingefallen sei. Aber gibt es einen sicheren Punkt in der Zeit?

Im Erdgeschoss stehe ich vor einer Vitrine mit schweren Silberkronen, Armreifen, kostbarem Zaumzeug. Nubien, Ballana Kultur (X-Group), ist auf der vergilbten Legende zu lesen; 5. bis 6. Jahrhundert nach Christus. Gefunden in den 30er Jahren auf einem antiken Friedhof nahe Abu Simbel. – Als ihre Dörfer untergingen, versank das materielle Erbe der Nubier. Artefakte wanderten in Museen und Depots. Die Nubier hatten keine Schriftsprache. Sie gaben ihre kollektive Identität nicht weiter über Texte, Bilder, Bücher, sondern mündlich, über

Generationen hinweg innerhalb der Familie, der Dorfgemeinschaft, durch erzählte Erinnerungen, Erfahrungen, Feste, Lieder, Handwerk, Rechtsprechung, tagtägliche Verrichtungen wie der Zubereitung von Speisen. Erinnerung als soziale Praxis, nennt Jan Assmann das. „Nubien nicht vergessen!", wird es nach der Umsiedlung geheißen haben. Der „kommemorative Imperativ" als einziges Mittel gegen den Identitätsverlust. – Ich bin gespannt, ob dieser Imperativ auch 40 Jahre nach der Katastrophe noch wirkt? Gibt es eine nubische Identität? Aus welchen Erinnerungen ist sie konstruiert?

Es ist später Nachmittag. Ich weiß mit mir und dieser Stadt nichts anzufangen. Ich sollte jetzt eigentlich am Roten Meer sein, auf dem Weg nach Assuan. Mein Terminplan kommt mir vor wie ein Wisch auf Magdys Schreibtisch. Der Reiseführer empfiehlt Pyramiden und Sphinx am Morgen, Ägyptisches Museum am Nachmittag; oder morgens Sultan Hassan Moschee, mittags Khan al-Khalili. Ich schaffe es, unversehrt vor dem Nile Hilton über die mehrspurige Uferstraße zu gelangen, und schlendere unentschlossen an der Promenade auf und ab. Kringelverkäufer suchen meinen Blick, Taxifahrer hupen mich an, Bootsleute fragen „Eine Niltour gefällig? Wenn nicht jetzt, vielleicht später?" Auch dafür bin ich nicht nach Kairo gekommen. Ich schmolle. Bin ich Tourist? Verdammt, ich will einen Film über Ägypten drehen und vertue meine knappe Zeit mit Sightseeing.

Links die Brücke des 6. Oktober, rechts die Brücke des 26. Juli. Zwischen fremden Merkdaten hüpfen bunte Ausflugsboote. Musik schallt herüber. Mädchen unterhalten sich vorne, am Heck singen junge Männer. Einer bindet sich einen Schal um die Hüften und tanzt vor den Freunden. Er wiegt sich in den Hüften und hebt die Beine. Die Kumpel klatschen den Rhythmus und lachen. Die Mädchen nehmen scheinbar kaum Notiz, bleiben für sich.

Am Geländer nebenan lehnen eine schwarz verschleierte Frau und ein junger Mann im dunklen Anzug. Als ob sie zum Standesamt wollten. Junge dunkle Augen lachen durch den schmalen Stoffstreifen. Sie piddelt am Sesamkringel und schiebt Stückchen unter den Schleier, pickt Krümel wie ein Vögelchen. Er spricht leise und ohne Pause. Liebesworte? Versprechungen? Du wirst es gut haben bei mir, du und deine Kinder? Und sie? Willigt sie ein in ein Leben, das ich mir so vorstelle, wie meine Frau es nie führen würde. Aber was weiß ich, was sie will und was er sagt!

Der Kairoer Verkehr ist eine Geisteskrankheit. Inmitten des Geschiebes zieht ein verwahrloster Esel einen noch schmutzigeren Karren, darauf ein verlumpter Mann und zwei ebenso schmutzige Jungs. Der eine liegt ausgestreckt auf Plastiksäcken und schläft unter der heißen Mittagssonne; der Jüngere hält die Zügel und schlägt mit einem harten Stück Gartenschlauch dem Tier immerzu in die Flanken. Dazu das Hupen und Fauchen der Busse und Lastwagen hinter dem trabenden Tier, neben ihm, vor ihm.

Vor Jahren haben sie die alte Stahlbrücke des Ingenieurs Eiffel demontiert, ein Relikt aus der europäischen Zeit Kairos. Kuper kann wunderbar fluchen über „Banausen", die alles verrotten ließen; das Wort „Pflege" (maintenance) müsse man erst in den aktiven arabischen Wortschatz einführen.

Die Brücke des 26. Juli 1956: der Tag, an dem Nasser handstreichartig die Suez-Kanalgesellschaft verstaatlichte, um mit deren Einnahmen den Bau des Assuan-Damms zu finanzieren. Die Brücke des 6. Oktober 1981: der Tag, an dem auf dem Sinai wieder die ägyptische Flagge aufgog; „Tag der Streitkräfte", der Tag, an dem Anwar al Sadat einem Attentat zum Opfer fiel. 500 Meter Flirtmeile im Spannungsfeld von nationalem Aufbruch und islamistischem Revisionismus.

Ich sollte mir einen Überblick verschaffen. Drüben im trüben Dunst der Gezira-Turm. Im 14. Stock fährt ein Restaurant Karussell. Ein Bauwerk mit politischer Geschichte: Ursprünglich als einfacher, funktioneller Rundfunk- und Fernmeldeturm geplant, ließ Nasser ihn angeblich als frivolen Kitschbau errichten, als Beleidigung der USA und mahnendes „Denkmal gegen die CIA"[*]. Es heißt, Nasser habe dazu geheime Geldzuweisungen des US-Geheimdienstes an ägyptische Militärs verwandt, drei Millionen US-Dollar, die hinter seinem Rücken gegen die kommunistische Infiltration verwendet werden sollten. Nassers Verärgerung sieht man dem Turm heute gar nicht mehr an.

Der Westen und der Orient – angesichts der Ereignisse des 11. September, des Afghanistan- und Irak-Krieges ließe sich eine gerade

---

[*] So schreibt Mohammed Heikal 1972, 50.

Linie westlicher Hegemonie zurück ins 19. Jahrhundert ziehen, bis hinüber zur Zitadelle von Kairo, wo einst der bosnische Söldner Mohammad Ali die Mamelucken meuchelte und anschließend der europäischen Nachhut Bonapartes erlaubte, Schiffsladungen voll antiker Schätze gleichsam durch die „Hohe Pforte" hinauszuschleppen. Damals begann die europäische Geschichte Ägyptens, die in Reiseführern oder teuren westlichen Hotels mit romantischen Lithografien dokumentiert ist. Zum Beispiel im Helnan Shepards am Nilufer, ein Hotelhochbau, errichtet an der Stelle, an der einmal Bonarpartes Hauptquartier stand. Im Foyer hängen Bilder, auf denen der Khedive britische Militärparaden abnimmt. Oder die vielbesuchte historische Tapete im Marriott-Hotel, auf der europäische Monarchen die Einweihung des Suez-Kanal feiern. Ein Kapitel über das Ägypten Husni Mubaraks ist in Reiseführern eher selten zu finden: Über westliche Milliardenkredite, die eine sich selbst bereichernde Oligarchie mästen, eine fragwürdige strategische Stabilität erkaufen auf Kosten eines in Armut gehaltenen Volkes. So jedenfalls werden das die Muslim-Brüder sehen, so wird es Mohammed Atta gesehen haben.

Ich könnte hinüber nach Zamalek fahren, nach der Sharia Aziz Osman fragen, im Fish Garden nachsehen, ob es den künstlichen Felsenhügel, den Teich und die Grotte noch gibt. Bis Anfang der 50er Jahre wohnte dort, Hausnummer 1, der spätere New Yorker Literaturwissenschaftler Edward Said. Er hat das Viertel in seiner Biographie beschrieben, die mir kurz vor meiner Abreise in die Hände fiel. Die Adresse kann nicht weit vom Schweizer Institut sein, denke ich. Said beschreibt das Stadtviertel Zamalek der 30er und 40er Jahre. Ein kolonialer Außenposten, dessen Leben bestimmt ist von Europäern, zu denen die Saids allerdings wenig Kontakt hatten. Die Familie habe eigentlich nirgendwo dazugehört, und dieses ambivalente Gefühl von Freiheit und Alleinsein sei ihm sein Leben lang geblieben.

Die meiste Zeit lebte und arbeitete Said in den USA. Als prominenter New Yorker Intellektueller nahm er dann für die Palästinenser Partei, setzte sich für einen binationalen palästinensisch-israelischen Staat ein. Sich selbst bezeichnete er als einen „Schawam", als ein „amphibisches levantinisches Geschöpf", nicht Fleisch, nicht Fisch. Geboren in Westjerusalem als Sohn eines christlichen Palästinensers mit US-Staatsangehörigkeit; Spross einer sich europäisch gebenden, bemittelten Kaufmannsfamilie, empfand er seinen amerikanisch-arabischen Zwitter-Namen von Kind an als Stigma. Ein Name, der seine gestrandete Existenz zwischen den Kulturen (europäisch-orientalisch), Sprachen (arabisch-englisch) und Religionen (islamisch-christlich) verriet.

Die Saids hatten nach der israelischen Staatsgründung 1948 ihr Haus in der Jerusalemer Altstadt verloren. Die Entwurzelung der Palästinenser prägte sich dem Kind ein, obwohl seine Familie aus dem Schicksal der Landsleute kein Thema machte. Said verließ in den 50er Jahren den Nahen Osten und machte in den USA akademische Karriere. Er sah sich nie als Vertriebener. Palästinenser zu sein, sei ihm nicht zum Schicksal geworden, schreibt er. Er selbst habe durch die israelische Landnahme weder Besitz, Heimat noch Familie verloren. Und doch empfand er sein Leben „ohne natürliche oder nationale Position": Er habe sich beständig „am falschen Ort" gefühlt, als einer, der als Wurzelloser paradoxerweise die Folgen einer Entwurzelung empfunden habe. – Ich frage mich, ob diese Befindlichkeit auch die der Kinder der umgesiedelten Nubier beschreibt.

Hätte Edward Said keinen amerikanischen Pass besessen, Ägypten hätte ihm als Flüchtlingssohn keine Staatszugehörigkeit zuerkannt, ihm lediglich Reisedokumente ausgestellt und von Amts wegen als Ausländer behandelt. Die in Ägypten lebenden Palästinenser leben noch heute in einem nun Jahrzehnte währenden Transit. Die palästinensischen Flüchtlingskinder in Ägypten haben das Gefühl, „Fremde" in dem Land zu sein, in dem sie geboren wurden und aufwuchsen, schreibt die „Cairo Times". Der ägyptische Staat behandele die dritte und vierte Flüchtlingsgeneration wie Asylanten: ohne Recht auf Arbeit, Landbesitz oder den Besuch staatlicher Schulen. Schätzungsweise 60.000 Palästinenser leben heute über ganz Ägypten verteilt, schreibt die Zeitung. Es gebe keine palästinensischen Communities. Die Kehrseite ihrer beinahe vollständigen Integration sei der Verlust ihrer kulturellen Identität. – Ob seine Landsleute ihren New Yorker Schicksalsgenossen verstehen, wenn er schreibt: „Besser ist es, fehl am Platz durch die Welt zu wandern, kein Haus zu besitzen und sich nirgends allzu sehr zu Hause zu fühlen"?

Saids international bedeutendstes Buch widmete sich dem westlichen „Orientalismus". Darin beschreibt er den so genannten Orient als eine europäische Erfindung, für die es keine reale Entsprechung gebe; der Orient sei ein spezifisch westliches Konstrukt, eine Imagination, geprägt durch romantische TausendundeineNacht-Klischees und imperialistisch-rassistische Denkmuster des 19. Jahrhunderts. In Literatur, Bildender Kunst und Wissenschaft fand und findet eine geistige Besitzergreifung statt. So wurde der Orient zunächst eine ästhetische, dann eine politische und schließlich militärische Kolonie. Der „orientalistische" Blick ist für Said nicht nur ein Phänomen, das auf das 19. Jahrhundert als Hochzeit des europäischen Imperialismus und Kolonialismus beschränkt ist. Der historische „Orientalismus" prägte Klischees und Stereotypen aus, die, teilweise aus dem christlichen Mittelalter kommend, bis heute fortwirkten: Sie begreifen „den" Orientalen als wesenhaft, als Idealtypen, als Negativ des Eigenen, folglich als kulturell, moralisch und rassisch Unterlegenen.

Der „orientalistische" Blick, wie ihn Edward Said beschreibt, ist wesentlich auch eine unwillkürliche, unreflektierte Wahrnehmungsweise und Interpretationsraster: der Akt der Perzeption ist immer ein Akt der Bemächtigung, der Inbesitznahme des Fremden, ein Wille zur Macht. Schon die Neugierde nach der „Terra incognita" impliziert den Wunsch nach geistiger Kartographierung, nach begrifflicher Verfügungsgewalt. So gesehen ist auch der Akt des Beschreibens – und damit auch des Filmens – immer auch eine Form der narrativen Expansion und der ästhetischen Okkupation des Anderen.

Ich blicke hinab in die trüben Wasser des Nil und denke: Man sollte sich wirklich keinen Augenblick aus den Augen lassen. Da steht man einigermaßen überflüssig herum, beobachtet ungeniert Liebespaare, Kringelverkäufer, Taxifahrer und Bootsführer und produziert dabei unentwegt Klischees von orientalischen Liebespaaren, Kringelverkäufern, Taxifahrern und Bootsführern. Und ist es nicht so? Seit ich hier bin, produziere ich unentwegt Klischees von orientalischen Antiken-Verwaltungen und Museumsbetrieben. Was sagt das über mein Selbstbild?

Ich beruhige mich mit dem Umkehrschluss: Derselbe Wille zur Macht wirkt auch als „Okzidentialisierung" des Westens durch die arabische Welt: als Überformung des Westens durch im „Orient" wirkungsmächtige Klischees vom Westen, meinetwegen als nihilistische, sündhaft-ungläubige, kapitalistische Hemisphäre. – Plötzlich bemerke ich, dass mich auch das Liebespaar beobachtet, der Kringelverkäufer, die Taxifahrer und Bootsführer. Aha, jetzt produzieren sie okzidentalistische Klischees von mir als einem nihilistischen, sündhaft-ungläubigen, kapitalistischen Westler. – Die ganze Welt ist ein Missverständnis.

Edward Said lebte auf der New Yorker Upper West Side. Ob er im Metropolitan Museum hin und wieder Zwiesprache mit dem Tempelchen von Dendur hielt? Auch der steht am „falschen Ort". Beide sind so sehr und so wenig in der einen wie in der anderen Welt zu Hause, Migranten, amphibische Geschöpfe. Auf welche Identität werden die beiden sich verständigt haben?

„Für die Erhaltung der Identität genügt der Wille zur Identität", schreibt der in Berlin lebende Banater Wilhelm Wagner. „Man braucht kein eigenes Territorium mehr, um kulturell zu überleben." Vielleicht hätte Said das für sich unterschrieben. Vielleicht gilt das auch für die Bewohner des Metropolitan Museums als eines multikulturellen Territoriums und postmodernen Reservats; vielleicht gilt das bereits für die Surfer des World Wide Web, für die Bewohner der virtuellen Realitäten, der Welt der Literatur und Kunst, in der sich Wilhelm Wagner und Edward Said zu Hause fühlen. Identität ohne Territorium? Gewiss, viele Indianer Nordamerikas haben wider alle Erwartungen, und ihren desolaten Reservaten zum Trotz, überlebt – ohne ihre angestammten Territorien. Den meisten Menschen aber ist es nicht gegeben, sich selbst, so wie Said oder Wagner, neu zu definieren. „Identität ohne Territorium" – für viele Israelis ist diese Formel völlig inakzeptabel. Ihre ganze Existenz und Identität sehen sie an Heiligen Grund und Boden gebunden. Nie wieder Diaspora! So wie einst Heinrich Schliemann den Mythos Troja mit dem Spaten beweisen wollte, so versuchen israelische Archäologen das Alte Testament zu belegen. Die Bibel als Gründungsurkunde des modernen Israel, die religiöse Rechtfertigung der Enteignung palästinensischen Territoriums: Wir waren ursprünglich hier; dies ist unser angestammter Platz. Und so denken Basken, Iren, Serben, Korsen, Bayern, Schwaben, Städter, Ländler ...

Neben mir tappt ein Alter hinaus auf die mehrspurige Fahrbahn und übergibt sein Schicksal dem rasenden Verkehr. Ununterbrochen fliegen Autos in völlig unberechenbaren Wellen heran. Ich schließe mich dem Alten an, der unbeirrt auf den Mittelstreifen zuwankt. Downtown Nairobi habe ich einmal einen wackeligen Alten auf einer Verkehrsinsel beobachtet. Angeblich hatte der Mann diesen lauten, von Abgasen stinkenden Kreisverkehr seit über 15 Jahren nicht mehr verlassen. Er schlafe dort unter einer Plastikplane, bettele Autofahrer an, ernähre sich bei fliegenden Händlern und verrichte in den Büschen seine Notdurft. Nun sei er zu alt, die Verkehrsinsel noch verlassen zu können und werde dort wohl sterben. Angeblich gibt es nicht wenige, die begierig sind, seinen Platz einzunehmen. Ich halte mich eng hinter dem alten Ägypter, der den Mittelstreifen hoffentlich möglichst rasch wieder verlässt.

Gegen Abend erreiche ich Kuper. „Es sieht ganz gut aus", ruft er ins Telefon. „Sie haben ein schadhaftes Kabel in einem Kabelkasten entdeckt. Sie machen nur noch eine Probefahrt."
Ich kann es kaum glauben. „Und jetzt, was machen Sie jetzt?"
„Also wenn Sie mit mir die Tour übers Rote Meer noch machen wollen?"
„Aber ja doch. Natürlich!"
„Na, das ist doch ein Wort", lacht Kuper und ich höre, dass er ebenso erleichtert ist wie ich.

Tagebuchnotiz: So stand denn da oben geschrieben, dass ich 80 ägyptische Pfund für eine Fahrkarte ausgeben, einen Tag verwarten und mir ein sündhaft teures Bier in der Nile Hilton Bar genehmigen würde – dort, wo vor Jahren Horst Nagel und Wolfgang Kohl vor israelischen Fliegerangriffen Zuflucht suchten. Beinahe hätte ich mein Abenteuer bekommen: mich allein auf die Reise zu begeben. Ist aber noch mal gut gegangen. Al Hamdu'illah!

Am Morgen vor der Abfahrt schlendere ich durch das Schweizer Institut. Ich habe keine Ahnung, in wessen Haus ich zu Gast bin. Den ehemaligen Hausherrn und Institutsgründer zeigt ein Bild im Bibliothekszimmer: ein Herr mit hoher Stirn und weißem Haar, Gerhart-Hauptmann-Typ, strenger Blick, heruntergezogene Mundwinkel: Ludwig Borchardt, Berliner Regierungsbaumeister und Entdecker der Nofretete-Büste. In der Bibliothek werde ich auf die Bücher eines Georg Hermann aufmerksam. Einige der alten Bände sind mit dicker Füllertinte signiert: „Dem verehrten Bruder und seiner lieben Frau zugeeignet". Hinter dem Pseudonym verbirgt sich Georg Borchardt. Um die Jahrhundertwende bis in die Zwanziger Jahre veröffentlichte er Romane und Geschichten über das jüdische Berlin, damals Bestseller. In einem Hermann-Band finde ich die Kopie eines Zeitschriftenaufsatzes:

Mein Bruder, der Aegyptologe
Zu Geheimrat Professor Ludwig Borchardts 70. Geburtstag

Niemand kann behaupten, daß ich auch nur das Geringste von Ägyptologie verstehe, aber da der Ägyptologe Ludwig Borchardt zufällig der älteste Sohn meiner Mutter und meines Vaters, genau acht Jahre und zwei Tage früher zur Welt kam als ich, so folge ich dem Ersuchen hier einiges über ihn zu sagen, vor allem, da ja meine persönliche Bekanntschaft mit ihm bis in seine ersten ägyptologischen Anfänge zurückreicht.

Ich erinnere mich deutlich, ich war vielleicht damals sieben Jahre und mein Bruder also fünfzehn ... , wir wohnten in der Bendlerstraße, und zu uns kam häufig ein gleichaltriger Freund meines Bruders, der sich, wie er, für ... man höre: ‚Ägyptologie' interessierte. Die Mutter – vielleicht war das das Primäre! – geht mit dem Jungen in das Alte Museum und besticht den Diener, daß er ihm die dort eingebauten ägyptischen Grabkammern öffnet, und ihm bei einer Kerze die Wände sich genau anzusehen erlaubt ... , eine Sache, die zwar Lebens bestimmend für einen Ägyptologen war und der der Welt vielleicht die Nofretete dankt, aber die dem Manne seine Stellung hätte kosten können, wenn es herausgekommen wäre. Er bittet den Vater, ihm die ägyptische Grammatik von Ebers zu kaufen, die sein Freund besitzt. Der Vater – es beginnt uns schlecht zu gehen – hat für so etwas kein Geld. Der Bruder leiht sie sich über die Ferien vom Freund und stenographiert sich in Landeck – ich sehe ihn damit noch im Garten sitzen – die ganze Ebers-Grammatik, aber, was ich mehr bewunderte, er malt all die Püppchen und Vögelchen und Bienen und Obelisken und Wellenlinien und Geier und Füchse – da sehr sauber sich hinein. Aber Ebers genügt ihm nicht, und er beginnt, sich in einer primitiven Kartothek aus unbedruckten Visitenkarten ein ägyptisches Wörterbuch herzustellen ...

Da ein Brotstudium nötig, kann Aegyptologie nicht erwählt werden, sondern Baufach. Trotzdem ist Ermann auf ihn aufmerksam geworden und er wird, ohne je studiert zu haben, besoldeter Hilfsassistent am Berliner Museum. Baufach wird weitergetrieben als Brotstudium, und das Bauführer- und später Baumeisterexamen gemacht. Vorher kommt seine erste Arbeit vor die Akademie. Auf einer assyrischen Tontafel, die erworben wird, sind ziemlich unerklärliche Linien eingegraben. Der Architekt sieht, daß es nur ein Bauplan sein kann, rekonstruiert danach den Bau ... auch bei der Arbeit über den Böschungswinkel der Pyramiden kommt ihm später seine mathematische Begabung zugute! Er weist nach, daß das bisher angenommene Längeneinheitsmaß von anderer Größe gewesen sein muß.

Nun wollen die Engländer das Stauwerk oberhalb der Insel Philae anlegen. Die Kulturvölker protestieren dagegen ... Denn Philae war damals noch das Kleinod Ägyptens. Es wird darin eingewilligt, daß ein englischer, ein französischer und ein deutscher Gelehrter heruntergeschickt wird, um die Insel abzugraben, damit man sieht, was eventuell durch die zeitweilige Überschwemmung zerstört werden könnte. Der Ägyptologe muß zugleich etwas vom Baufach verstehen. Und da gibt es nur einen in Deutschland, und der Regierungsbaumeister Borchardt wird dazu auf ein oder zwei Jahre beurlaubt. Sein Urteil, dem man nicht folgt, geht dahin, das Staubecken weiter oben oder weiter unten anzulegen, damit die Tempel auch erhalten bleiben ... Heute sind sie fast vernichtet. Da der Süden Ägyptens noch um 1896 wissenschaftlich nicht durchforscht ist, nimmt er sich eine Dahabigeh und fährt den Nil mit seiner Mannschaft herauf, soweit er damals für einen Europäer zugänglich war, nämlich bis Wadi Halfa. Jenseits beginnt noch das Reich der Mahdi. Da seine Besatzung Hunger hat, steigt er aus, um in einem Dorf einen Hammel zu kaufen. Der Dorfälteste sitzt auf einem Stein. Der Hammel soll – glückliches Land – einen Piaster kosten. „Ich gebe dir sogar fünf, wenn du mir den Stein gibst, das Bakschisch." Der Stein wird auf die Barke verladen. Es ist ein römischer Meilenstein, und er beweist die Theorie Mommsens ... der in Freude diesen Stein beinah umtanzt ... , daß die römische Machtsphäre soweit also herunterging.

Mit 33 Jahren ist er Ehrendoktor ... der jüngste jemals der Berliner Universität. Er benutzt die freie Zeit, die ihm noch bis zur Rückkehr nach Deutschland bleibt, um die Ordnung und den Katalog der Statuen im Museum in

Kairo schlecht und unzulänglich zu finden. Und schreibt eine Eingabe an die ägyptische Regierung, eine Neuordnung betreffend. „Bitte, Herr Baumeister, wollen Sie das machen!" Es ist der erste Deutsche, der dort je angestellt war.

Es scheint nötig zu sein, daß man einen wissenschaftlichen Attache auch in Aegypten hat. Und als sein Posten beim Museum beendigt ist, ist er es. Man hat die Tendenz, dort, wie in Athen und in Rom, ein Forschungsinstitut zu gründen, und vor allem will man mit Hilfe der inzwischen gegründeten Orientgesellschaft graben. Jedes Jahr ist Borchardt ... manchmal unter Hunderten von arabischen und eingeborenen Arbeitern als der einzige Europäer draußen monatelang in der Wüste, lebt in Zelten wie jene. Er findet am Schluß einer Grabung in einem hellenistischen Kirchhof den Thimoteospapyrus mit der Schilderung der Schlacht bei Salamis. Ein großer Teil des ägyptischen Museums in Berlin sind Ankäufe von ihm, der nicht nur gräbt, sondern auch dank seines guten Arabisch ein intimer Kenner sämtlicher Antiquitätenräuber Aegyptens ist ...

Eines schönen Tages bietet ihm einer ein kleines Köpfchen, Holz mit Gold, von ganz andersgearteter und erlesener Schönheit als das, was bekannt ist, an. Aber es ist dem Berliner Museum zu teuer, und er bewegt James Simon, mit dem er befreundet ist, es für etwa 10 000 Mark zu kaufen. Es ist die Hethiterin, die Königin Theje. Er bringt heraus, daß sie dort „gefunden" wurde, wo die wieder verlassene Stadt des Sonnenkönigs Amenophes IV., Telamarna, vermutet wird, und er bewegt die Orient Gesellschaft, ihn dort graben zu lassen. Die Ausbeute ist nicht wie erwartet. Die Haupttempel will man später freilegen. Ganz zum Schluß schneidet man ein Haus an. Es ist die Bildhauerwerkstätte des Tutmes mit der Nofretete und den Dutzenden und Aberdutzenden herrlicher Plastiken und Masken und Akte zum Teil heute in Berlin ... zum Teil heute in Kairo.

Da er nunmehr ... außer der Kriegszeit seit bald 37 Jahren (nur den Hochsommer verbringt er in Europa!) in Aegypten lebt, so ist er wohl der beste Kenner dieses Landes und einer derjenigen, der seinen uralten Rätseln am schärfsten und völlig unphantastisch ... anders liegt es seiner Mentalität gar nicht! nachgespürt hat.

Bei der Abgrabung von Philae kam man von einer Reisegesellschaft zu ihm gelaufen, ob er nicht Wasser oder einen Kognak hätte, eine junge Dame wäre ohnmächtig geworden von der Hitze. Mit dieser Dame, einer Tochter des ehedem sehr bekannten jüdischen Philantropen Cohen aus Frankfurt, ist er seit über dreißig Jahren verheiratet. Als ihn Liebermann malte, etwas allzu energisch schräg gestellt, und die eine Hand in der Tasche, wie geballt, sagte er mir: "Wissen Sie, wie ich Ihren Bruder auffassen wollte? Ja? Den lieb ich, der Unmögliches begehrt."

Der Jude Ludwig Borchardt wurde in Kairo von den diplomatischen Emissären der Nazis gesellschaftlich geschnitten, sein Amt, seine Verdienste und sein Ansehen demonstrativ ignoriert. Bevor sie ihn auch um seinen Besitz bringen konnten, wandelte Borchardt sein Institut, das er dem „Deutschen Institut für Ägyptische Altertumskunde" als Residenz zur Verfügung gestellt hatte, in eine private Stiftung nach schweizerischem Recht um und entzog es damit dem staatlichen Zugriff. Er starb 1938 in Paris. Sein Bruder Georg, der Berliner Dichter, wurde 1943 in Auschwitz umgebracht. In Ägypten bleibt Ludwig Borchardt bis heute der Jude, der die Nofretete entführte.

Im Garten treffe ich auf Ashraf und Wahby. Früher hätte man die beiden wohl Institutsdiener genannt, heute Hausmeister und Wächter. Sie nicken mir lächelnd zu, und wir radebrechen in Englisch, amüsieren uns über unsere gestenreichen Verständigungsversuche. Beide sind zurückhaltend, aber doch neugierig. Woher wir kommen, wohin wir gehen? Wo Kuper und ich denn graben würden? Nein, nur Kuper sei Archäologe, korrigiere ich und erkläre gestikulierend das Filmprojekt, dass wir nach Abu Simbel wollen und Toshka.

Nun, sie beide seien Nubier, erklären die Cousins prompt, und sie seien aus Abu Simbel Gedid. Ob ich auch dahin fahren würde? Neu Abu Simbel, sage ich, nein, das liegt bislang nicht auf unserer Route. Die beiden wundern sich, da hier doch die meisten der umgesiedelten Nubier lebten. Kuper und ich müssten unbedingt dorthin. Wir seien herzlich eingeladen zum Eid al-Fitr, dem Fest des Fastenbrechens. Da gebe es ein großes Festessen und viel nubische Musik, sagen sie und schauen mich erwartungsvoll an. Ich bin begeistert. Natürlich! Gerne!

Sie führen mich in den Keller des Instituts, wo sie während ihrer Dienstzeit wohnen, legen eine Kassette ein und spielen nubische Musik, wiegen die Hüften im Rhythmus und versuchen, mir irgendetwas von Neu Abu Simbel zu erzählen: Dass ihre Eltern und Großeltern nach Kom Ombo umgesiedelt wurden; dass die neuen Siedlungen die Namen ihrer verlassenen Dörfer erhielten; dass ihre Familien dort heute noch lebten. Ashraf und Wahby arbeiten in Kairo, so wie dies schon ihre älteren Brüder, ihre Väter und Großväter getan haben. Zum bevorstehenden Fest fahren sie nach Hause. Sie schreiben mir ihre Adresse auf, auch eine Telefonnummer, und so nehme ich hoffnungsfrohen Abschied.

Bei unserem Versuch, Kairo zu verlassen, müssen wir am Aquädukt halten. Kuper blättert im Falkplan der größten Stadt Afrikas und sucht nach dem Weg Richtung Heluan. Unter den Bögen des mittelalterlichen Bauwerks der Blick in ein aschgraues Armutsviertel, in einem Zustand zwischen Abriss und Aufbau. Häuser liegen zwischen Schutt und Müll. Frauen hocken um einen Wasserhahn und spülen Aluminiumteller und Plastikschüsseln. Kinder gehen in Lumpen. Ein Junge schlendert an unserem Wagen vorbei, winkt mir fröhlich zu und freut sich über meinen Gruß. Was für ein Lachen.

Ich erinnere mich an eine Szene im Zentrum Kairos: Kinder, deren Köpfe kaum bis zum Seitenfenster unseres Taxis reichten, hängten sich im anfahrenden Verkehr in die offenen Fenster und bettelten mit ihren kleinen Stimmchen um ein Bakschisch. Die Taxifahrer brüllten schimpfend auf die Winzlinge ein, während sie Gas gaben.

Wir haben den Abzweig verpasst und fahren unterhalb der Steinbrüche, die einst das Material für die Pyramiden lieferten, nach Beni Suef, wo die Straße zum Roten Meer abzweigt; auf den Felsen wachsen Siedlungen und Militäranlagen. Wäre nicht dieser Dunst, die Pyramiden von Sakkara, Dahschur und Giseh wären deutlich zu sehen. Wir passieren schwelende Müllhalden, die Stadt des 15. Mai, die Stahlfabriken des einstigen Luftkurortes Heluan, die National Cement Company, die den Baustoff für die unübersehbaren Trabantenstädte Kairos liefert; einen Wald tiefschwarz schlotender Ziegelei-Schornsteine. Die Bewässerungskanäle in den Dörfern sind voller Müll, darunter der Kadaver eines Pferdes, nebenan wäscht eine Frau ihr Alu-Geschirr. Entlang der Straße aufgerissene Böden für Pipelines und Kabel. Verwüstete Wüste.

Die Provinzen Unterägyptens sind am stärksten industrialisiert. Hier und im fruchtbaren Deltagebiet lebt das Gros der wachsenden Bevölkerung. Über 90 Prozent des Landes sind Wüste. Immer enger wird es am Nil und im Delta. Ausgerechnet hier versiegeln die Städte die raren fruchtbaren Böden. Die landwirtschaftliche Fläche schrumpft, die Bevölkerung wächst. Deshalb investiert das Land Milliarden in Farmprojekte in der Wüste.

Kuper legt eine seiner staubigen Kassetten ein, die ihn seit Jahren in der Wüste begleiten. Hannes-Wader-Lieder! Ich kann nicht glauben, dass ich die Musik meiner Schulzeit nach 20 Jahren ausgerechnet hier wieder höre. Wir fahren durch weite, offene Geröll- und Felslandschaften, in denen mein Blick spazieren geht. Kuper ist bester Dinge und singt mit sonorem Bass „Ich kam von Frankfurt nach Berlin, drei Koffer voll mit Kokain." Ich kann noch „Ich bin ein Rohr im Wind, halt dich nicht fest an mir". In Kairo hatten wir kaum Gelegenheit, uns auszutauschen. Jetzt ist Zeit, einander Lebensgeschichten zu erzählen.

Dass er Archäologe geworden sei, verdanke er nicht zuletzt der Lektüre von Karl Mays „Durch die Wüste" und Cerams „Götter, Gräber und Gelehrte", erzählt er. „Ich gehöre ja noch einer Generation an, die fernen Ländern zuerst in Abenteuergeschichten und nicht, wie heute, im Fernsehen begegnet ist." Karl May, das halte er für ziemlich sicher, verdanke seine detaillierten Landschaftsbeschreibungen auch den Reisebüchern des Heinrich Barth, des legendären deutschen Saharaforschers des 19. Jahrhunderts. Nach ihm hat Kuper sein Kölner Institut benannt.

Er komme aus einfachen Verhältnissen, sagt er. Der Vater, Ingenieur, sei 1939 gestorben. Die Mutter brachte ihre beiden Jungs durch mit einer kleinen Witwenrente. Das erste Mal reist er 1960, nach dem Abitur, in die nordafrikanische Wüste. Ohne nennenswerte Reisekasse schlägt er sich über die Levante bis nach Ägypten durch, trampt das Niltal hoch und nimmt versehentlich Nilwasser zu sich. In früheren Zeiten mochte man, einem Hang zur Romantik folgend und allen Sinnesorganen trotzend, noch der alten Sitte entsprechen, auf dass das Sprichwort sich erfülle: „Wer einmal von den Wassern des Nil getrunken, kommt immer wieder an seine Ufer zurück". Kuper jedenfalls bekommt der „Champagner unter den Flüssen", wie Champollion den Nil etikettierte, überhaupt nicht. Er findet sich in einem Hospital in Assuan wieder und muss eine Amöbenruhr auskurieren. In Kairo flieht er aus der verwanzten Kairoer Jugendherberge auf die Spitze der Cheopspyramide und freut sich, dort den Sonnenaufgang zu erleben. Oben sitzen einige ägyptische Studenten, die aufgeregt debattieren, wann man die Israelis nun endlich ins Meer werfen sollte.

In Köln und Heidelberg studiert Kuper Ur- und Frühgeschichte, Ägyptologie und Völkerkunde. 1963 reist er mit Hans Rhotert auf den Spuren Heinrich Barths nach Südwest-Libyen. Hier habe ihn das Wüstenfieber gepackt, sagt Kuper. Rhotert, der ehemalige Assistent des deutschen Selfmade-Afrikanisten Leo Frobenius, war der damalige Doyen der deutschen Sahara- und Felsbildforschung. Gemeinsam dokumentieren sie die Felsbilder im Wadi Ertan nahe der Oase Rhat. Rhotert erzählt von seinen Expeditionen in den 30er Jahren ins Gilf Kebir, gemeinsam mit Leo Frobenius und dem ungarischen Reisenden Ladislaus Almásy. Drei Generationen Wüstenforschung.

„Wer einmal in der Wüste war", sagt Kuper, „der verfällt ihr, oder er fährt nie wieder hin. Entweder heiß oder kalt. Ich wusste sofort: Hier möchte ich arbeiten". Darauf hat er 20 Jahre warten müssen. Während des Studiums für Ur- und Frühgeschichte in Köln folgt Kuper zunächst dem Ruf der rheinischen Wüste. 15 Jahre lang gräbt er in den Tagebauen „Inden" und „Zukunft" nach jungsteinzeitlichen Zeugnissen, oft nur wenige Meter entfernt von der Baggerkante. Als Student initiiert er 1968 die Arbeitsgemeinschaft „Aldenhovener Platte", die sich der regelmäßigen archäologischen Überwachung der Tagebaue verschreibt. Kuper erzählt mir von Notbergungen in Eis und Schlamm selbst an Heiligabend. Damit habe er sich den Respekt der Tagebauer erworben. „Richtige Archäologen verbringen mehr Zeit im Gelände als im Seminar, das war immer meine Losung." Deshalb findet seine Doktorarbeit ein spätes Ende. Er habilitiert sich nicht, bleibt lange abhängig von befristeten Forschungsaufträgen.

Schon als Student ist Kuper verantwortlich für das flächenmäßig größte archäologische Grabungsfeld Europas. Er registriert das frühe Neolithikum, bevor es auf den Förderbändern landet: jene Phase vor über 7.000 Jahren, als der Mensch auch im Rheinland sesshaft wird und mit Ackerbau und Viehzucht beginnt. „Die Arbeit vor den Baggern war eine einmalige Chance, eine ganze Landschaft im permanenten Suchschnitt zu ergraben", erzählt er. Unter enormem Zeitdruck entwickelten die Studenten neue Methoden und ein neues archäologisches Selbstverständnis. „In den rheinischen Tagebauen sammelten wir Erfahrungen mit großflächigen Grabungen wie kaum ein Archäologe aus einem anderen Land. Unsere Denkmalpflege hat damit ein Know-how, das wir in Dritt-Welt-Länder exportieren können."

1978 beginnt Kupers „zweites Leben". Er konzipiert für das Kölner Völkerkunde-Museum die Ausstellung „Sahara – 10.000 Jahre zwischen Weide und Wüste". Sein Katalog ist noch heute ein Klassiker der Sahara-Literatur, eine antiquarische Rarität. Spätfolge dieser Hinwendung zur Wüste ist 1984 die Gründung der „Forschungsstelle Afrika", 1989 die des „Heinrich-Barth-Instituts für Archäologie und Geschichte Afrikas". Heute verfügt das Institut über eine Forschungsstation in Dakhla, Mitarbeiter sind in Ägypten, im Sudan, im Tschad unterwegs, forschen nach Felszeichnungen im namibischen Brandberg oder erkunden die Siedlungsdünen des Wadi Howar. 1996 initiiert er mit Kollegen den Sonderforschungsbereich „ACACIA – Arid Climate, Adaption and Cultural Innovation in Africa". Hier werden die Wechselbeziehungen von Klima- und Kulturgeschichte in Afrika interdisziplinär erforscht. Die Akazie ist das Symbol der Ausdauer und des Überlebens in der Wüste, erklärt Kuper. „Unter Akazien sollte man allerdings nicht übernachten", empfiehlt er. „Sie sind ein Hort von Kamelzecken. Die können richtig unangenehm werden."

Was ihn an der Wüste so fasziniert, frage ich ihn. „Dass das Leben hier auf das Wesentliche reduziert ist." Der Mann hat seine Landschaft gefunden. In den nächsten zwei Wochen wird Kuper sich von seinem tütenweise mitgenommenen Kümmelgebäck, von Wasser und Falafel ernähren. In der Wüste wird er Attiya Radwan seinen Schlafsack und sein Feldbett abtreten und sich mit zwei Decken begnügen. Abends nippt er an einem Fingerhut Whisky und demonstriert morgens, wie man mit dem Inhalt einer einzigen Tasse Wasser eine Ganzkörperdusche nehmen kann. Was er wirklich brauche? Sprit für seinen Diesel.

Bei Zafarana erreichen wir das Rote Meer. Es ist von betörendem Türkis, nur die Gasfackeln über den Bohrinseln leuchten rot in die hereinbrechende Dunkelheit. Es ist Nacht, als wir in Qosseir eintreffen. In der Dunkelheit liegen verstreut die Hotelanlagen wie Inseln aus billigem Reklamelicht, sirenenhaft, Lunaparks in der Wüste. Es dauert einige Zeit, bis wir unsere Anlage gefunden haben. In der Bar spielt ein Duo aus Deutschland, Orgel und Gesang mit Bernd und Angelika, Abba-Melodien, deutsches Bier. Wir nehmen im Zimmer noch zwei Hütchen Whisky. Und eins extra – wegen der Abba-Melodien.

Das Hotel ist an die spröde Kante eines Korallenriffs gebaut, das „Bitte nicht betreten" werden soll. Der Boden um die Gästepavillons leuchtet im grellen Morgenlicht. Er ist übersät mit bleichen Muscheln und Korallenästchen. Am Wasser sonnen sich Krebse. Das Meer ist türkis und so transparent, als wäre es vom Grund her beleuchtet. Von weißen Motorbooten stoßen Taucher hinab. Es muss wunderbar sein, in das bunte Leben hinabzutauchen. Hier oben streicht der Blick über einen leeren Küstenstreifen. Den dürfen die Gäste mit dem Fahrrad oder dem Motorrad pflügen. Neben „Funbikes" werden Kamel- und Eseltouren angeboten. Über den Tennis- und Golfanlagen sprühen die Sprinkler.

13 Stunden Fahrt nach Assuan liegen vor uns. Bevor die Straße hinauf in die Berge führt, möchte ich doch einmal ins Rote Meer. Kuper biegt von der Straße ab, und wir fahren über leere Sandflächen an den Strand bis vor einen verschrotteten Militärlaster. Ich ziehe die Sandalen aus, krempele die Hosen hoch und tappe über die scharfen Felsen ans gar nicht so warme Wasser. Das Meer lockt, aber ich habe den Eindruck, dass der Doktor hier nicht hinein will. Auch wenn weit und breit kein Mensch zu sehen sei, sagt er, es säße doch immer einer ganz nah, selbst an Stellen, an denen man sich nun partout niemanden vorstellen könne. Da hebe dann plötzlich einer den Kopf

aus der Sandmulde. Zwei Männer, die hier nackt herumplantschen? Das Rote Meer bleibt unbebadet.

Eine der schönen großen Muscheln möchte ich aber als Andenken mitnehmen. Auch da rät Kuper ab. Der Küstenstreifen steht unter Naturschutz. Also nehme ich auch keine Seifenschale mit. Tatsächlich ist die Küste garniert von Hotelburgen. Alle zehn Kilometer schiebt eine Planierraupe den naturgeschützten Strand plan für ein neues Freizeitressort. Vor Jahren war das Rote Meer militärisches Sperrgebiet. Drüben auf dem Sinai lagen die Israelis. Als sie abzogen, erhielten ägyptische Generäle das Erstzugriffsrecht bei der Landvergabe, erzählt Kuper. Mit den satten Verkaufserlösen habe sich mancher Militär dann eine dicke Villa im Delta gebaut. Jetzt entstehen hier Hotelkomplexe wie antike Garnisonsstädte, ummauerte Luxusoasen, bekuppelte Bettenburgen.

Bunt beflaggte und mit Transparenten behängte LKW-Kolonnen rasen uns entgegen. Musik schallt aus Megaphonen über dem Fahrerhaus. Oben auf den Planen hocken Passagiere eng an eng, Haare und Hemden flattern im Wind. Sie winken, lachen und johlen, als hätten sie die Fußballweltmeisterschaft gewonnen. Zum Eid al-Fitr, dem Abschlussfest des Fastenmonats Ramadan, fahren sie heim zu den Familien, so wie Ashraf und Wahby. Es gebe auch noch das Eid al Adha, erzählt Kuper. Das so genannte Opferfest erinnere an das Opfer Abrahams und sei ein Bestandteil der Wallfahrtsriten. Es sei das größte Fest im islamischen Kalenderjahr, die Zeit des Schlachtens und des Teilens, der Verköstigung der Armen, des Beschenkens der Bekannten und Verwandten, der Solidarität der Muslime. Ich kenne die islamischen Feiertage nicht, kann aber auch mit Allerheiligen wenig anfangen. Hier scheinen die Feiertage tatsächlich gefeiert zu werden. Da sausen dudelnd, johlend und winkend Menschen vorbei, deren Lachen und Freude ich am liebsten ebenso jubelnd erwidern möchte.

Wir machen Halt an einem kleinen, sauberen Straßencafé am Meer. Geharkter Vorplatz, gefegte Veranda, saubere Teetische. Nubier!, sagt Kuper. Auf den Anhöhen Holzhäuschen im Kolonialstil, Key-West-Atmosphäre. Keine Touristen. Wie lange noch, denke ich beim Anblick einer prachtvollen Yacht vor der Küste.

Bei Marsa Alam biegt die Straße gen Westen ab und führt aufs Wüstenplateau. Am Ortsausgang stoppt uns ein Militärposten. Kuper kurbelt das Fenster herunter und murmelt, bei diesen Herren komme es darauf an, möglichst entspannt und freundlich zu erscheinen. Dann begrüßt er den Uniformierten lachend.
„Salam, my friend"
„Salam. – Die Straße ist gesperrt."
„No?!", lacht Kuper. „But not for me!" Er reicht dem Mann seine Desert Permission.
„Die Straße ist gesperrt. Befehl vom General."
„Wie lange ist die Straße denn gesperrt?"
„Zwei Tage. Sie müssen zurück und die Straße von Qosseir nach Luxor nehmen."
„Aber wir kommen von Qosseir. Niemand hat da gesagt, dass diese Straße gesperrt ist. Warum ist die Straße gesperrt?"
„Wegen der wilden Tiere."
Kuper lacht wie über einen gelungenen Scherz. „Wild animals? Welche wild animals! Wilde Kamele?"
Die Straße bleibt gesperrt. Wir sollen wenden. Kuper lacht nicht mehr.
„Wenn diese Straße gesperrt ist, warum kommen uns dann laufend Lastwagen entgegen?"
„Die dürfen noch durch."
Reine Schikane, knirscht Kuper und weist den Soldaten mit Nachdruck auf seine Desert Permission hin. Er sei Wissenschaftler, Archäologe, seit über 20 Jahren in der Wüste. Seine Permission autorisiere ihn, die Wüste auch abseits der Straße zu queren.
„Eine Western Desert Permission!" Der Soldat verzieht keine Miene. Wir seien in der Eastern Desert. – Jetzt ist Kuper nahe dabei zu platzen. Unglaublich sei das, noch nie da gewesen, in über 20 Jahren nicht. Es gäbe hier keine wilden Tiere, die sein Wagen fürchten müsse. „We can handle this."
Die Straße bleibt gesperrt. Jetzt will Kuper den General sprechen. Wo der General sei? In Hurghada. Welche Telefonnummer er habe? Er habe kein Telefon. Es gebe nur Militärleitungen.
Kuper erscheint gar nicht mehr relaxt, und ich habe das bestimmte Gefühl, dass er hier auch mit Autorität nichts ausrichten wird. Ich

reiche dem Camouflierten meinen Journalistenausweis. Er könne mit unserem Handy das Government Press Office in Kairo anrufen. Man werde ihn über unsere Mission aufklären. Kuper rollt mit den Augen. Das sei jetzt ein Fehler gewesen. Wer könne wissen, wie die Herren auf Journalisten reagieren.

Diese Behörde sei gegenüber dem Militär nicht weisungsberechtigt, sagt der Mann und beäugt misstrauisch meinen Ausweis. Jetzt gesellen sich Kollegen zu ihm, werfen gleichgültige Blicke in unseren Wagen. Kuper will mit dem vorgesetzten Offizier sprechen. Unser Mann lässt sein Funkgerät piepen, knacken, rauschen. Hinter uns werden Lastwagen durchgewunken. Mit welcher Erlaubnis nun die hier durch dürften, will Kuper wissen. Die würden nur einige Kilometer fahren, nicht nach Assuan, nicht in die Wüste.

Endlich fährt ein Militärjeep mit unseren Ausweisen davon, und wir folgen ihm in eine Kasernensiedlung. In einer Wohnung hält ein junger Offizier hinter einem Schreibtisch Hof, lässt sich das Telefon, das Funkgerät anreichen, während ihm unser Mann erklärt, wer wir seien, was wir wollen. Ein junger Mann in Jeans, roter Windjacke und schicker Sonnenbrille lehnt lässig im Türrahmen und mustert uns.

Auch der Vorgesetzte ist wegen der wilden Wüstentiere besorgt. Kuper erreicht jetzt einen Aggregatzustand nahe der Wasserverdunstung. Ich nehme ihn zur Seite und teile ihm meine Einschätzung der Lage mit: Auch mit Entrüstung sei hier nichts auszurichten. Ich versuche es erneut mit dem Journalistenausweis, reiche dem Offizier das Handy. Am anderen Ende spricht der Government Press Officer von Assuan auf unseren Offizier ein. Ohne Erfolg. Die Straße bleibt wegen wilder Tiere unbenutzbar. Wir sollen zurück nach Qosseir. Kuper zischt durch die Zähne, er werde hier auf gar keinen Fall Geld auf den Tisch legen. Lieber fahre er zurück, was uns allerdings einen weiteren Tag kosten würde. Ich habe keine Ahnung, wie man einem Offizier ein Bakschisch zukommen lässt. Also gehen wir, drohen mit dem General in Hurghada, hier sei das letzte Wort noch nicht gesprochen.

Wir sitzen eben im Wagen und wollen zurückstoßen, als der fesche Sonnenbebrillte an den Wagen tritt: „Es ist okay. Sie können fahren."

„Wie bitte?"
„Ja doch, fahren Sie!"
„How comes?"
„Sie können mich ein Stück mitnehmen."
Die Wendung bleibt auf ewig mysteriös, aber Kuper erscheint sofort wieder entspannt und freundlich. Also unterhalten wir uns über Deutschland, Fußball, Autos. Nach 30 Kilometern steigt unser Retter an einem kleinen Wallfahrtsort aus. „Das war bestimmt der Sohn irgendeines VIP", spekuliert Kuper. So ist das hier. Hast du Beziehungen, kriegst du alles.
Seit 20 Jahren arbeitet Kuper in diesem Land – und erregt sich immer noch über die Willkür eines Straßenpostens. Dabei kennt er die endlosen Zoll-Schikanen, die Bakschisch-Wirtschaft. Er hat das alles Dutzende Male durchlitten. „Sind wir erst mal in der Wüste, steht uns niemand mehr im Weg", sagt er. „In der Wüste sind wir frei."
Seit dem islamistischen Attentat auf Sadat 1981 ist Ägypten ein Land im militärischen Ausnahmezustand. An der mitunter auffälligen Militärpräsenz etwa vor Kairoer Moscheen bemerkt der Tourist, dass er sich in einem autokratischen Land erholt. Es gibt keine freien Wahlen, es herrscht Zensur. In Ägypten verschwinden Menschen ohne Anwalt und Prozess in Gefängnissen.[*] Das Regime fürchtet den wachsenden Einfluss der konservativen Muslim-Bruderschaft, ja der noch fundamentalistischeren Mullah und gewaltbereiten Islamisten. Viele Ägypter können sich durchaus nicht mit der Allmacht der Militärs abfinden. Es wird ihrem Langmut und ihrer Gutmütigkeit zugeschrieben, dass in den Vorstädten die Wut auf die Reichen und ihren Nepotismus nicht aufkocht. Obwohl das Mubarak-Regime vom Westen gestützt wird, drängten amerikanische oder europäische Regierungen bislang nie nachhaltig genug, das Land zu demokratisie-

---

[*] Zur Anwendung der Folter in Ägypten siehe den Bericht der Human Rights Association for the Assistance of Prisoners 2002, ein Schattenbericht an das UN Kommittee gegen Folter: http://www.hrcap.org/Reports2/torture2/torture.htm. In ihrem 7. Jahresbericht „Zur Lage der Gefangenen in Ägypten" (nur auf arabisch hier: http://www.hrcap.org/A_Reports/report47/report.htm) steht auf S. 7: „Noch immer ist die Anzahl der unter Administrativhaft Inhaftierten nicht bekannt... Wir schätzen die Zahl auf 16.000..." Der Bericht ist Anfang 2005 herausgekommen und deckt das Jahr 2004 ab. Diese Hinweise und die Übersetzung verdanke ich der Berliner Orientalistin Anna Würth.

ren und rechtsstaatliche Verhältnisse einzuführen. Eines gar nicht allzufernen Tages könnte es dafür zu spät sein.

In weiten Bögen geht es auf das 580 Meter hohe Plateau zwischen Rotem Meer und Niltal. Die Ebene links und rechts der Straße ist eingerahmt von kahlen Bergrücken. Was für eine Verschwendung von Landschaft, denke ich. Wie weit, wie leer, wie unverstellt alles vor uns liegt. Vereinzelte Zeugenberge stehen da, gleichsam Erosionspegel: ihre Geröllgipfel zeigen an, wie hoch einmal die von Wind und Wetter mitgenommene Ebene lag. Schon aus weiter Entfernung zeichnen sich Alamat auf Felsgraten ab, Wegweiser der Karawanenzeit: aufeinandergeschichtete Steine, ohne Ziel- und Kilometerangaben. Die Straße läuft auf ein enges Gebirgstal zu. Links und rechts auf den Felswänden entdecke ich Zeichnungen: Abbildungen von Kamelen und Menschen. Wir halten und Kuper fotografiert die Gravuren, notiert dazu die GPS-Daten.

Sträucher und Bäume fallen auf, weil sie so selten sind und Respekt abnötigen: Was für eine Leistung, hier auszuharren. Dürre Büsche wirbeln wie Wollmäuse über die Ebene, vagabundierende Bündel, tumbling weeds. Kuper erzählt, wie sie einmal Sandproben nach Köln mitgenommen, bewässert und gewartet hätten, ob irgendetwas aus ihnen wächst. Nichts. In der Wüste aber sprieße das Grün schon nach einem kurzen Regen aus dem gleichen Sand. Ihm sei das unerklärlich.

Immer wieder Schübe buntbemalter Sammeltaxis, bepackt mit Menschen, Kisten, Kanistern, Habseligkeiten; auf den Trittbrettern hinten stehen Jungs, winken ausgelassen lachend, halten sich mit einer Hand am Griff der offenen Tür, bei 80 km/h. Noch abenteuerlicher die gereckten Köpfe hoch oben auf den Lastwagenplanen; ein Schweif lauter Musik wirbelt vorbei, flatternde Gewänder im Fahrtwind, lachende, winkende Leute. Ich winke hinüber zu den mit Menschen vollgepfropften Pick-ups, und während sie begeistert antworten, drängt es mich, auch zu rufen, Massalama, ein Hochgefühl packt mich. Kuper hupt munter, schiebt Louis Armstrong ein und lächelt.

Am Abend das erste Grün, immer sattere Felder, Wasserkanäle, angepflockte Esel am Weg, käuende Büffel, hockende Männer sicheln Garben von Alexandrinerklee. Dann erdfarbene Lehmhäuser unter

Palmen, Schilfgras steht hoch am Kanal. Straßenkontrollen. „Salaam, my friend!" Die einen winken durch, andere erbringen den Nachweis ihrer Wichtigkeit und führen einen gleichgültigen Check durch. Unversehens ist es dunkel. Es geht durch spärlich elektrifizierte Dörfer, Kinder stehen am Straßenrand, die Alten sitzen vor den Häusern. Schließlich fahren wir ein in die lichterhelle Stadt Assuan. Die liegt unter verwirrender Beschallung. Aus allen Himmelsrichtungen dröhnen Megaphone über die mit Lichterketten geschmückten Gassen: Allu Akbar. Wie durch eine Membrane tauchen wir ein in diese Wolke aus Lärm und Licht und stickig lauem Abgasduft. Rechts liegen die Hotelschiffe am Nil, dazwischen Schiffrestaurants; links die Lichtreklamen der Banken, Shops, Cafés, Imbisse.

Kuper telefoniert mit Cornelius von Pilgrim. Das Grabungshaus auf Elephantine sei vollends belegt, bedauert von Pilgrim. Er könne seine Einladung leider nicht halten. Also fahren wir hinauf ins Hotel Basma, nur wenige Meter entfernt vom Nubischen Museum. Der Hoteldirektor, ein Nubier, lässt nach kurzer Verhandlung am Preis für ein Doppelzimmer nach, und so kommen wir in den Genuss eines schönen Zimmers mit Blick auf Assuan und den Nil. Wir duschen, greifen Gin und Tonic und setzen schon bald mit der kleinen Fähre über nach Elephantine, zusammen mit einem Dutzend nubischer Frauen und vier zotteligen Hammeln. „Die dürften den morgigen Tag kaum überleben", meint Kuper. Morgen beginnt der Eid. Ich verstehe immer Eat-Fest. Aber das dürfte es wohl auch treffen.

Durch dunkle, teils vermüllte, teils mit Waschwasser besprengte Gassen geht es zum „Deutschen Haus". Großes Hallo aus allen Winkeln des Hauses. Junge Leute, lesend, essend, begrüßen uns. Manche sitzen in den Arbeitsräumen vor ihren Laptops. Es mutet an wie ein Ferienlager, ein Archäologen-Kibbuz, allerdings wohl nur auf den ersten Blick romantisch. Wer hier Wochen zubringt, muss mit der Enge fertig werden, sagt von Pilgrim, hier gebe es keine Rückzugsmöglichkeiten. Cornelius von Pilgrim ist ein hochgewachsener, schlanker Mann Ende 30, seine attraktive, ruhige Frau heißt Beatrice; beide sind sonnenverbrannt. Die von Pilgrims arbeiten seit 15 Jahren auf Elephantine. Er habe sogar noch Willy Brandt hier herumgeführt, damals schon ein sterbenskranker Mann, aber immer noch so neugierig.

Trotz der Enge und der Arbeitsdichte sind wir willkommen. Bei Gin Tonic sitzen wir bis spät zur letzten Fähre. Wir erzählen vom Filmprojekt, von unseren Reiseplänen und dem Abstecher nach Kom Ombo zu Ashraf und Wahby. Es ist herrlich, auf der Terrasse am Nil unter den Nilakazien zu sitzen, der Blick auf das Felsengewirr. Feluken passieren, der Mond geht auf, Ziegen springen umher, Grillen zirpen. Die Archäologie hat was. Jedenfalls aus der Gin-Tonic-Perspektive.

Assuan
Dämme, Dörfer und Bewacher

Erster Arbeitstag. Die Suche nach Drehorten, Kamera-Perspektiven, Protagonisten beginnt. Ich soll alles fotografieren, hatte mich der Produzent angewiesen. Der Kameramann müsse einen Eindruck haben, wie es vor Ort aussieht. Der lokale Vertreter des Government Press Office erwartet uns pünktlich am Morgen im Hotelfoyer. Ein weiterer Ashraf, stämmig, höflich, beständig lächelnd. Er stellt uns zwei junge Polizisten vor, die ihre Maschinenpistolen auf dem Rücken tragen. Alles sei bereit, in Kupers Wagen Platz zu nehmen. Einen Militär-Vertreter müssten wir allerdings noch in der Stadt abholen. Die beiden Staudämme sind militärisches Sperrgebiet. Ohne Militärpolizei gehe nichts.

Ich habe schlecht geschlafen. Es muss gegen vier Uhr gewesen sein, zwischen Traum und Erwachen drang ein sonores Murmeln ans Ohr, das beständig lauter, unangenehm aufdringlich, ja bedrohlicher wurde, beinahe alptraumhaft. Ich versuchte, die Stimmen zu verdrängen und weiterzuschlafen, aber schließlich öffne ich die Augen und realisiere den Chor rufender Vorbeter, ein Dröhnen aus scheppernden Megaphonen, kein einladender Ton, sondern herrisch, beinahe militärisch. Ich trete auf den Balkon. Eine kalte, grüne Glut wabert aus der Stadt hinauf zur Hotelhöhe. Der Eid hat begonnen. Da unten kann bei dem Megaphonterror unmöglich jemand schlafen. Ich schaue auf den beleuchteten Hotelpool. Im Speisesaal wird das Frühstück eingedeckt. Das Personalgeplapper ist noch lauter als ihr Tellergeklirr. Kuper schläft unbeirrt.

Ein frischer Februarmorgen, die Luft mild und süß. Ein wunderbares Licht liegt auf den Dünen am Nil. Ob ich das ordinäre Hotelhochhaus des New Katarakt fotografieren sollte? Die unübersehbare, dickbauchige Kopten-Kirche? Je höher die Sonne steigt, desto ernüchternder wirkt die Stadt: Die Corniche ist nicht berühmt, das Marktviertel schäbig. Deshalb zeigen Fernseh-Dokumentationen Basare wohl bevorzugt unter abendlicher Beleuchtung. Am Tag sind die Auslagen weniger bunt, das Gewusel der Menschen weniger wohlig, Tee trinkende, Schischa rauchende Herren muten weniger ausgeruht an. Ich fotografiere also nicht. Jedenfalls keine touristischen Motive, überhaupt bestehe ich auf exklusiven Perspektiven. Ich werde keine Ansichtskartenmotive nach Hause bringen: Nicht das Old Katarakt mit Agatha-Christie-Balkon, nicht den liegenden Obelisken in den antiken Steinbrüchen, nicht die Gärten auf Kitchener Island, nicht das Grabmal des Aga Khan. Bin ich Tourist!

Das Problem ist nur: All das macht den Charme dieser Stadt aus, das, was aus Kolonialzeiten übriggeblieben ist, vom 19. Jahrhundert, als Assuan noch das „Nizza der ägyptischen Côte d'Azur" war. Das Licht, die Gesichter der orientalisch gewandeten Menschen, das Goldgelb der Wüste jenseits des Nil, ein morgenländischer Brodem, der aus Hausfluren atmet, aus vermüllten Straßengräben und dem Nil aufsteigt, aus Abgasen und Basarständen, diese verführerische Promenadenmischung aus dem Dung der Droschkenpferde, Schischatabak und Dieseldunst. Da liegt er, der Bilderbuch-Nil, den jeder aus der Agatha-Christie-Verfilmung „Tod auf dem Nil" kennt: die weißen Felukensegel, die pittoresken Felsen von Elephantine, der kilometerlange Konvoi fünfstöckiger Hotelschiffe, nilabwärts in Viererreihen nebeneinander vertäut.

Noch vor 150 Jahren lagen hier Sklavenschiffe aus dem Sudan, die die Schwarzen aus dem Inneren Afrikas zu den arabischen Märkten brachten: Abessinier, Nubier. Alfred Brehm notierte 1847 in seinem Reisetagebuch:

Das heutige Assuan verdient den Namen einer Stadt nicht mehr. Es hat nur wenige und schlechte Kaufhallen, in denen man oft weder Käufer noch Verkäufer sieht, und ist der Sitz einer ägyptischen Maut, weil alle nach dem Sudan gehenden und von daher kommenden Waren hier versteuert werden müssen. Für die Sklaven, welche ja im Orient überall als Ware betrachtet werden, ist die Steuer sehr hoch. Wahrscheinlich lagen wegen der Versteu-

erung ihrer Neger und Negerinnen während unseres Aufenthalts mehrere Sklavenhändler einige Tage hier. *Man bot uns ein sehr niedliches Gallamädchen zu dem Preise von achtzehnhundert Piastern an; Negerknaben und Negermädchen waren viel billiger.*

Assuan ist seit je her der letzte ägyptische Zoll- und Handelsplatz für Waren aus dem Inneren des Kontinents, Station der Elfenbeinroute, Rastplatz der Karawanen, Grenz- und Militärposten, Gouverneurssitz, letzter Stopp vor den Katarakten, die ein zu überwindendes Hindernis waren, von der Antike bis zum Bau des Assuan-Damms. Die Expeditionen der Pharaonen umgingen die tosenden Riffe und schoben ihre Boote über eine Rutsche aus Holzplanken nilaufwärts. Heute riegeln hier zwei Dämme den Fluss ab. Der alte englische Damm hatte noch eine Schleuse, für den Sadd el Ali war die zu teuer. Für Schiffe aus dem Süden wie dem Norden ist hier Schluss.

Wir halten also vor einem Kasernentor. Unser Militärvertreter, kaum 25 Jahre alt, ist offensichtlich übellaunig – ausgerechnet am Eid muss er zwei Journalisten zum Damm begleiten. Das Auto ist jetzt so voller Maschinengewehre, dass Ashraf einen der beiden Polizisten bittet daheimzubleiben. Der freut sich, was unseren Mann noch griesgrämiger macht.

Wir fahren zum alten britischen Damm. Eigentlich müsste mein Film hier beginnen: Der Bau war der Anfang vom Ende Nubiens. Errichtet zwischen 1898 bis 1902 stellte er den bis dahin größten Eingriff in das Flusssystem seit der Antike dar. Um ihre Baumwoll-Monokulturen bewässern zu können, errichteten die britischen Protektoratsherren damals weitere Wehre, nach „Le Barrage du Nil" nördlich von Kairo die Dämme in Assiut, Sifta, Esna, Nag Hammádi und die Mohammed-Ali-Barrage zur Bewässerung des Deltas. Den Rohstoff für ihre Textilindustrien in Lancashire transportierten sie auf einer eigens dazu gebauten Bahnlinie ab.

Imposant liegt der Damm da, ein aus Assuan-Granit gemeißelter Steinriegel, der in zwei Kilometer langer, schnurgerader Linie auf das andere Ufer zuführt. Wir halten in einer Kurve unterhalb des Damms. Fernseh-Aufnahmen seien nur von diesem Punkt aus erlaubt, erklärt Ashraf.

„Wieso nur dieser eine Punkt?", frage ich.

„Militärische Sicherheitsmaßnahme!"
Die Kamera kann also nur aus halber Höhe hinüber auf die andere Nilseite schwenken. Kein gutes Bild. Früher rauschte und zischte durch zehn Panzerschleusen die weißschäumende Gischt des Nil. Das Brausen des Wassers verschlang jeden Laut. Jetzt zischt hier gar nichts. Ich hatte gehofft, das Bauwerk im Film beeindruckend in Szene setzen zu können, und wende ein, den Damm auf Fotografien auch schon aus anderer Perspektive gesehen zu haben. Das beeindruckt unseren Militär nicht. Ob ich denn vielleicht von unten nach oben fotografieren... Der Mann schüttelt wortlos den Kopf. Also fotografiere ich, was ich kriege: die Staumauer, davor die Palmengärten im alten Nilbett. Auch oben auf dem Damm ist Fotografieren verboten. Auch aus dem Fahrzeug. Halten ist ebenfalls nicht gestattet. Das fängt ja gut an, sage ich zu Kuper. Das Ganze ist lächerlich. Jeder Tourist kann aus dem Reisebus unbehelligt Fotos machen, nur ich nicht.

Zweimal wurde der britische Damm auf jetzt 42 Meter erhöht, 1907 bis 1912 und 1929 bis 1933. Fünf Milliarden Kubikmeter Wasser enthielt der damalige Stausee, der sich auf 295 Kilometer aufstaute und damals schon zwei bis drei Ernten im Jahr ermöglichte. Er musste allerdings jeden Frühsommer abgelassen werden, weil der Damm der zwischen Juli und Oktober hereinbrechenden Nilflut nicht gewachsen war. Der Assuan-Damm hat den Lauf des Nil völlig verändert. An sein ursprüngliches Kataraktgebiet erinnern nur noch Reisebeschreibungen wie die Brehms:

Die Umgebung desselben ist wildromantisch. Die Gebirge treten in einem weiten Bogen zurück, der Nil braust über ihre Ausläufer hinweg. Schwarzglänzende Syenit- und Porphyrmassen, teils in ungeheuren Felsen vereinigt, teils wie von der Hand eines Riesen durcheinander geworfen und zusammengeschichtet, teilen den Strom in Hunderte von kleinen, rauschenden Bächen, stauen ihn in den durch ihr Zurücktreten gebildeten Kessel auf und zwingen ihn, seine Fluten mit donnerndem Schwall über sie hinwegzustürzen. Nur schmale Kulturstreifen ziehen sich dicht an seinen Ufern dahin, die Gegend ist tot und öde, aber dennoch schön.

Nach dem Bau des britischen Damms verlor der Katarakt an Spektakularität, seit dem Bau des Sadd el Ali liegt er vollends unter Wasser.

Unter Archäologen gab es bereits gegen die Baupläne der britischen Verwaltung „einen tiefen berechtigten Unwillen". Der amerikanische Ägyptologe Henry James Breasted und sein deutscher Freund und Kollege Ludwig Borchardt protestierten gegen den vorgesehenen Standort. „Denn sie (d. i. die Briten) errichteten den gewaltigen Damm (...) gerade unterhalb statt oberhalb der Insel Philae und nahmen damit in Kauf, dass die liebliche architektonische Reliquie der Ptolemäischen Zeit neun Monate lang unter Wasser stand." In Frankreich protestierte der Dichter Pierre Loti mit seinem Buch „Der Tod von Philae". Aber es obsiegten die Baumwollindustrie, das Finanzministerium und „die fundamentale Philisterei der britischen Regierung", so Breasted. Die trübe Flut wusch die farbigen Wandbemalungen der Tempel aus und setzte dem weichen Sandstein zu.

Der britische Dammbau veranlasste die ersten „Nubischen Kampagnen". Der amerikanische Archäologe George A. Reisner untersuchte beide Nilseiten von Schellal, gegenüber von Philae, stromaufwärts bis Wadi es Sebua, eine Strecke von 160 Kilometern. Zwischen 1907 und 1911 gruben Reisner und sein Kollege Firth rund 8.000 Gräber auf 151 Friedhöfen aus. Die Universitäten von Pennsylvania, Oxford, Wien und die deutsche Sieglin-Expedition schickten archäologische Teams aus. Kuper erzählt, auch eine prähistorische Kampagne sei vom Chicago Oriental Institute durchgeführt worden. Als der Damm dann erneut angehoben wurde und damit der Stausee weitere Regionen überflutete, gab es in den Jahren zwischen 1929 bis 1934 weitere Notgrabungen bis in den Sudan. Während dieser ersten internationalen Kampagnen auf dem Gebiet des heutigen Nasser-Sees wurden auch Reste eines Staudamms aus pharaonischer Zeit entdeckt.

Wir fahren auf der westlichen Nilseite bis zum Sadd el Ali, sieben Kilometer südlich von Assuan. Rechts der Straße schwingen Stromleitungen von Mast zu Mast bis weit hinter den Horizont. Wir sind zwar bei der „Aswan High Dam Authority" angemeldet, wegen der Feiertage ist aber kein Ingenieur greifbar. Schließlich findet sich ein Geologe, der für uns in einem tiefgekühlten Sitzungssaal bekannte Rekorddaten radebrecht: 3840 Meter lang, 105 Meter hoch, die Sohle ist 980, die Dammkrone 40 Meter breit, errichtet an einer engen Stelle vor dem ersten Katarakt. Gebaut von zeitweise 20.000 Arbeitern, beschäftige die High Dam Authority heute noch 2000 Menschen. Der Damm erzeuge mit seinen zwölf Turbinen jährlich zehn Milliarden Kilowattstunden Strom und habe immer noch einen Anteil von 17 Prozent an der ägyptischen Stromerzeugung.

Der Geologe erzählt von der nationalen Tat des Gamal Abd el-Nasser und legt ein leierndes Video mit grünstichigen Bildern ein: Der 9. Januar 1960. Nasser und der sowjetische Staatschef Chruschtschow drücken gemeinsam den Knopf für die Sprengungen am ersten Katarakt und damit zum Bau des Dammes. Es werden viele ägyptischrussische Völkerfreundschaftsfähnchen geschwungen. Nasser lächelt stolz und milde als Vater der Nation. Er baut eine „Mauer gegen den Hunger", den „Vater aller Dämme". Chruschtschow blickt dagegen eher misstrauisch in die Runde. An diesem Tag sterben viele Schaulustige. Sie stehen zu nahe am Ufer des noch leeren Umleitungskanals für den Nil, unterschätzen die Kraft des eingeleiteten Wassers und werden von der Gewalt der heranbrausenden Flut mitgerissen.

Die Russen bauten zwar nicht den größten Staudamm der Welt, aber den größten seiner Art – eine geschüttete Talsperre. In seinem Kern besteht der Damm aus gewaltigen Mengen Steinschutt, Felsblöcken, Geröll, Sand und Tonmaterial, 17 mal die Masse der Cheops-Pyramide, sagt der Geologe. Hatte der englische Damm den Nil bis Wadi es Sebua aufgestaut, liegt hinter dem Sadd el Ali heute ein rund 500 Kilometer langer Stausee, mit einer Wassermasse zehnmal so groß wie der Bodensee, maximal 164 Milliarden Kubikmeter, sagt der Geologe. Lange Zeit war der Nasser-See mit 6000 km² Fläche das größte von Menschenhand angelegte Binnenmeer der Welt. Regelmäßig werde gemessen, ob sich der Damm unter dem enormen Wasserdruck bewege.

Die Gründe für den Dammbau waren damals, und sind noch heute, völlig überzeugend: Es war eine Frage des Überlebens. 1960 war Ägyptens Hungersterblichkeit höher als die Indiens, so ein UNO-Gutachten. Die Bevölkerung hatte sich seit dem Bau des englischen Damms verdreifacht. Das Staatsgebiet umfasst etwa eine Million Quadratkilometer – aber nur vier Prozent davon waren Kulturland. Man ging davon aus, dass der neue Damm Ägyptens Ackerboden vermehren und sein elektrischer Strom das Land ins Industriezeitalter katapultieren würde. Tatsächlich vervielfachte sich die landwirtschaftliche Nutzfläche Ägyptens. Ohne das neue Trinkwasserreservoir hätte das Land die Dürre der 80er Jahre nicht so glimpflich überstanden. Der Sadd el Ali schuf das moderne Ägypten und ist nach wie vor ein Motor des Landes.

Die Pläne für den Superdamm hatte der deutsche Kaufmann Rudi Stärker bereits 1952 dem damals 34-jährigen Oberst Nasser vorgelegt. Noch im gleichen Jahr schloss Ägypten mit den von Stärker vertretenen Firmen, der Essener Hochtief AG und der Dortmunder Rheinstahl Union Brückenbau AG, einen Vertrag über Versuchsbohrungen in der Gegend südlich von Assuan. Erst nach drei Bohrungen stieß der Meißel in 200 Meter Tiefe auf Granit, in dem später die Betonstützen verankert wurden. Die Deutschen erhielten den Zuschlag für den Bau des damals ca. 2,5 Milliarden DM teuren Baus. Kredite der Weltbank, Hermes-Bürgschaften und US-Dollars wurden bewilligt. Es wäre ein hübscher Auftrag für das sich damals ins Wirtschaftswunder rackernde Deutschland gewesen. 1956 aber platzte das Geschäft.

Nasser hatte bei den Amerikanern moderne Waffen geordert, die er auf Betreiben Churchills aber nicht erhalten sollte. Stattdessen rüsteten die USA Israel auf. Trotzig tauschte Nasser daraufhin tschechische Waffen gegen ägyptische Baumwolle, was den US-Außenminister und „Falken" John Foster Dulles zu der brüsken Reaktion veranlasste, die US-Kreditzusage für den Staudamm zurückzuziehen. Auf US-Druck hin annullierten auch die Engländer und die Weltbank ihre Finanzzusagen. Damit war das westdeutsche Baukonsortium aus dem Geschäft. Der politische Konflikt eskalierte: In einer Nacht-und-Nebel-Aktion ließ Nasser am 26. Juli 1956 den Suez-Kanal verstaatlichen und die Konten der französisch-britischen Kanal-Gesellschaft beschlagnahmen. „Wir werden das Geld für den Bau von Assuan verwenden", rief Nasser und löste damit die erste Suez-Krise aus.

Englisch und französische Fallschirmjäger besetzten die Kanalzone, bombardierten Kairo und ebneten Port Said völlig ein. Über 1.100 ägyptische Zivilisten wurden getötet; gleichzeitig rückten israelische Truppen auf die Sinai-Halbinsel vor. Die Kampfaktionen wurden erst eingestellt, als die Russen mit dem Einsatz der Atombombe drohten und die USA und die UN zwischen den Fronten schlichteten. Die Europäer zogen ab, der Kanal wurde geräumt. Nasser hatte sich durchgesetzt, Ägypten erhielt die Kanalgebühren, und die Russen bauten den Damm nach deutschen Plänen. Chruschtschow glaubte bereits einen Fuß in der arabischen Welt zu haben. Doch der Nationalrevolutionär Nasser hatte die Monarchie nicht abgeschafft, um dann Diener neuer Herren zu werden. Die ägyptisch-sowjetische Freundschaft verschaffte zwar dem ostdeutschen Staatschef Walter Ulbricht eine Sommerfrische in Assuan und der DDR damit die erste internationale Anerkennung als Staat. Aber die Ägypter blieben blockfrei. Die offizielle Einweihung des damals größten Wasserkraftwerks der Welt hat Nasser 1971 nicht mehr erlebt.

Auf Nassers Agenda stand in den 50er Jahren bereits das New Valley-Projekt. Die „Go West"-Propaganda ist also älter als das Toshka-Projekt. Sie verkündete damals schon: So wie in der Antike können die Wüstengebiete wieder Früchte und Getreide liefern. Nasser wollte in der Oase Kharga Brunnen bohren und Reis anbauen lassen. – Reis in der Wüste! Dafür brauchte er verdammt viel Wasser.

Ich hatte nicht erwartet, dass der Ingenieur etwas über die ökologischen Auswirkungen des Sees sagen würde und bitte ihn auch nicht um offiziöse Stellungnahmen. Die Folgen von einigen tausend Staudämmen rund um den Globus sind ja doch immer die gleichen.[*] Ein Stausee verändert das Wetter. Der ewig wolkenlose Himmel über Assuan ist passé. Es regnet bisweilen, was den Inhabern von Lehmhäusern Probleme bereitet. Der Damm ermöglicht die ganzjährige Bewässerung einer um ein Vielfaches vergrößerten Landwirtschaftsfläche. Dazu gibt es beeindruckende Statistiken von Landgewinnungsprojekten – über den gleichzeitigen Verlust fruchtbarer Böden wird öffentlich eher selten gesprochen[**]. Dazu kommt: Die durch den

---

[*] Nach der Definition der Internationalen Kommission für Großstaudämme (ICOLD) hat ein Großstaudamm eine Höhe von 15 Metern oder mehr. Nach dieser Definition gibt es weltweit über 45.000 Großstaudämme. Siehe dazu „Staudämme und Entwicklung: ein neuer Rahmen zur Entscheidungsfindung. Ein Überblick." Weltkommission für Staudämme. November 2000. www.dams.org
[**] Prof. Kamal T. Ewida von der Zagazig Universität, Ägypten, nennt in seinem im Sommer 2005 in Bonn gehaltenen Vortrag „The State of Enviroment in Egypt and

Damm verlangsamte Fließgeschwindigkeit des Nil hat gravierende Auswirkungen auf das Flussdelta. Weil der Fließdruck des gestauten Nil nachgelassen hat, dringt das Meer weiter landeinwärts und versalzt fruchtbare Deltaböden. Außerdem nagt das Meer heftig an den Küsten, weil der Fluss dort keinen Nilschlamm mehr ablegt. – Ich erspare Kuper und dem Geologen eine ökologische Grundsatzdebatte. Es wäre ja auch ein historischer Kettenwitz: Erst reißen sich Deutsche darum, den Damm zu bauen, 40 Jahre später erklären sie, warum er besser nie gebaut worden wäre.

Auf dem Damm will ich ein paar Fotos machen, aber unser Militärpolizist stellt sich wacker in die Schusslinie. Nein, darüber nicht. Nein, da hinunter auch nicht. Nein, nicht das Kraftwerk. Unmittelbar neben mir knipsen Bustouristen munter auf das Umspannwerk hinter den Turbinen. Mir platzt fast der Kragen. Dieses Monstrum als militärisches Geheimnis schützen zu wollen, sei doch ein lächerliches Unterfangen, sage ich zu Ashraf, jeder Aufklärungssatellit liefere bessere Aufnahmen als ich mit meiner Schnipp-Schnapp-Kamera. Ich denke an die Abu-Simbel-Filmer Horst Nagel und Wolfgang Kohl, denen vor 40 Jahren auch keine Totale auf den Damm erlaubt wurde. „Die Ägypter haben halt Angst", erklärt Kuper, „bei einer kriegerischen Auseinandersetzung könnte eine Rakete den Damm zerbrechen." Damit drohte Saddam Hussein während des ersten Golfkrieges. Die Ägypter standen auf US-Seite und damit zwischen den Fronten.

Hinter dem Damm liegt tranig der See. Südwestlich in Sichtweite steht der Tempel von Kalabscha, den die Deutschen am Originalstandort zerlegten und hier wieder aufbauten. Ashraf fragt versöhnlich, ob ich den auch sehen wolle. Ich danke. Wir fahren nach Philae. Ich weiß nicht, was ich da soll. Um die Geschichte der Nubischen Rettungsaktion zu erzählen, wäre es besser, eine dreitägige Schiffsreise über den Nasser-See bis nach Abu Simbel zu machen. Die Ho-

---

its Effect on Cultural Heritage" folgende Zahlen: „It has been estimated that between 1960 and 1990 about 750.000 feddan were lost to non agricultural uses. Since 1990, the average loss of agricultural land has been estimated at 30.000 feddan per year." Im Vergleich dazu: In Toshka sollen insgesamt 540.000 Feddan Wüstenboden kultiviert werden.

telschiffe fahren die umgesetzten Nubischen Tempel in Neu Amada, Neu Sebua und Qasr Ibrim an. Auch Straßen führen zu den archäologischen „Sites". Mehrere einst allein stehende Tempel sind zu Ensembles zusammengestellt. Aber für eine Dampferfahrt habe ich keine Zeit.

Überhaupt bin ich nicht in Stimmung für Sightseeing. Ich soll hier nach Leuten suchen, aber unsere „Betreuer" sind ständig um uns. Die Bilder der Dämme sind so spannend wie Ansichtskarten von Talsperren in der Eifel. Als wir trotz unserer Presseausweise für die „Perle Ägyptens" Eintritt zahlen müssen, könnte ich gerade wieder aus der Haut fahren: Verdammt, wir wollen einen Film machen, der das Reiseland Ägypten immerhin zur besten Sendezeit zeigt. Könnten sie uns da beim Eintritt nicht wenigstens entgegenkommen? Stattdessen listet mir Ashraf die Kosten für Drehgenehmigungen auf. Für Philae kassiert der Antikendienst 4000 Pfund pro Tag, für Nachtaufnahmen kommen Zuschläge drauf; auch die Sound- und Lightshow kostet extra. Was für eine „Abzockerei", fluche ich leise – und völlig zu Unrecht. Auch Filmemacher verdienen Geld mit den Bildern ägyptischer Antiken. Da ist es nur recht und eigentlich auch billig, einen Abschlag in ihre Teekasse zu geben.

Philae liegt im Binnensee zwischen altem und neuem Damm. Eine Flotte von bunt bewimpelten Truppentransportern pendelt zwischen Ufer und Eiland. Wir passieren Granitfelsen, auf denen sich ein zwei bis drei Meter hoher dunkler Rand abzeichnet, wie der Schmutzfilm in einer abgelaufenen Badewanne. An der Stelle, an der die Philae-Tempel einst standen, ragen Stahlträger aus dem Wasser. Warum wurde die Tempelanlage zwischen 1972 und 1980 überhaupt auf die benachbarte höhere Insel Agilkia umgesetzt? Der Wasserpegel zwischen den Dämmen hätte doch problemlos auf niedrigem Niveau gehalten werden können? Ashraf zeigt auf den Wasserrand der Felsen: Der Pegel des Binnensees, der etwa 40 Meter tief ist, steige jede Nacht um drei bis vier Meter, wenn der High Dam die Turbinen zur Stromerzeugung anwerfe. So liegt Philae heute in einem Balancebecken, das sich mit der Stromproduktion ständig hebt und senkt.

An den Hängen graue, verlassene Ruinen nubischer Dörfer. Schellal (Katarakt), einst Ausflugsziel, wurde bereits 1902 geräumt. Drüben die verlassene Moschee von Balal; die Insel Heza ragt noch aus dem Binnensee. 1000 Nubier leben noch dort. Auch das Dorf Awat sei noch bewohnt, sagt Ashraf. Das könnte man alles drehen, notiere ich. Natürlich auch Philae. Aber welch prosaisches Ambiente. Die Romantik des Ortes ist in alten Reisebeschreibungen konserviert. Brehm hat Philae noch im alten Zauber beschrieben:

> *Inmitten dieses Felsenchaos liegt die Palmenbestandene, grünende Insel Philae mit ihren Tempelruinen. Man glaubt ein Feenschloss vor sich zu sehen, wenn man sie zum ersten Male erblickt. Ernste, gegen die dunklen Felsenmassen aber doch freundliche Tempel, in der tiefen Stille der Einsamkeit nur umtobt von den immer und immer von neuem dahinrollenden Wasserstürzen, eingerahmt von balsamduftenden Mimosen und schlanken Palmen, steht an einem zur Verehrung der alten Gottheiten Ägyptens passenden Orte, wie es keinen zweiten, ähnlichen geben kann.*

Kuper erklärt, dass auf Philae die Priester den jahrtausendealten Kult der Isis noch zelebrierten, lange nachdem Augustus dem Pharaonenreich ein Ende gemacht und sich das Christentum als römische Staatsreligion durchgesetzt hatte. Erst im Jahr 535 wurde der Kultbetrieb auf Philae durch Kaiser Justinian offiziell untersagt. Die Ägyptologen zweifeln allerdings, ob die Isis-Priester des 6. Jahrhunderts wirklich noch über intime Kenntnisse ihrer eigenen Zeremonien verfügten. Wahrscheinlich hätten sie Hieroglyphen damals nicht mehr lesen können. Es waren wohl nur noch einstudierte Gesten, ein Relikt aus einer untergegangenen Epoche. Während die Epigonen der Pharaonenzeit auf Philae noch ihren Museumsdienst versahen, war die Gottesmutter Isis, die ihren Sohn Horus auf dem Schoß trägt, im 6. Jahrhundert längst in Nordeuropa angekommen. Römische Söldner trugen ihren Kult nach Rom, ja bis nach Köln. Dort wirkt sie bis heute – als Urbild der Madonnenverehrung. Ohne diese Migranten tanzten wir noch um Wotan-Eichen.

Wir müssen zurück ins Hotel. Wir sind uns einig, dass wir Ashraf, den Polizisten und seinen sphinxhaften Militärkollegen loswerden müssen. Es hat keinen Sinn, sich mit einem Staatstross zu bewegen. Wie will man unter ständiger Beobachtung „normale" Leute kennenlernen? Also geben wir vor, für heute genug gesehen zu haben. Wir

würden am Abend den Direktor des Nubischen Museums besuchen, da könnten wir aber auch alleine hin. Ashraf aber wehrt freundlich ab. Wo immer wir hingehen möchten, werde er uns gerne begleiten – und auch der Kollege von der Polizei stehe ganz zu unserer Verfügung. Das sei wirklich nicht nötig, danken wir. Im Museum und auf Elephantine fänden wir uns gut zu Recht. Auch den Weg nach Kom Ombo würden wir gut alleine finden.
Kom Ombo? Abu Simbel Gedid? Ashraf ist überrascht, von der Tour wisse er nichts. Ob wir diese Fahrt angemeldet hätten? Wir erklären ihm, es handele sich um eine private Einladung zum Eid. Ashraf lächelt freundlich. „Ohne offizielle Genehmigung und ohne Militär-Konvoi können Sie die Straßensperren am Stadtrand von Assuan nicht passieren." Die Kosten für den Konvoi nach Kom Ombo, sagt Ashraf, hätten allerdings wir zu übernehmen. Auch er werde uns begleiten müssen. Für seine Unterbringung und Verpflegung sei in dieser Zeit zu sorgen. Er bittet um Namen und Anschrift unserer Freunde in Abu Simbel Gedid, für die polizeiliche Überprüfung.
Ich zögere. Sollen wir mit einem Geleittrupp bei der Familie der beiden jungen Männer anrücken? Wie sieht das aus, an einem Feiertag die Polizei ins Haus zu bringen! Für mich sind die beiden Nubier eine einmalige Chance, Protagonisten für den Film kennenzulernen. Aber wenn der Kontakt die beiden in Schwierigkeiten bringt? Kuper hat bislang nichts zu meinem Kom Ombo-Ausflug gesagt, jetzt gibt er zu bedenken, dass wir bereits zwei Tage in Kairo verloren haben. Ein Abstecher nach Kom Ombo würde uns weitere zwei Tage kosten. Es bliebe uns keine Zeit für die Wüsten-Exkursion. „Ich muss mehr über das Toshka-Projekt erfahren. Dazu bin ich hierher gekommen."
– Also entscheide ich mich schweren Herzens gegen den Abstecher.

Elephantine, die „Stadt inmitten des Flusses", die älteste Siedlung diesseits des Katarakts, war schon in der Antike als „Elephant" bekannt. Viel ließ der Sturm der Zeiten nicht übrig. Kambyses, König der Perser und Meder (522 v. Chr.), ließ die Tempel plündern – dafür verschluckte ihn die Wüste mitsamt seinen Mannen. Alexander der Große schickte seine Steinmetze und Kunsthandwerker. Ein Relief zeigt den Eroberer in pharaonischer Vermummung. Die Römer bauten den Chnum-Tempel monumental aus. Von den stolzen Anlagen der 4000-jährigen Stadtgeschichte blieb, zumindest für mich, nur ein wirres, staubiges Trümmerfeld. Die Archäologen montierten einige Tempel aus Reststücken. Der Ausgrabungschef, in zerfranstem Strohhut und verschwitztem Hemd gerade seinem preziösen Sandkasten entstiegen, führt uns vor eine dunkle, vielleicht fünf Meter hohe Lehmwand. Er macht auf die Zeichnung des Geländeschnittes aufmerksam: Mit dem Finger fährt er mehrere durchgebogene Linien nach, die sich durch winzige Steinchen und Scherben bilden. Jede dieser Lagen aus gepresstem Staub bildete einst eine Straßendecke. „Dies hier ist ein Schnitt durch eine Straße, die 1.500 Jahre lang existierte und zwei- bis dreitausend Jahre alt ist. Jede Deckschicht überlagert eine ältere. In mancher Schicht sind noch die Fußabdrücke der Menschen erhalten, die auf der Straße Nilschlamm walkten für den Mörtel zum Reparieren ihrer Häuser." Die Stadt wuchs auf ihren eigenen Ruinen in die Höhe, und mit ihr kletterte die Straße empor, Dreckschicht um Dreckschicht. In jeder dieser Lagen finden die Archäologen Informationen über die jeweilige Situation in der Stadt.

Von Pilgrim führt uns zu einem anderen Mauerstück. Was wir hier sehen, ist eigentlich eine archäologische Sensation. In antiken Texten ist zuverlässig ein Jahwe-Tempel belegt, den jüdische Söldner hier einst erbauten. Die Beschreibung ist recht präzise: Der Platz des Tempels werde durch die Lage benachbarter Grundstücke und die Namen ihrer Eigentümer beschrieben. „Vor ein paar Jahren haben wir die Tempelmauern tatsächlich gefunden. Der Befund stimmt genau mit der antiken Beschreibung überein, die Grundstücksgrenzen, die Nachbarhäuser. Aus wissenschaftlicher Sicht ist das eine tolle Entdeckung, die sicher breites Aufsehen erregen würde. Aber mit Rücksicht auf die politischen Verhältnisse in Ägypten verzichteten wir darauf, das an die große Glocke zu hängen." Ich verstehe nicht ganz, wo sei das Problem? Vor zwei Jahren, erzählt von Pilgrim, hätten sie einen Touristen aus Israel über die Grabung geführt, einen belesenen, hervorragend informierten Mann, der sich zuletzt just zu diesen Mauerresten bringen ließ. „Wir haben uns dabei zunächst nichts weiter gedacht. Aber als der hier oben stand, erklärte er plötzlich, wir hätten bestimmt nichts dagegen, wenn er seine Gebetsriemen heraushole und hier ein Gebet spreche. Denn er stehe auf geweihtem Boden. Wir konnten den Mann gerade noch davon abhalten. Stellen Sie sich vor, was passieren würde, wenn die ägyptische Presse davon erführe. Wir hätten noch in der gleichen Nacht islamische Fundamentalisten auf dem Gelände. Die würden hier keinen Stein auf dem anderen lassen."

Der Innenhof des Grabungshauses ist vollgestellt mit Kisten und Kartons, die Stellagen an den Mauern und in den Fluren sind eng bepackt mit Kisten, in die die Archäologen ihre sauber etikettierten und nummerierten Scherben packen. Überall pinseln, kratzen, spachteln emsige junge Leute an Scherben. Es wird vermessen, fotografiert und gezeichnet. Was mir als romantische Idylle vorkommt, ist tatsächlich harte Arbeit: Die Grabungssaison sei gemessen am enormen Pensum immer zu kurz, verstehe ich; in der oft stechenden Hitze, angesichts des Staubs und des notgedrungenen Verzichts auf gewisse Bequemlichkeiten aber auch manchmal elend lang.

Am Rande des Grabungsfeldes wachsen Scherbenhalden empor – der Abraum der seit Jahrzehnten andauernden archäologischen Kampagnen. Während die durchgesiebten Schuttberge wachsen, schrumpft die Stadtruine von Elephantine und wandert penibel sortiert und akkurat registriert in die Magazine. Jahr für Jahr kratzen die Wissenschaftler jene Schichten ab, die über Jahrhunderte hinweg von Generationen von Inselbewohnern festgetreten wurden. Der Rest ist Halde.

Ich frage von Pilgrim, ob das sinnvoll sei: Das Objekt des wissenschaftlichen Interesses werde systematisch zerstört, verschwinde einfach. „Das ist das Paradoxon der Archäologie", belehrt er mich. „Wir zerstören das, was wir erforschen." Das sei traurig, gewiss. Eines Tages würden vom antiken Elephantine nur noch einige rekonstruierte Steinbauten übrig bleiben. Die Lehmziegelmauern würden größtenteils verschwinden. Über der gesiebten Kulturgeschichte, diesem wilden Reste-Mix, werde immerhin Gras wachsen. Elephantine aber erstehe in den Archiven der Archäologen aufs Neue. In wissenschaftlichen Publikationen, Zeichnungen und Computeranimationen liegt das Skelett, sauber seziert und digital reanimiert.

Ich nehme mir eine Scherbe von der Halde und bitte von Pilgrim mehr aus Spaß um eine Expertise. Der begutachtet das Stück, zuckt mit den Schultern, wirft es zurück auf den Haufen. „Römisch", sagt er, so als handele es sich um eine störende Dreingabe. Tonnenweise würden sie römischen Tupper finden. Warum erlaubten sie den Touristen nicht, sich hier ein Souvenir mitzunehmen? „Daran haben wir auch schon gedacht. Man könnte an der Pforte Scherben gegen Kleingeld abgeben. Damit ließe sich der knappe Grabungsetat sicher aufbessern. Wir haben da nur ein rechtliches Problem: Die Scherben gehören dem ägyptischen Staat. Außerdem fürchten wir, sind die Touristen dann rasch dabei, auch Scherben aus unserer Grabung zu ziehen."

Wir sitzen im Schatten der Bäume auf der Terrasse des „Deutschen Hauses" und erwarten den Sonnenuntergang. Segel ziehen vorüber, die Sanddünen verändern ihre Farben, von hellem Weißgelb zu einem immer satteren Goldgelb; drüben liegen die Grabmäler des Aga Khan und des heiligen Muhsa, des Schutzpatrons des ersten Kataraktes. Brehm hatte noch eine andere Flusslandschaft beschrieben:

Im Strome türmen sich schwarz glänzende Granit- und Syenitmassen zusammen und hemmen im Sommer die Schiffahrt. Dann erscheint die Insel Elephantine wie ein lieblicher Garten und mit ihr Assuan. Bei hohem Nilstande kann man zu Schiff direkt bis an die Stadt gelangen, bei niederem Wasser muss man, am rechten Ufer hinfahrend, die Insel umschiffen und mit großer Vorsicht sich zwischen den letzten Felsbrocken der Stromschnelle hindurchwinden. Dann findet man in höchst romantischer Lage zwischen Granitblöcken mit Hieroglyphenbildern ein stilles Ankerplätzchen, zu welchem nur das ferne Tosen des Katarakts dringt, dicht oberhalb der Stadt.

Beim Tee auf Elephantine, angesichts der perfekten Filmkulisse, bin ich ausgesöhnt mit der unbefriedigenden Ortsbegehung am Morgen. „Haben Sie von dem schweren Eisenbahnunglück letzte Nacht gehört?", fragt Beatrice von Pilgrim. Der Nachtzug von Kairo nach Assuan sei fast völlig ausgebrannt, 370 Menschen erstickt oder verbrannt. Ein furchtbares Unglück, 70 Kilometer südlich von Kairo. Das Fernsehen berichte ununterbrochen. – Was? Wie? Welcher Zug? Ich ziehe mein 80-Pfund-Ticket aus der Tasche, Wagen 1, Sitz 6. Ich erfahre, dass der Zug verunglückte, den die einfachen Leute nehmen. Ich hätte im darauf Folgenden gesessen. – So stand denn dort oben geschrieben, dass ich in jener Nacht nicht auf der Strecke bleiben sollte. Al Hamduillah.

> *If the Government were not so extremely despotic, the Nubians might become dangerous neighbours to Egypt: for they are of a much bolder and more independent spirit than the Egyptians, and ardently attached to their native soil.*
>
> JOHANN LUDWIG BURCKHARDT, 1819

Das Nubische Museum ist ein moderner, ausnahmsweise schöner Bau, mit geschwungener Sandstein-Fassade, die an die traditionelle nubische Architektur erinnert. Direktor Ossama Abdel Wareth erzählt, dass das 1997 eingeweihte Haus von den Nubiern rasch als „ihr" Museum angenommen worden sei – nachdem sie über zwanzig Jahre auf den versprochenen Bau haben warten müssen. Das Museum zeigt Nubien von seinen prähistorischen Anfängen bis hin zur pharaonischen Zeit, Zeugnisse des Königreiches Kusch und der Ära der nubischen Pharaonen. Es gibt eine meroitische, christliche und islamische Sektion.

Nubien wurde das Land zwischen dem ersten und dem vierten Nilkatarakt genannt, jener grüne Streifen Land zwischen Elephantine und dem Zusammenfluss von Blauem und Weißem Nil bei Khartum im Sudan. Geographisch wird zwischen Ober- und Unternubien unterschieden. Das Nubien, das ich im Film vorstellen will, ist der nördliche, in Ägypten gelegene, rund 350 Kilometer lange Uferstreifen zwischen dem ersten und dem zweiten Nilkatarakt, das so genannte Unternubien, das es heute nicht mehr gibt.

Die alten Ägypter nannten Nubien Ta-Sety, „Land des Bogens", was die respekteinflößende Streitbarkeit ihrer südlichen Nachbarn belegt. Die Beziehungen der beiden Kulturräume gehen bis weit in die vor-dynastische Zeit Ägyptens zurück. Weil die prähistorische Hirtenkultur auf dem Gebiet des heutigen Sudan mit älteren Funden belegbar ist als die im ägyptischen Niltal, gründen die Anfänge der urbanen Kultur Nubiens – erste feste Siedlungen werden um 7000 v. Chr. datiert – offenbar tiefer im afrikanischen Mutterboden als die der ägyptischen Hochkultur. Die so genannte „Kerma-Kultur" am dritten Nilkatarakt (2400 bis 1500 v. Chr.) gilt als eigenständige nubische Zivilisation, ja als erstes großes Königreich Afrikas. Die Blütezeit Kermas währte rund 500 Jahre (zwischen 2000 bis 1500 v. Christus). Seit vier Jahrzehnten gräbt der Schweizer Archäologe Charles Bonnet in der Region rund um die Hauptstadt der „schwarzen Pharaonen". Funde belegen, dass nicht nur die Ägypter vom Nubien-Handel profitierten, sondern auch ihre nubischen Handelspartner. Kerma war eine reiche, außerordentlich streitbare Macht, die über weite Phasen ihre Unabhängigkeit gegen Ägypten behauptete.

Mit „Nub" (nbw, gesprochen: nebu) bezeichneten die Ägypter auch das Edelmetall Gold. Nubien war das „Goldland" der Pharaonen, um nicht zu sagen: ihre Goldgrube. Seit der ersten pharaonischen Dynastie war es Ziel ägyptischer Feld- und Beutezüge. Snofru und Cheops (4. Dynastie) brüsten sich, aus den nubischen Regionen Wawat, Irtjet, Satjut und Jam Tausende von Sklaven und riesige Rinderherden verschleppt zu haben. Nubien ist ein „Korridor" ins Innere Afrikas.* Expeditionskorps segeln nilaufwärts, nehmen von Elephantine aus die Elfenbein-Landroute oder das Schiff. Die reiche ägyptische Oberschicht lässt Luxusgüter wie Elfenbein, Leopardenfelle oder wohlriechende Öle heranschaffen. Auf der Höhe von Toshka, 80 Kilometer westlich des Nil, lässt Cheops den seltenen blauweißen Diorit in der Wüste brechen. In den Gebirgen und Wüsten Obernubiens werden andere schönfarbige Steine und natürlich Gold für die pharaonischen Paläste und Tempel abgebaut. Holz wird eingeschlagen, denn in Folge der ungeheuren Bautätigkeit und der landwirtschaftlichen Kultivierung während des Alten Reichs ist Bauholz im Niltal rar geworden.

In Phasen innerer Stabilität – also immer dann, wenn die Einheit von Ober- und Unteräygpten unter einer starken Zentralmacht gefestigt war – zog es die Ägypter jenseits des ersten Kataraktes. Im Mittleren Reich, in der Zeit zwischen 2000 bis 1750 steht Unternubien praktisch unter ägyptischer Verwaltung. In der so genannten Zweiten Zwi-

---

* William Y. Adams, 1984. Adams koordinierte von 1959 bis 1966 die archäologischen Arbeiten zur Rettung der nubischen Altertümer im Sudan. Sein fast 800 Seiten umfassendes Buch gilt als Klassiker der Nubien-Literatur. Es behandelt ausführlich die nubischen Kulturen von der Vorgeschichte bis ins 20. Jahrhundert, der Schwerpunkt liegt auf den antiken Kulturen bis zum Christentum. Auch die Rettungskampagne der UNESCO wird beschrieben.

schenzeit müssen sie sich wieder aus Unternubien zurückziehen, denn Hyksos bedrängen die Pharaonen im eigenen Lande. Was Ägypten schadet, ist gut für das Reich Kusch. Es erobert die Regionen, die Ägypten aufgeben muss, wieder zurück. Kerma floriert, 200 Jahre lang. Dann schafft es Pharao Ahmose, die Hyksos endlich aus Ägypten zu vertreiben – und sich prompt wieder dem Süden zuzuwenden. Tutmosis I. erobert um 1500 das feindliche Machtzentrum Kerma und löscht das Reich Kusch aus. Er installiert ägyptische Vizekönige und lässt die Söhne der nubischen Elite am ägyptischen Königshof erziehen. So sorgt er für die Ägyptisierung der Nubier.

Die Darstellung unterworfener Nubier gehört zur offiziösen Bildergalerie pharaonischer Monumente. Listen besiegter Nubier zieren die Tempel des Reichs. Die Abbildung eines Pharaos, der einen gefangenen Schwarzen niedermetzelt, ist ein Gemeinplatz der staatlichen Propaganda. Aber nicht jeder schwarze Gefangene war ein Nubier. Immerhin gelangte die berühmte Expedition der Hatschepsut bis ins Land Punt, vermutlich eine Region in Äthiopien oder Somalia. Die Ägypter kannten afrikanische Völker auch südlich des Sudan, zum Beispiel Pygmäen. Nubier integrierten sich offenbar schon damals in die ägyptische Gesellschaft und Hierarchie. Sie waren gefürchtete Söldner, und „ägyptisierte" Nubier hatten hohe Positionen an Pharaos Hof und in dessen Harem.

Während des Neuen Reichs (1500 bis 1080 v. Chr.), also in der Zeit, als Abu Simbel gebaut wurde, war Nubien längst durch mächtige Lehmziegel-Festungen wie Buhen gesichert – sie versanken alle im Nasser-See. Von Assuan aus durchzog Unternubien also eine Kette von Tempeln, Handels- und Militärstützpunkten, die in Etappen von rund 35 Kilometern oder einer Tagesreise entfernt voneinander standen. Abu Simbel war der größte und südlichste Tempel Unternubiens. In Obernubien schloss sich eine Kette von Tempeln und Festungen an, die in einem Abstand von 60 km voneinander entfernt lagen. Abu Simbel war also nur eine heilige Stätte, eine Station der ägyptischen Militär- und Handels-Kompanie. Hier passierten die nubischen Tribute gen Norden, zum königlichen Schatzhaus nach Theben, oder sie wanderten als Handelsware weiter in die Ägäis.

Als Ägypten in Folge innenpolitischer Zerstrittenheit gegen Ende des Neuen Reichs wieder die Hoheit über Obernubien verliert, entwickelt sich eine neue nubische Macht mit der Hauptstadt Napata am 4. Nilkatarakt (zwischen 1080 und 750 v. Chr.). Sie liegt unterhalb des Gebel Barkal, eines von den Ägyptern als „Heiligen Berg" verehrten Felsens, einem Sitz des Reichsgottes Amun. Die Nubier sahen sich im Besitz der magischen Macht des nunmehr nubischen Amun, und sie packte der Ehrgeiz, ihren Amun über den thebanischen zu setzen. Im Jahr 751 v. Chr. eroberte König Pije den einst übermächtigen Nachbarn.

Jahrhunderte lang hatten die Nubier die Ägypter erduldet. Sie wurden wegen ihrer Unbildung und mangelnden Sprachkenntnisse verspottet. Nun aber gerierten sich die ehemaligen nubischen Knechte ägyptischer als ihre vormaligen Herren: Sie belebten Architektur, Hieroglyphenkunst und Riten der frühen Dynastien und imitierten sie meisterlich. Die „Renaissance" unter der 25. Dynastie währte allerdings nicht lange. Die Nubier müssen ihre Herrschaft gegen die anstürmenden Assyrer verteidigen und unterliegen schließlich. Um 669 v. Chr. muss sich König Taharka nach Napata zurückziehen. Der Assyrer Psammetich I. macht das Pharaonenreich zur persischen Provinz. Psammetich II. zieht mit einem Heer griechischer Söldner gen Süden, zerschlägt das Reich Kusch und brennt das alte Kerma nieder. Die Statue von Taharka, des mächtigsten „schwarzen Pharaonen" (690 bis 664 v. Chr.), wird geschändet und gemeinsam mit anderen Königsstatuen in eine Grube geworfen, die Charles Bonnet vor einigen Jahren wieder aushob.

Die Nubier ziehen sich nach Meroe zurück und gründen dort das so genannte meroitische Reich. Die Pyramidenfelder zeugen noch vom ägyptischen Einfluss, der aber mit der nachlassenden Kraft des Pharaonenreichs abnimmt. In Meroe wird die erste eigene nubische Schrift entwickelt. Da die Römer an Nubien nicht sonderlich interessiert sind, arrangiert sich das Königreich mit der neuen Macht am Nil. Unter dem Einfluss von weiteren nubischen Zuwanderern bilden sich in der Nachfolge Meroes wechselnde Königreiche wie Makuria oder Nobatia heraus – dazu gehört auch die im Nubischen Museum eindrucksvoll dokumentierte Ballana-Kultur. Es folgt die „christliche Epoche" Nubiens, die bis 1484 den arabisch-islamischen Missionierungsversuchen widersteht.

Die politische Geschichte Nubiens scheint vor allem eine Abfolge von Übernahmen. In Nubien gaben sich fremde Herren die Klinke in die Hand: Ägypter, Griechen, Perser, Römer, Mamelucken, Ottomanen, Briten. 1884 werden die Grenzen Afrikas an einem Berliner Schreibtisch neu gezogen, auch die ägyptisch-sudanesische. Die Teilung Nubiens ist vollzogen. Der Assuan-Stausee ist dann der vorerst letzte Akt einer seit der Antike mehr oder weniger ununterbrochenen Fremdbestimmung.

Im Nubischen Museum betrachte ich Dioramen mit lebensgroßen Figuren wie im Wachsfigurenkabinett: Szenen des nubischen Dorflebens. Vor bunten Hausfassaden, an denen Friedensreich Hundertwasser gelernt haben könnte, verharren traditionell eingekleidete Nubier-Puppen in handwerklichen Verrichtungen: Körbe aus Palmblättern flechtend, Wasser schöpfend am Sheduf (Ziehbrunnen), Koranunterricht auf dem Dorfplatz, eine nubische Hochzeit. Museumsfolklore.

Wir sind mit Zana verabredet, der stellvertretenden Direktorin des Museums. Die Nubierin spricht etwas Englisch und freut sich auf einen zehntägigen Aufenthalt in Deutschland. Sie ist zu museumspädagogischen Seminaren nach Köln und Karlsruhe eingeladen. Zana will nubischen Kindern ihr Kulturerbe näher bringen, mit ihnen Objekte aus der Museumssammlung nachbasteln, töpfern, malen: Mumienmasken, Skulpturen, Textilien nach antikem Vorbild. Im Vorjahr hatten Kölner Museumspädagogen gemeinsam mit nubischen Kindern einen Workshop in Assuan abgehalten. Gerade die nubischen Kinder, erzählt Zana, entwickelten rasch einen ausgeprägten Geschmack für Farben und Formen, und es seien wirkliche Talente darunter.

Die Nubier seien eine relativ kleine Volksgruppe, sagt Zana, die früher über eine recht große Region verteilt lebten. Weder aus Ägypten noch aus dem Sudan gebe es aktuelle Volkszählungsdaten, aber heute lebten in Kairo, Alexandria, Assuan, Esna vielleicht zwei Millionen Nubier. So genau weiß es Zana auch nicht. Allein in Kairo aber gebe es zwölf Gamaiyas oder Clubs. In den Stadtteilen Maadi und Bulak lebten überwiegend Nubier. Viele der älteren Nubier sprechen noch ihre eigenen Sprachen, die von den Ägyptern nicht verstanden werden. Die Jüngeren, insbesondere in den Städten, sprechen allerdings kaum noch nubisch. Einst pflegten sie in ihren Dörfern einen eigenen Lebensstil, eigene literarische Überlieferungen. Ihre Musik sei zwar von der arabischen wie auch von den Rhythmen Innerafrikas beeinflusst, aber doch deutlich unterschieden. „Vieles davon ist durch die Umsiedlung und das Leben in den Städten verloren gegangen", erzählt Zana. „Heute müssen wir den jungen Nubiern ihr eigenes Kulturerbe erst wieder nahe bringen."

Was ich über Nubier und Nubien geschrieben fand, stammt – von der Antike bis in die Gegenwart – überwiegend aus der Feder von Nicht-Nubiern. Das rührt auch daher, dass die Nubier erst spät eine eigene nubische Schriftsprache entwickelten und damit eine eigene schriftliche literarische Tradition. Erst in den 70er Jahren des 20. Jahrhunderts – also in Folge des Dammbaus – schufen nubische Sprachforscher mit Hilfe von koptischen Schriftzeichen wieder eine eigene Schriftsprache. Damit wollen sie das Aussterben ihrer Sprache aufhalten. Meiner „nubologischen" Lektüre entnehme ich, dass den Afrikanisten und Ethnologen der Begriff „Nubier" problematisch ist. Es sei ein Etikett, von Dritten geprägt, das den betroffenen Ethnien eine künstliche Einheit unterstelle, die es historisch nie gegeben habe. Ich bin überrascht: Für die Nubologie hat es den Nubier also nie gegeben – vielmehr nur Angehörige verschiedener nubischer Sprachfamilien: Die Dongolawi sprechenden Nubier im Süden; die Mahas und Fadekkawy sprechenden Nubier in der Mitte und die Kunuzi oder Kenzi sprechenden Nubier im Norden.

Zana unterscheidet nur zwischen Kenzi und Fadekkawy. Die Kenzi, sagt sie, hätten braune und schwarze Augen, die Fadekkawy grüne und blaue Augen. Beide hätten ihre eigene Sprache und Tradition. Die Kenzi seien stolz darauf, Kuppelbauten errichtet zu haben und blickten auf die Fadekkawy herab, weil die nur Palmwedel bedeckte Lehmbauten hatten. Ich stelle fest: Zana hat dunkle Augen, ist demnach eine Kenzi. „Die Unterhaltungen der Fadekkawy kann ich kaum verstehen", bestätigt sie. Bis zum Dammbau der Engländer teilten die Nubier angeblich keine gemeinsame nubische Identität.[*]

---

[*] Robert Fernea schreibt: „If, before the resettlement in 1963, the people of Nubia felt any common identity with each other, it was based in political and economic grievance with the Egytian government."

Sie lebten in ihren Dörfern relativ isoliert. Gemeinsam war ihnen lediglich die historische Erfahrung fremder Protektoratsherren und dann der Bau der Staudämme im 20. Jahrhundert. Die „nubische" Identität bleibe deshalb bis heute eine „rein öffentliche", schreibt die Kölner Ägyptologin Marianne Bechhaus-Gerst.[*]

Von diesen Thesen lese ich im Nubischen Museum nichts. Hier ist das „rein öffentliche" Nubien ausgestellt, ein Kulturerbe in Artefakten, die Hinterlassenschaft derer, die es sich leisten konnten, etwas zu hinterlassen. Über das bescheidene Leben der Nubier auf dem schmalen Ufersaum des Nil erfahre ich wenig, etwa über ihr kostbarstes Gut: die Dattelpalmen. Die spielten für die Solidargemeinschaften der Dörfer eine große Rolle, denn die Besitzanteile an den Bäumen und an ihrer Ernte wurden durch ein differenziertes Familienrecht geregelt. Es war ein komplizierter Ausgleich unter den Anteilseignern. Das enge Zusammengehörigkeitsgefühl, das die Nubier noch heute auszeichnet, soll ganz wesentlich geprägt worden sein durch das geteilte, vererbte und weitergegebene Anteilsrecht an den Palmen.

Bis zum ersten Dammbau lebten die Dörfer von der Landwirtschaft und dem Fischfang. Als Anfang des 20. Jahrhunderts die Felder neun Monate lang vom Stausee überflutet wurden, mussten die in Unternubien lebenden Kenzi ihre Dörfer auf höher gelegenem Niveau neu errichten. Der See nahm ihnen einen Gutteil des besten Ackerlandes. Der Rest ernährte die Familien nicht mehr. Als Konsequenz gingen viele Männer in die Städte Ägyptens und des Sudan, um von dort aus die Familien finanziell zu unterstützen. Als Unter-

---

[*] Die Nubologie wurde im 19. Jahrhundert durch Leo Reinisch und Richard Lepsius gegründet. Bereits 1880 veröffentlichte Lepsius eine umfassende und in ihrer sprachlichen Analyse äußerst präzise Grammatik des Nobiin, lobt die Kölner Afrikanistin Marianne Bechhaus-Gerst („Sprachwandel durch Sprachkontakt am Beispiel des Nubischen im Niltal" (Köln, 1995)). Reinisch lieferte ein Jahr zuvor eine grammatische Darstellung aller am Nil gesprochenen nubischen Sprachen. 1975 legte Giovanni Vantini das Handbuch „Oriental Sources Concerning Nubia" vor, das für jeden Sudan-Forscher unentbehrlich ist. Er extrahierte aus den Werken der wichtigsten orientalischen Schriftsteller alle für Nubien relevanten Textstellen. Als Lektüre empfohlen sei Torgny Säve-Söderbergh: Ägypten und Nubien. Lund, 1941. Walter B. Emery, Egypt in Nubia. Hutchinson, London, 1965. Emery erforschte die ägyptischen Festung Buhen und berichtet auch über die Grabungen in Ballana und Qustul.

nubien durch den Nasser-Stausee vollends verloren ging, arbeiteten bereits rund 50.000 von damals schätzungsweise 100.000 ägyptischen Nubiern außerhalb ihres Heimatlandes. Der französische Journalist Max Pol-Fouchet schreibt 1960, Nubien sei das „Land der Frauen ohne Männer".

Die Leute aus der nubischen Provinz hatten keine Ausbildung, konnten weder lesen noch schreiben und sprachen kein Arabisch. Deshalb sahen die Ägypter auf die Nubier als „barabara" (Barbaren) herab. Vielleicht verhinderte ihre Ausgrenzung vor allem die Tatsache, dass auch die Nubier Sunniten sind. Andererseits zogen sich viele Nubier in den Städten zurück, lebten und arbeiteten zusammen und reduzierten ihre Kontakte mit den Arabisch sprechenden Ägyptern auf das Notwendige.

Die Engländer hatten 1880 die Sklaverei in Ägypten verboten. Da waren die Nubier der europäischen Mittel- und Oberschicht willkommen. Statt eines Sklaven wurde jetzt ein „Mohr" ganz legal für kleines Geld beschäftigt. Hinzu kam, dass der aufkommende Massentourismus seit Mitte des 19. Jahrhunderts die Nachfrage nach farbigen Dienern und billigen Dienstleistungen in Hotels und Restaurants stärkte. Die Nubier verdrängten also die Ägypter nicht in deren angestammten Berufen, sie erhielten Anstellung in dem von ihnen eigentlich erst begründeten, neuen Dienstleistungsgewerbe: als Türsteher vor Hotels, als Pagen und Diener. Abenteuerlich „orientalisch" kostümiert, bedienten sie die TausendundeinerNacht-Fantasien der Europäer. Ihr enger Kontakt zu den Ausländern verschaffte ihnen Aufmerksamkeit. Sie wurden als ehrlich und zuverlässig weiterempfohlen. Heute haben viele städtische Nubier den Aufstieg in der ägyptischen Gesellschaft geschafft und gehören zur gebildeten, besser lebenden Schicht.

> *Oh Nubia, my country, thou smellest like a rose,*
> *when I sleep I dream of thee,*
> *and thou appaerest a garden full of flowers.*
> LIED EINES NUBIER WÄHREND BELZONIS
> GRABUNGSARBEITEN IN ABU SIMBEL*

Am nächsten Morgen wartet Zana an den Anlegestellen. Sie will uns in ein nubisches Dorf bringen. Ashraf und ein Polizist mit Maschinenpistole und piependem Walkie-Talkie sitzen bereits in der Feluke. Ich entrichte den Fahrpreis. Leinen los. Wir setzen über nach Qubbet el Hawa auf dem Westufer. Während ein sanfter Wind im Segel ächzt, fliegen uns bunte Holzboote entgegen, Jungs in zusammengezimmerten Bretterwannen, die sie mit Holzplättchen waghalsig in der Strömung steuern. Während sie an die Touristen-Feluken herankraulen, singen sie laut „Old Mac Donald has a Farm", halten sich am Boot fest, bis etwas Kleingeld in ihrer Nussschale landet. Unser Polizist ruft ihnen etwas entgegen, und sie drehen ohne Umstände ab.

Qubett el Hawa hat nichts mit jenen nubischen Dörfern gemein, die ich aus meinen Bildbänden kenne. Es unterscheidet sich nicht von denen, die wir auf unserer Fahrt nach Assuan gesehen haben: meist gleichförmige, zweistöckige Wohnhäuser. Zana führt uns auf mehrere Höfe von Nubiern. Überall wird uns freundlich Tee angeboten, auch Souvenirs. Es gibt einige nubisierte Höfe, deren Häuser gewölbte Tonnendächer aus Lehmziegeln haben. Sie werden auch den Touristen in diesem „traditional nubian village" als nubisch verkauft. Die Hauswände sind grob gekalkt, manche in beinahe kubistischer Manier bemalt: farbige Streifen und Prismen vor blassblauem Himmel und den mit goldgelbem Sand bestreuten Innenhöfen, bunte Hoftüren, die zu den Wänden in schönem Kontrast stehen, pastellblau gegen dunkelrot. Qubbet aber macht keinen pittoresken Gesamteindruck, auch wenn sich die Bewohner bemühen, ihre Häuser farbig zu tünchen. Einige signalisieren Wohlstand und Frömmig-

---

* Aus: Charles Leonard Irby, James Mangles, „Travels in Egypt and Nubia, Syria and Asia Minor during the years 1817 and 1818." London, 1823.

keit ihrer Bewohner: In ungelenker Art haben sie die Hausfront mit einem Flugzeug und der Kaaba bemalt. So künden sie ihre glückliche Heimkehr von der Hadsch. Auf anderen Hofwänden sind frische, blutrote Handabdrücke auf den ockerfarbenen Wänden zu sehen. Jetzt nach dem Eid hängen in manchem Hof die bluttriefenden Hammelfelle. Über Hauseingängen hängen Widderhörner. „Eine Jahrtausende alte Tradition", erklärt Kuper, „diese blutigen Abdrücke gehen noch auf archaische Riten zurück."

Zana bittet uns in einen Hof, drei tiefschwarz gekleidete Frauen begrüßen uns höflich; drei Frauen-Generationen. Die Mutter brüht Tee für uns auf. Die Alte führt uns schlürfend zum Hühnerstall, zeigt stumm den Backofen, die Wasserstelle, das tonnengewölbte Empfangszimmer, den mit Sand bestreuten Innenhof. Eine Waschmaschine und eine Satellitenschüssel haben sie auch. Wir nehmen im Empfangszimmer Platz, das auch als Verkaufsraum für Souvenirs dient. Gamal abd El-Nasser lächelt schwarz-weiß von der Wand. Die Frauen verkaufen bunte Tücher, Schmuck, mit vielfarbigem Sand gefüllte Fläschchen, große Bastteller, die über die Platten mit Speisen gelegt werden.

Kuper fotografiert und Zana erzählt. Dass die Nubier früher nur in solch einstöckigen Häusern gelebt hätten, dass die meisten heute in den Hochhausvierteln Assuans wohnten. In den heißesten Tagen des Jahres aber kehrten die, die noch ein traditionelles Haus besäßen, dahin zurück. „Die alten Häuser mit ihren gewölbten Decken sind kühler als die modernen aus Stein und Beton." Diese Lehmziegelhäuser hätten eine raffinierte Klimatechnologie, die vielleicht älter als das Alte Reich sei. Tagsüber steigt die heiße Luft unter die gewölbte Decke und entweicht über Öffnungen, der Wind, der außen über die Dächer streicht, erzeugt einen entlüftenden Sog. Die Atrium-Höfe füllen sich nachts mit Kaltluft, die in die Häuser strömt. Lehmziegel schützen dreimal besser gegen Wärme als gleichdicke Betonwände und bilden hervorragende Wärmepuffer. All das hätten die Betonhäuser nicht, aber man habe sich mit dem modernen Komfort arrangiert. Wie es früher war, sei beinahe vergessen. Wer die Vorteile der Lehmziegelbauten nicht mehr kenne, verachte sie als Arme-Leute-Häuser.

Ich spreche Zana auf die wunderschön dekorierten Hausfassaden an, die ich aus den Bildbänden Georg Gersters kenne und im Nubischen Museum gesehen habe. „Die gibt es nicht mehr", sagt Zana. „Früher haben die Frauen die Häuser dekoriert, meist in der Abwesenheit ihrer Männer. Es waren nicht nur dekorative Muster, sondern auch Bildergeschichten, die von Hochzeiten, Geburten oder der Rückkehr der Männer erzählten. Heute gibt es die Materialien für die alte Bauweise nicht mehr. Die Bildsprache wird nicht mehr tradiert", sagt Zana. „Auch viele nubische Frauen sind heute berufstätig." Zana hat ein kleines Kind, das von ihrer Mutter versorgt wird. Ihr Mann kommt nur an den Wochenenden nach Assuan.

Der Sadd el Ali ist auch für das Ende der traditionellen Bauweise verantwortlich: Der Nilschlamm, das uralte Baumaterial der Ägypter, erreicht die Dörfer hinter dem Damm nicht mehr. Er bleibt im Sudan, im Stauwurzelbereich des Nasser-Sees. Die nubisch-ägyptische Baukultur war ohne Nilschlamm nicht denkbar. Er war das billigste Baumaterial, wurde jedes Jahr in ausreichender Menge herbeigetragen, war also eine erneuerbare Ressource und überall verfügbar. Die Sonne backte ihn – schadstofffrei – zu haltbaren Ziegeln. Ökologischer kann man nicht bauen.

Da es in Ägypten so gut wie gar nicht regnet, sind Lehmziegelbauten selbst aus dem Alten Reich erhalten. Hätten die Bauern von Luxor die antiken Schutthügel, die so genannten „Koms", nicht als Dünger über ihren Feldern verstreut, die riesigen Totentempel des Neuen Reichs wären noch erhalten. Seitdem die Schlammflut ausbleibt, ist Lehm in Ägypten eine endliche Ressource. Ein Gesetz untersagt, ihn von den Feldern zu holen und als Baumaterial zu verwenden.

Immer wieder ist zu lesen, dass Ägypten den ausbleibenden Nilschlamm durch teuer importierte Düngemittel ersetzen müsse. Agrarwissenschaftler aber haben den Schlamm untersucht und festgestellt, dass er kaum Düngerqualitäten zeigt, sein Nährstoffgehalt ist gering. Tatsächlich kompostierten die Fellachen ihre Felder schon zu Zeiten vor dem Damm. Die Intensivlandwirtschaft – die der Sadd el Ali ermöglichte – machte dann den massiven Düngemitteleinsatz unabwendbar. Früher spülte die Nilflut die Felder einmal im Jahr durch und befreite sie so vom Salz und bildete eine neue, frische Bodenschicht. Diese Bodenbildung bleibt jetzt aus, und weil die Äcker nicht mehr gewaschen werden, hat Ägypten vor allem ein Problem mit der zunehmenden Versalzung der Böden. So viel zum „Mythos" Nilschlamm. Aber vielleicht ist es wie mit Kupers Oasengarten: Irgendwas ist drin im Sand. Man kann es nur nicht nachweisen.

Eine Bootsladung Touristen spaziert über den Hof, fotografiert Hühnerstall, Backofen und blitzt ins Empfangszimmer. Der ein oder andere hinterlässt ein Bakschisch im Haus der Offenen Tür. Die ausgestellten Souvenirs sind keine Renner. Mich enttäuscht dieses Rest-Nubien. Die wenigen alten Häuser sind für Touristen hergerichtet und taugen nicht für eine Hochglanz-Doku. „Kommt das in Frage?" Nein, sage ich zu Kuper, das kommt nicht in Frage. „Ich weiß, was Sie suchen", sagt Ashraf. „Ich bringe Sie nach Sehel. Da ist es schöner ..." Touristischer, meint er wohl. Aber ich brauche Bilder, die nicht jeder dritte Neckermann-Tourist nach Hause bringt. Ich stelle mir etwas Unverfälschtes vor, etwas Authentischeres, abseits Gelegenes.

Vor der Tür stehen Polizisten gelangweilt beisammen. Die sind alle wegen uns da. Während wir zurück zum Boot gehen, komme ich mir vor wie ein beleidigter Pimpf, der nicht kriegt, was auf dem Wunschzettel steht. Vielleicht sah sich der französische Journalist Max-Pol Fouchet auch in seinen Erwartungen enttäuscht. Ende der 50er Jahre reiste er mit einem Filmteam nilaufwärts.

Wer „unvergessliche Landschaften" sucht, wird von Unternubien vielleicht enttäuscht sein. Abgesehen von den Katarakten und den wenigen Stellen, wo sich der eingeengte Strom seinen Durchgang erzwingt, bietet sich selten ein besonders eindrucksvolles Bild. Man fährt auf dem Nil zwischen zwei Wüsten dahin. Selbst Reisende von geistigem Format haben die Strecke zwischen Assuan und Wadi Halfa als langweilig und trostlos empfunden.

Und doch war er „gefangen genommen" von dieser Landschaft, die „um es paradox zu sagen, vielfach aus einem gänzlichen Mangel an Landschaft" bestehe, aus den immer gleichen Sandsteinböschungen zu beiden Seiten des Ufers, das nichts Bemerkenswertes biete; links und rechts die Rücken der Gebirgsketten, manchmal bizarr, meist hügelig und dürftig modelliert. „Trotzdem kann man die ‚Landschaft' Nubiens lieben", schreibt er, „weil sie durch ihre scheinbare

Monotonie das Gefühl einer ewigen Dauer weckt. Die Zeit scheint hier stillzustehen." Max-Pol Fouchet war also nicht von der Landschaft fasziniert, sondern von seiner Idee von dieser Landschaft, von seiner Abstraktion als Sinnbild der Zeit. Auch ich bin mit meiner Vorstellung von Nubien hierher gekommen. Geprägt ist sie von den Reisebeschreibungen des 19. Jahrhunderts. Auch Brehm beschreibt die nackten Felsmassen,

das Gekreisch unzähliger Schöpfräder, welche die schmalen und wenig fruchtbaren Felder an den Ufern des Stromes bewässern, Tag und Nacht. Der arme Nubier konnte seinem Steinlande nur wenig abgewinnen. Seine Dörfer sind armseliger, aber freundlicher und hübscher als die der Fellachen; er selbst ist ärmer, aber besser als der Ägypter.

Entlang der Berglehnen lagen die Weiler der Nubier, hin und wieder eindrucksvolle Festungsreste osmanischer Besatzungstruppen. Die Wiener Ethnologin Anna Hohenwart-Gerlachstein kam während der glühend heißen Sommermonate des Jahres 1963 nach Unternubien. Sie sammelte volkskundliches und sprachliches Material mit dem Tonband („Eine Volksgruppe erschließt sich nur restlos, wenn sie sprachlich erfasst wird."). Sie beschreibt, wie zur Zeit des Niltiefstandes die einstigen Häuserzeilen alter nubischer Höfe aus dem trägen Wasser ragten. Sie verbrachte mehrere Wochen in Ed Derr und beschreibt das Dorf: die Hausreihen staffelten sich an den Hängen. „Häuserzeile ordnete sich über Häuserzeile. Ihre Fronten waren durchweg dem Nil zugewandt, gekalkt oder pastellfarben getüncht, und boten ein freundliches Bild." Die strahlend weiße Moschee, das große Bürgermeisterhaus, das Schulgebäude waren die weiträumigsten Gebäude in diesen Dörfern. Sie hatten keine Elektrizität, keine Straßenverbindung nach Assuan und konnten nur mit dem Schiff erreicht werden. „Wenn die Nubier über ihr Land als einem verlorenen Paradies sprechen, dann übertreiben sie nicht", schreibt Nawal El Missiri Nadim. Nadim nahm Anfang der 60er Jahre an der Ethnologischen Survey der Amerikanischen Universität Kairo teil. Die Wissenschaftler seien in Dörfer gekommen, schreibt er, in denen seit Menschengedenken niemand einen Europäer gesehen habe. „Es waren wunderschöne Dörfer, der Nil, die Palmen, die Häuser. Es war alles ordentlich und sauber. Sie waren zwar arm, aber alles war perfekt." Während der kurzen Trockenperiode von rund drei Monaten war das Weide- und Ackerland schön und fruchtbar, erzählt Anna Hohenwart-Gerlachstein. Aber von den herrlichen Beständen an Dattel- und Dumpalmen, von den Akazien, Sykomoren, Tamarisken und Tamarinden, die einst den Ufersaum bestanden, von ihnen hatten bis in die 60er Jahre nur die überlebt, die in höherer Lage oder in einem Wadi standen. Mit der Aufstockung des Stausees

verschwanden immer mehr und mehr die leuchtenden, stark kontrastierenden Farben des Niltals: helles Wasser und tiefblauer Himmel, ockergelbe Sandwüste im Westen und violettbraune Steinwüste im Osten, saftiggrüne Fruchtlandstreifen entlang des Flusses und freundlich erscheinende Siedlungskomplexe an den Berghängen.

Diese Bilder haben sich in meiner Fantasie längst zu einem Film verdichtet, und ich begreife erst jetzt, dass ich etwas drehen will, was es nicht mehr gibt. Ich bin mir selbst ein Rätsel. Ich bin empört, weil so gar nichts mehr da ist. Für die nubische Folklore interessieren sich nicht mal die Touristen. Auch die drehen nur eine Runde und ziehen ab. Kann ich diesen nubischen Frauen allen Ernstes „Simulation" vorwerfen!? Sie öffnen ihr Haus, verkaufen Souvenirs und dadurch mag es ihnen sogar etwas besser gehen als den nicht-nubischen Dorfbewohnern, die keine Touristenattraktion sind.

Zana muss ihren Dienst im Museum antreten. Nachdem wir uns verabschiedet haben, stehen wir unschlüssig herum. „Das war's noch nicht", sage ich. „Wir müssen noch weiter nach Drehorten suchen. Es muss doch noch irgendetwas geben, was man zeigen kann! Im Fernsehen kann man nicht über etwas sprechen, ohne es auch zeigen zu können." Ashraf meldet sich erneut. „Ich weiß genau, was Sie suchen."

Mit einem Motorboot fahren wir endlich nach Sehel Gharb. Das Boot manövriert durch die Inseln hinter Elephantine. Eine schöne Passage über felsigen Furten, vorbei an pittoresk gelegenen Höfen, die am Westufer zu Füßen hoher Dünen liegen. „Das ist doch toll", sagt Kuper, und ich nicke beglückt. Ja das sind die Hochglanzbilder, die ich brauche – auf einer vier oder fünf Kilometer langen Nilstrecke vor dem Englischen Damm sind diese Bilder komprimiert: Rest-Nubien. Bezaubernd. Ich fotografiere und fotografiere, die pastellfarben getünchten Häuser von Sehel Gharb. Hinter einem Felsen liegt ein auffallend schönes Haus am Ufer. „Gucken Sie mal da!", sagen Kuper und ich gleichzeitig. Ashraf nickt. „Ja, ich wußte, was Sie suchen." Das Haus gehöre einem Nubier, der mit einer deutschen Frau verheiratet sei, sagt Ashraf. Beide lebten zeitweise hier und in Berlin.

Wir legen an, steigen die Treppe hinauf zum Haus und stehen in einem kleinen Garten. Ashraf klopft, und wir warten einige Zeit, bis der Hausherr, ein wohl 50-jähriger Nubier in einer weißen Galabiya, in der Tür erscheint. Er reibt sich verschlafen die Augen, lächelt freundlich. Wir haben ihn aus seiner Siesta geholt. „Guten Tag", sagt er auf Deutsch und spricht dann englisch weiter. „Mein Deutsch ist nicht gut genug. Ich verstehe einiges, ich spreche es nicht." Ich bin sofort angetan von dem Mann.

Im Garten wird der Tisch gedeckt, und wir trinken Tee. Kuper macht ihm Komplimente für sein schönes Haus, die fantastische Lage, die traditionelle Bauweise. Abdul Haris nickt. „Ich habe es für meine zweite Frau gebaut", sagt er. Die heißen Sommermonate verbringe er bei ihr in Berlin, die tristen Berliner Wintermonate über leben sie gemeinsam in Assuan. Auch das Anwesen weiter oben am Hang gehöre ihm. Das große Haus bewohnt seine erste, nubische Frau mit den gemeinsamen Kindern. Abdul Haris wohnt im unteren Haus. Ob wir es sehen wollen? Natürlich.

Die Wohnung ist ein Traum: Weiß gekalkte Räume mit hohen, gewölbten Decken, einfach, aber geschmackvoll eingerichtet. Einige Möbel und Bücher sind aus Deutschland. Ein weiter, mit Sand bestreuter Innenhof, moderne Toiletten und Waschräume; alles sauber, kühl, jetzt am späten Nachmittag liegt das unwiderstehliche Ferienkataloglicht über allem. Kuper fachsimpelt mit Abdul Haris über Deckengewölbe. „Es gibt kaum noch Leute, die das mauern können. Die meisten Decken, die heute gewölbt werden, kriegen Risse und stürzen ein", weiß Kuper aus eigener Erfahrung. „Unser Grabungshaus in Dahkla haben wir auch so gebaut und dafür, hamduillah, einen tüchtigen Baumeister gehabt." Ja, sagt Abdul Haris, es sei nicht einfach gewesen, einen Maurer zu finden, der so noch mauern konnte. Ob das Haus seiner nubischen Frau auch so gebaut sei, erkundige ich mich. Nein, sagt Abdul Haris. „Das hier habe ich so gebaut, weil meine deutsche Frau es sich so gewünscht hat."

Sie vermieten hin und wieder auch an deutsche Touristen, veranstalten für Reisegruppen, auch von Neckermann, hin und wieder einen „Nubischen Abend" mit nubischem Buffet, nubischer Musik und nubischer Tanzgruppe. Im deutschen Fernsehen seien sie auch gewesen. Ein RTL-Filmteam klopfte einmal just so wie wir an, fragte, ob sie nicht eine Szene auf der Terrasse und im Garten drehen könnten. – RTL, Neckermann ... Mir sackt das Herz in die Hose – das Haus als romantische Kulisse einer Daily Soap. Ich erzähle Abdul Haris von meinem Filmprojekt, sage ihm, was ich suche, was ich brauche, und er nickt. Klar, auch ich könne hier drehen, kein Problem. Er könne alles arrangieren.

Wir tauschen schließlich Telefonnummern und Adressen aus. Er werde bald nach Berlin kommen. Wir verabreden ein Telefonat und wünschen Massalama. Zurück auf dem Boot ist Kuper guter Dinge. „Na, das sieht doch ganz gut aus", meint er, „hier kriegen Sie Ihre Bilder." Ashraf lacht. Er bringt alle ausländischen Filmteams nach Sehel, und das sind einige Dutzend im Jahr, und alle sehen dieses Haus und drehen die Bilder von Damm und Dorf und Nil.

1965. Pharao verliert das Gesicht: Der Kran hievt den bandagierten Kopf des südlichsten Ramses-Kolosses aus den Fugen. Allein Pharaos Maske wog 15 Tonnen. *Foto: Georg Gerster*

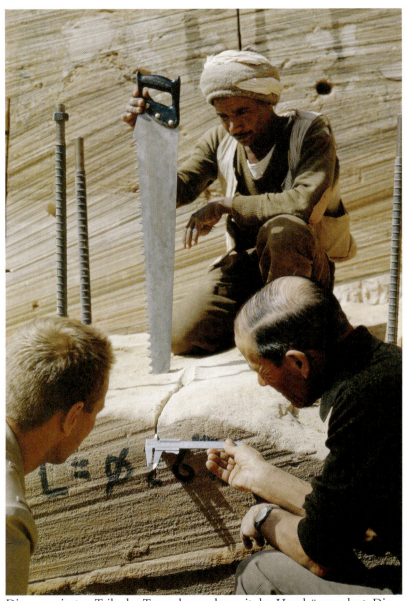

Die exponierten Teile des Tempels wurden mit der Handsäge zerlegt. Die Schnitte sollten so fein wie möglich, die Fugen später kaum sichtbar sein.
Foto: Georg Gerster

1967. Diffizile Gesichtschirurgie: Fast einen ganzen Tag nahm die Montage in Anspruch, mit der das Gesicht wieder zwischen die Ohren gesetzt wurde. *Foto: Georg Gerster*

Die Fassaden der beiden Tempel wurden vor eine Stützwand gesetzt, hinter der sich jeweils eine Spannbetonkuppel als künstlicher Hügel wölbte. Sie tragen die Last des aufgeschütteten Felsmaterials.
Foto: Georg Gerster

Der Große Tempel von Abu Simbel, Blick in die so genannte „große Pfeilerhalle" mit Ramses in Gestalt des Gottes Osiris. *Foto: Harald Cremer*

Der kleine Tempel von Abu Simbel ist der Hathor geweiht. Ramses Frau Nerfertari verkörpert die Göttin der Schönheit und Fruchtbarkeit.
Foto: Harald Cremer

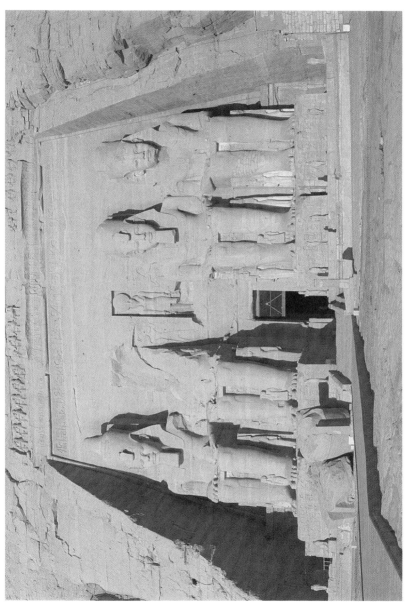

Ramses im Morgenlicht: Der Große Tempel von Abu Simbel nach seiner Rekonstruktion. *Foto: Harald Cremer*

Die beiden neuen Tempelberge von Meha und Ibschek über dem Nasser-Stausee. Vorne an der Felskante markieren die hellen, aufgebrochenen Stellen die ursprüngliche Position der Tempel. *Foto: Georg Gerster*

Blick aus dem so genannten Hypostyl in die „große Pfeilerhalle".
Foto: Harald Cremer

Seit Generationen bewacht die Familie von Rabeia und Samy die Tempel von Abu Simbel. *Foto: Rudolph Kuper*

Samy mit dem Anch-Schlüssel vor dem Großen Tempel von Abu Simbel. *Foto: Harald Cremer*

Hosean Mokhtar träumt von einem neuen Nubien an den Ufern des Nasser-Sees. Er kehrte in den 80er Jahren nach Abu Simbel zurück und organisiert den Bau neuer nubischer Dörfer. *Foto: Harald Cremer*

Die „Vierte Pyramide": Die „Mubarak Pumping Station", der Herzmuskel einer neuen Provinz in der Westlichen Wüste Ägyptens.
Foto: Harald Cremer

Ein Abschnitt des im Frühjahr 2003 noch unvollendeten Kanalsystems des Toshka-Projektes. *Foto: Harald Cremer*

Hosean Mokhtar nennt das Toshka-Projekt das „Nubien-Projekt". Er sieht darin eine Chance, das untergegangene Land auf andere Weise wiederauferstehen zu lassen. *Foto: Harald Cremer*

Das Toshka-Projekt soll den Bau neuer Städte in der Westlichen Wüste Ägyptens vorantreiben. Hier sollen einmal Hunderttausende von Ägyptern Arbeit und Wohnung finden. *Foto: Harald Cremer*

Bob Rush, Zitrus-Farmer aus Arizona, arbeitet auf der KADCO-Versuchsfarm nahe bei Abu Simbel. *Foto: Rudolph Kuper*

Ashraf Gayer lebt und arbeitet wie viele nubische Männer in Kairo. Ein großer Teil seiner Familie aber lebt in Neu Abu Simbel.
Foto: Harald Cremer

Abdul Haris auf dem Weg zu seinem Dorf Sehel, eines der wenigen nubischen Dörfer, die vom Nasser-See nicht überflutet wurden. Jahrelang fuhr er Touristen über den einzigen Abschnitt des Nil, der noch heute einen Eindruck vom Land der Nubier gibt. *Foto: Harald Cremer*

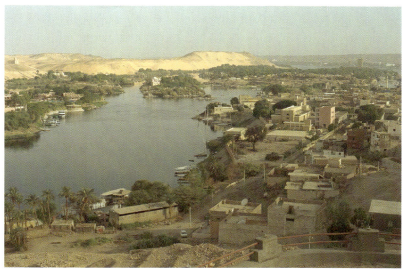

Das Labyrinth der Nilinseln von Assuan gibt noch einen Eindruck von der ursprünglichen Schönheit der Landschaft am ersten Nilkatarakt.
Foto: Harald Cremer

Das Filmteam (von links nach rechts): Jan Wilm Schmülling, Abdul Haris, Thomas Weidenbach, Rüdiger Heimlich sowie ein Mitarbeiter der Antikenverwaltung in Abu Simbel. Kameramann Harald Cremer musste fotografieren.

Das „Stonehenge" von Nabta: Nur wenige der prähistorischen Stelen stehen aufrecht, so dass sich die ursprüngliche Funktion dieser Struktur nicht definitiv deuten lässt. Vielleicht diente sie der Beobachtung der Sterne. *Foto: Rüdiger Heimlich*

Wie der Zugang zu einer unterirdischen Bunkeranlage mutet der Eingang in die Betonkuppel des großen Tempels an. Für Touristen ist der „Dome" heute nicht mehr zugänglich. *Foto: Harald Cremer*

Toshka

Trauben in der Wüste

Wir müssen kurz nach drei Uhr raus. Im Hotel ist längst Bewegung. Rund 100 Gäste wollen ebenfalls mit dem Konvoi nach Abu Simbel. In gedämpfter Lautstärke nehmen sie ihr Frühstück zu sich. Wir lassen zwei Thermoskannen Tee füllen. „Ich brauche morgens Tee oder ich werde nicht wach", sagt Kuper, müde, aber fahrbereit. Auf der Rückseite des Nubischen Museums wartet die Wagenkolonne. Es ist vier Uhr, dunkel und kalt, und wir schlürfen im Wagen die erste Tasse heißen Tee. Draußen steht alle hundert Meter ein Polizist mit Maschinengewehr unter einer Straßenlaterne, Funkgeräte piepsen und rauschen. Ein Polizist winkt heranfahrende Busse, Sammeltaxen und Privatwagen ein, ordnet den Konvoi wie eine Wüstenkarawane.

Ein Offizier klopft an unsere Seitenscheibe: „Sie fahren an der Spitze des Konvois." – „Es wird uns eine Ehre sein", sagt Kuper. Der Polizist will unsere Handy-Nummer. Kuper nennt ihm absichtlich eine falsche. „Ich bin doch nicht verrückt! Damit die uns die ganze Zeit kontrollieren können!" Aber der Offizier ist misstrauisch, wählt die Nummer an und kriegt keine Verbindung. „Sie müssen sich irren. Geben Sie mir noch mal Ihre Nummer." Kuper flucht zwischen den Zähnen.

Um 4.30 Uhr setzt sich ein Streifenwagen mit Blaulicht vor uns in Bewegung, und der Treck von 40 Fahrzeugen folgt ihm durch Assuan. Wir fahren über den alten, mit Laternen beleuchteten Staudamm, vorbei am neonhellen Hochdamm. Am Ortsende zieht der Streifenwagen unerwartet rechts an den Straßenrand und gibt damit ein Rennen frei. Busse und Sammeltaxen starten hinter uns durch, und wir, die wir eben noch in der Pole Position waren, werden in eine Staubwolke gehüllt. Dieser Spurt wird erst in drei Stunden enden – vor der Schalterkasse von Abu Simbel. Die Polizei aber, die der Tourist als seinen Begleitschutz wähnt, sie bleibt am Ortsrand von Assuan zurück. „Sollte es ein Terrorist tatsächlich auf Touristen abgesehen haben – hier werden sie ihm jeden Morgen pünktlich zum Abschuss in der Wüste freigegeben", meint Kuper.

Die Straße nach Abu Simbel führt in weitem Bogen weg vom See, erst durch eine langweilige Ebene, dann durch eine schroffer werdende Landschaft. Die Straße ist links und rechts von Sandwehen bedeckt. Angeblich wird sie regelmäßig von einer Putzkolonne besenrein gehalten. Das wäre ein Bild, stelle ich mir vor: Ein weiter Wüstenhorizont, in dem sich eine scheinbar endlose Straße verliert, und davor ein Mann, der einen Straßenrand fegt. Nach einer Stunde etwa passieren wir eine Bushaltestelle: ein mit Palmwedeln eingedeckter Unterstand, darin ein Rohrsessel. Weit und breit kein Bus, kein Passagier. – Kuper konzentriert sich auf die Piste. Wenn der Mann den Zündschlüssel umdreht, springt er an, und selbst die monotonste Strecke scheint ihn nicht zu ermüden. Mir dagegen fallen die Augen zu.

Etwa 60 Kilometer vor Abu Simbel taucht ein Streifen frischen Grüns am Horizont auf, Palmen, dann Blumenrabatten, schnurgerade Zeilen von Obstbäumen und Weinreben – eine Oase. Die Sonne klettert jetzt rasch in die Höhe. Ein großes Schild annonciert KADCO (Kingdom Agricultural Development Company), die Testfarm des saudischen Prinzen Al Walid Bin Talal Bin Abdul-Aziz Al-Saud. Von unserem Konvoi ist weit und breit nichts zu sehen. Wir biegen ab auf eine Palmenallee, die zu einem Containerbüro führt. Die Sprinkleranlagen surren über frischem Rasengrün, der Oleander blüht. Es ist erst 7 Uhr und noch alles geschlossen. Zwei junge Burschen kommen verschlafen aus einem Wachhäuschen. Mister Bob, der Betriebsleiter, werde erst in 20 Minuten aus Abu Simbel eintreffen, sagen sie. Mit Bob Rush sind wir zwar heute nicht verabredet, da wir nun aber einmal da sind, entschließen wir uns zu warten.

Kuper bleibt beim Wagen, und ich sehe mich in Begleitung eines Jungen um. Er zeigt stolz auf die akkuraten Versuchsfelder, die Treibhäuser, Pumpenhäuschen und Baumschulen. Erdbeeren, radebrecht er in Englisch, Tafeltrauben, Spargel, Kartoffeln, Artischocken, Tomaten, Paprika, Melonen, Mangos. Es ist tatsächlich ein grünes Wunder inmitten von Sand, Fels und Geröll, 210 Hektar, versorgt vom pulsierenden Rhythmus der Tropfenbewässerung.

Der saudische Scheich Al Walid ist der prominenteste private Investor des Toshka-Projektes. Nach offiziellen Angaben soll er 55.000 Hektar der insgesamt rund 227.000 Hektar umfassenden Bewässerungsfläche des Toshka-Projektes unter den Pflug nehmen. Es ist von ökologischem Landbau die Rede – in einer Region, in der im Sommer Temperaturen von bis zu 50 Grad herrschen. Die ägyptischen Öko-Produkte sollen exportiert werden und damit den Obst- und Gemüse-Produzenten in Südafrika, Israel und Kalifornien Konkurrenz auf europäischen und saudi-arabischen Märkten machen.

Aber die Böden, die hier kultiviert werden sollen, liegen weit entfernt vom See. Damit Investoren wie der Scheich ihr Geld in den Sand setzen können, tritt der ägyptische Steuerzahler in Vorleistung: eine gewaltige Pumpstation hebt Wasser aus dem See auf das 60 Meter höher gelegene Wüstenplateau und lässt es in ein 320 Kilometer langes Kanalnetz sprudeln. Dieser künstliche Nil läuft dann in die Wüstensenke, unter anderem zu dem rund 70 Kilometer entfernten Farmgelände des Scheichs. Der muss nur noch dafür sorgen, dass es auf seine Plantagen gelangt. Das Wasser gibt es umsonst.

Pünktlich um halb acht trifft Mister Bob ein – Bob Rush aus Yuma, Arizona. Ein kerniger Typ Mitte 50, in Jeans und Baseballmütze, rothaarig, ein zerfurchtes Gesicht wie ein Marlboro-Cowboy, eher wortkarg, wenn man ihn nicht mit Fragen zum Sprechen bringt. Er ist überrascht, uns zu sehen. Ja, man habe Besuch angekündigt, aber für heute? Anyway. Bob steigt zu uns in den Wagen und weist den Weg. Seit zwei Jahren lebt er mit seiner zweiten Frau, einer Mexikanerin, in Abu Simbel. Bob mag Ägypten, er mag die Ägypter, doch Mrs. Rush möchte zurück, sie hat Heimweh nach ihrer Familie und will wieder an die Universität. „Ich würde noch bleiben, noch zwei Jahre dranhängen", sagt Bob. „Aber das stößt auf taube Ohren." Er lacht. „No way."

„I was a farmer most of my life", erzählt Bob, Zitrus-Farmer an der mexikanisch-amerikanischen Grenze, in Arizona und Kalifornien. Vor zwei Jahren engagierte ihn Sun World als Berater. Der amerikanische Agrar-Konzern hat ein Joint Venture mit KADCO. In der Testphase soll Bob prüfen, welche Sorten sich auf welchen Böden eignen. „Wir pflanzen verschiedene Sorten Tafeltrauben, Zitrusfrüchte und Kernobst, um zu sehen, wann sie reifen und welche Qualität sie haben." Ich frage, ob denn die Bedingungen in Arizona mit denen in der Sahara vergleichbar seien. „In Arizona und im kalifornischen Valley haben wir eine feuchte Hitze, hier eine trockene. Das macht die Arbeit hier angenehmer. Auch wenn es noch so heiß ist, man schwitzt nicht." Die Böden seien gut, besser als in Kalifornien. Unter der sandigen Deckschicht liege ein schwerer sandiger Tonboden oder toniger Sandboden, der den Dünger gut halte. Düngemittel? „Ja wir bringen Düngemittel und Phosphate aus. Die Lagerhäuser rundum sind voll damit." Wie sich der ökologische Landbau mit diesen Düngemitteln vertrage, frage ich. Bob macht gerne Pausen zwischen den Sätzen. Der ökologische Landbau werde wohl erst auf dem tatsächlichen Anbaugebiet betrieben.

Um die Pflanzen zeichnen sich Salzränder und weiße Flecken ab. Das sehe schlimmer aus, als es tatsächlich sei, meint Bob. Habe man einmal das Salz an die Oberfläche gespült, sei der Grund darunter wirklich gut. „Die Rebsorten wurden für salzige Böden gezüchtet und sind recht widerstandsfähig. Wir müssen halt ordentlich gießen, dann scheint es zu funktionieren." Bob spricht in unvollständigen Sätzen. Seine Grammatik ist im Verkehr mit mexikanischen und ägyptischen Landarbeitern nicht unbedingt an der Sonne gereift.

In den Staaten sei es etwas kühler als hier. „Dort bekommen wir zweimal Frost, hier dagegen überhaupt keinen. Das ist gut und schlecht zugleich. Trauben brauchen etwas Frost, deshalb kühlen wir sie hier durch Befeuchtung herunter. – We trick them. Wir haben auch Sorten von Pflaumen und Aprikosen, die ein wenig Frost brauchen. Wir helfen auch mit Chemie nach, mit Dormax, Hydromide..."

Der Wind, sagt Bob, sei eines der größten Probleme. Ende Januar bis April ist die stürmischste Zeit. „Es ist dieser wehende Sand, der die Blätter, wenn sie noch klein sind, fast völlig bedeckt und verbrennt und die Früchte vernarbt. Das sieht natürlich nicht gut aus. Europäische Verbraucher sind makellose Produkte aus den holländischen, spanischen oder südafrikanischen Treibhäusern gewohnt.

Die kaufen kein verkratztes Obst. Wir versuchen Bambusmatten als Windbrecher, Bäume mit dichtem Laubwerk."

Wir fahren vorbei an einer Baumschule, in der die Setzlinge für das Hauptanbaugebiet im Toshka Valley gezogen werden. Das Valley wird mit dem Wasser aus dem Nasser-See versorgt, die Testfarm dagegen mit fossilem Wasser aus rund 260 Meter tiefen Brunnen. „Da kommt aber nicht genug", sagt Bob. „Wir brauchen 100 m³ am Tag, aber so viel kriegen wir nicht. In den Staaten bewässern wir rund um die Uhr, hier nur 12 Stunden, sonst senken wir den Grundwasserspiegel so weit ab, dass es Tage dauert, bis sich die Brunnen wieder füllen. Ich weiß nicht, wie lange die fossilen Reserven überhaupt reichen."[*]

Heuschrecken, offenbar aus dem Sudan, seien auch ein Problem. Die fliegen ein und legen ihre Eier ab. Das müsse man im Auge behalten, sagt Bob. Auch deren Raupen. Aber die gefräßigen Heuschrecken seien das größere Problem. „Wenn wir da nicht aufpassen, fressen sie uns die jungen Reben weg."

Das Toshka-Projekt ist das Prestigeprojekt von Präsident Mubarak. Es ist auch in Ägypten nicht unumstritten, aber Kritik am Pharao, auch von Ausländern, ist nicht erwünscht. Die eigene Regierung zu kritisieren, ist für Ägypter gefährlich, harsche öffentliche Kritik an Mubarak kann im Gefängnis enden. Bob antwortet ohne Scheu. „Es ist eine Rieseninvestition. Tropfbewässerung ist teuer. Auch Arbeit ist hier teurer als in Oberägypten. Wir müssen die Leute hierher bringen und versorgen. Im Augenblick haben wir nur 100 Arbeiter, aber wir werden Tausende auf der Hauptanbaufläche brauchen.

---

[*] „Bei dem Grundwasservorkommen in der Westlichen Wüste handelt es sich um fossiles Grundwasser, dessen Alter auf 25.000 bis über 30.000 Jahre geschätzt wird. Über die Frage der Erneuerung dieses Grundwasservorkommens wurde in der Vergangenheit oft gestritten. Wenn überhaupt eine Grundwasserneubildung stattfindet, so dürfte es sich um eine relativ geringe Neubildungsrate handeln, die weit unterhalb der derzeitigen und künftig geplanten Inanspruchnahme dieses Grundwasservorkommens liegt. Berücksichtigt man ferner, das auch Libyen in größerem Umfang Wasser diesem Grundwasservorkommen, dem so genannten Nubischen Speicher, entnimmt, so wird deutlich, dass die Extension des ägyptischen Agrarwirtschaftsraumes in der Westlichen Wüste ein äußerst fragwürdiges Unternehmen ist, soweit sich diese Unternehmung auf die Nutzung der dortigen Grundwasservorkommen stützen", schreibt Peter Wolf 1992.

Die wollen ja keine Maschinen einsetzen, sondern Menschen. Für so viele Siedler muss eine Logistik geschaffen werden: Häuser, Straßen, Läden. Das kostet alles Geld", sagt Bob. Manchmal hebt er die Schultern, als ob er sagen wolle: Ich weiß auch nicht, ob und wie das alles funktionieren wird.

In einer der trockensten Regionen der Welt will Ägypten – selbst Lebensmittelimporteur – landwirtschaftliche Produkte für den Export pflanzen, denn es ist klar, dass die teure Anbauweise nur durch die höheren Preise auf ausländischen Märkten refinanzierbar ist. Auch Hammelherden für die Ramadan-Zeit sollen hier gezüchtet werden.

Wird das Toshka-Projekt funktionieren? „Vielleicht", sagt Bob, „vielleicht auch nicht ... schwierig. Viele Leute sagen, es wird nicht funktionieren. Jedes Mal wenn ich nach Kairo komme, fragen sie mich da, ‚Und? Klappt das?' – Ja, sage ich, die Böden sind gut, das Wasser ist gut. Man braucht Geld und ein gutes Management. Dann kann es klappen." Der Scheich hat Geld, sage ich. Hat er auch ein gutes Management? Bob macht eine Pause. „Wir haben hier sehr sensible Produkte in einem extremen Klima. Da muss man rasch entscheiden und schnell reagieren oder man verliert eine ganze Ernte innerhalb kurzer Zeit." Solche Entscheidungen müssen vor Ort gefällt werden, nicht in Kairo. Bob zuckt wieder mit den Schultern. KADCO sitzt in Kairo. Dorthin muss er jeden Antrag schicken, selbst die Urlaubsbestätigungen für seine Landarbeiter brauchen die Unterschrift des KADCO-Chefs.

„Es ist nicht einfach, die Ägypter zu erziehen", sagt Bob. Er lacht. „Sie sind ziemlich dickköpfig." Manchmal bringen sie ein paar Leute her, die Tomaten pflücken, die sie nach Assuan auf den Markt bringen – mit der Folge übrigens, dass die Preise für Tomaten auf dem Souk von Assuan fallen. Das bereitet dann den Fellachen Probleme. Die meisten Tomaten verkommen aber auf den Versuchsfeldern, weil sie nicht rechtzeitig gepflückt werden. „Ich versuche, den Boden durch Kompostierung zu verbessern. Da muss halt was Organisches rein. Die Ägypter aber karren den Kompost in die Wüste, kippen ihn irgendwo ab."

Bob zeigt auf einige vom Wind gebeugte Bäume. „Wir hatten sie an Holzstöcke gebunden. Um sie festzuhalten. Aber die Arbeiter

reißen die Stöcke raus. Sie machen damit abends ihre Feuer. Es ist schwierig, hier Holz zu finden. Es gibt keine Bäume, nur Wüste."
Der US-Konzern Sun World*, frage ich, bringt er seine Zucht-Produkte hierher, pflanzt KADCO amerikanische Lizenzsorten? Nein, meint Bob. Sun habe bislang nur wenige eigene Züchtungen hergebracht. Die meisten Sorten kämen aus Spanien. Sun sei misstrauisch. „Sie bringen ihre Produkte erst, wenn sie einen Vertrag mit der Regierung haben. Die wollen natürlich nicht, dass ihre Sorten geklaut und nachgezüchtet werden."
Wir fahren an Zelten vorbei, in denen die Arbeiter kampieren. Die sollten wir nicht filmen, meint Bob. KADCO wolle nicht, dass wir die lausigen Bedingungen zeigen, unter denen die Leute hier noch kampieren. Die Arbeiter bleiben immer nur einen Monat, dann fahren sie für eine Woche zu ihren Familien. Man beschäftigt Besharias. Die Besharias, erzählt Bob, seien eigentlich Schafzüchter, die so wie die Nubier in den 60er Jahren nach Kom Ombo umgesiedelt wurden. Heute weideten sie ihre Kamele und Schafe wieder am Ufer des Nasser-Sees. Wenn der Wasserpegel sinke, hinterlasse er grüne Weidestreifen. Auch zu den Seen in der Toshka-Senke treiben die Besharias ihre Herden. Es gebe auch einige Farmen am See, dort wo die Regierung Pumpen und die Wasserentnahme erlaube. Die Leute pflanzen Tomaten und Melonen. Aber auch sie verlieren die Ernte wegen der Schädlinge. „Diese Menschen arbeiten wirklich hart, um dem Boden etwas abzugewinnen."
Wie alle Mega-Projekte wirft auch Toshka eine Menge Fragen auf. Was ist mit den Wanderdünen, die durch diese Region ziehen? Wie wird man ihrer Herr? Was ist mit den gewaltigen Mengen von salzhaltigem Abwasser? Werden sie in Verdunstungsseen geleitet so wie im kalifornischen Valley, wo die Landwirtschaft gewaltige tote Salz-

---

* Das kalifornische Unternehmen Sun World International, eines der größten Agrarunternehmen weltweit und nach eigenen Angaben einer der führenden Innovatoren der Pflanzenzucht, ist spezialisiert auf *desert farming*. Sun World hofft bei seinem Toshka-Engagement bei KADCO auf Renditen von 22 Prozent im Durchschnitt der ersten 30 Jahre. Sun World will vor allem Trauben und Zitrusfrüchte für den Markt in Saudi-Arabien und Europa anbauen. Das entnehme ich einem Interview, geführt von Günter Meyer am 20.9.2000, abgedruckt in: Toshka – Megaprojekt zur Eroberung der Wüste Ägyptens. In: Praxis Geographie 7-8/2001, S. 20.

seen geschaffen hat? Werden die Laken nicht abgeleitet, machen sie die sensiblen Wüstenböden innerhalb weniger Jahre unfruchtbar. Und dann die Umsiedlung der Menschen in diese Region: Warum sollte einer das klimatisch angenehmere Nildelta verlassen, um sich dauerhaft auf den Plantagen von Großkonzernen anzusiedeln? Aus Saisonarbeitern werden nur dann Siedler, wenn sie eigenes Land und eine sichere Wasserversorgung erhalten. Am Rande der Toshka-Senke sind rund 35.000 Hektar für den einfachen Mann vorgesehen. Von günstigen Krediten ist die Rede. Aber selbst wenn Fellachen all dies erhalten, wie werden sie ihre Waren zu Markte bringen?
Viele Fragen, (noch) keine Antworten. Ist Mubaraks Prestigeprojekt eine Milliarden-Verschwendung, eine gigantische Landschaftszerstörung? Es gibt nachvollziehbare Einwände: Neulanderschließungs- bzw. Wüstenkultivierungsvorgaben verschärfen das Wasserproblem Ägyptens. Schon heute muss Ägypten auf so genanntes virtuelles Wasser zurückgreifen, indem es Nahrungsmittel einführt, die in anderen Ländern erzeugt werden. Mit dem Bevölkerungswachstum wird dies weiter zunehmen. „Investitionen in den Gewässerschutz und die Verbesserung des Wassermanagements erscheinen sinnvoller als in die Neulanderschließung", schreibt Professor Peter Wolff. – Doch das Toshka-Projekt ist nicht mehr aufzuhalten. Dafür ist es wieder einmal zu spät. Nun muss man das Beste draus machen. Ich mag Leute wie Bob.

Die Ufer von Toshka gehörten vor dem Dammbau zu den fruchtbarsten Gebieten Unter-Nubiens. Begeistert schildern Reisende wie Johann Ludwig Burckhardt (1819), C.L. Irby und J. Mangles (1845) ausgedehnte, dschungelähnliche Dattelpalmenhaine. Schiffsladungen von Datteln gingen nach Ägypten, wo sie wegen ihrer Qualität geschätzt wurden. Ihr Verkauf war die ergiebigste Einnahmequelle der Nubier. Die wichtigsten Feldprodukte waren Mais und Hirse, Linsen und Bohnen, Wasser- und Zuckermelonen. Während der Trockenzeit arbeiteten die Dorfbewohner eng zusammen, um möglichst viele Vorräte zu sammeln. Dennoch waren die Überschwemmungszeiten für Mensch und Tier nur mühevoll zu überstehen. – Das soll nun Vergangenheit sein: Berieselungsanlagen werden ununterbrochen die Pflanzen in der Wüste bewässern. Statt der Dorfgemeinschaften werden Wanderarbeiter auf den Plantagen von Großinvestoren arbeiten.

Es ist Mittag, Kupers Handy klingelt. Die Polizei erkundigt sich nach unserem Verbleiben. Der Konvoi sei längst in Abu Simbel. Man vermisse uns, mache sich Sorgen. Wo wir seien? Kuper spielt den Ahnungslosen. Wir hätten nur eine Pause gemacht und würden in einer Stunde in Abu Simbel sein. Eine Polizeistreife, so wird uns erklärt, habe sich schon auf den Weg gemacht, uns abzuholen. Wir nehmen Abschied von Bob Rush, in der Hoffnung, ihn im Oktober zu den Dreharbeiten wieder zu sehen. Insh'allah, meint Bob.

Ramses und Nefertari

*Große Architektur ist immer der untrügliche
und anscheinend auch unentbehrliche Ausdruck
eines wirklichen Staates.*
CARL SCHMITT, STAATSTHEORETIKER

Ein Streifenwagen und ein Motorradpolizist eskortieren uns mit Blaulicht durch Abu Simbel bis vor das Hotel Nefertari. Der Motorradpolizist, ein großer Junge mit dunkler Sonnenbrille und breitem Grinsen, wird zu unserer ständigen Begleitung abkommandiert. Er bringt uns zu Hosean Mokhtar, dem Vertreter des Government Press Office in Abu Simbel. Noch ein Bewacher, denke ich. Doch ein ruhiger, freundlicher Nubier empfängt uns. Hosean ist Mitte vierzig, verheiratet, Vater von drei Kindern. In diesen Tagen des Eid trägt er ein langes weißes Gewand, gegen das sein dunkles Gesicht kontrastiert. Die Brille lässt ihn noch intellektueller erscheinen.

Wir deuten an, dass wir die ständige Begleitung, die Tatsache, dass wir trotz unserer Permissions wie Touristen mit dem Konvoi fahren mussten und uns nicht frei bewegen können, nervig finden. Hosean lacht. Ja, die Sicherheitsbestimmungen muteten tatsächlich etwas absurd an. Sie würden auch von den Menschen hier als Schikane empfunden und schadeten dem Fremdenverkehr. Seit den Anschlägen in Luxor erwarteten internationale Reiseveranstalter aber die erhöhten Sicherheitsvorkehrungen. „Wenn wieder etwas passiert, und es steht weder Polizei noch Militär bereit, wird die Weltpresse über uns herfallen." Dann spricht er freundlich mit dem jungen Polizisten, versichert ihm, dass die Herren bei ihm gut aufgehoben seien und gewiss nicht ausbüxen. Und tatsächlich verabschiedet sich der Mann in bestem Einvernehmen.

In Hoseans Arbeitszimmer steht ein großer PC, Laserdrucker,

Scanner. Hosean lädt gerade Programme aus dem Internet. – Ob wir heute Abend zum Essen kommen mögen? Wir wollen keine Umstände machen, erwidern wir. Hosean lächelt. Vom Eid sei noch reichlich Essen im Haus. Ob wir jetzt gleich zu den Tempeln fahren wollten? Vielleicht träfen wir dort Samy an, einen nubischen Tempelwächter. „Seine Familie arbeitet seit über 100 Jahren als Gafire im Tempel."

Also fahren wir auf sauber asphaltierter Palmenallee auf zwei hohe Dünen zu: die Berge Meha und Ibschek. Wir passieren Sicherheitsschranken und Militärs, laufen an einem mit Kameras überwachten Zaun hinunter zum See. Hosean zeigt auf den halbrunden Uferfelsen, dessen zerfräste Steilwand direkt unter uns im Wasser versinkt. Dort stand früher der große Tempel. An dem ausgehöhlten Zahnrumpf macht gerade ein Hotelschiff fest. Auf der anderen Seeseite bemerke ich die aus dem Wasser ragenden Spitzen der Pyramidenberge, die für diese Landschaft einmal so charakteristisch waren.

Hoseans fünfjähriger Sohn Ihab springt munter vor uns her. „Immer wenn ich hierher komme, erinnert mich das an mein Dorf", erzählt Hosean. Er ist noch im alten Abu Simbel geboren, einem Dorf, das ursprünglich Farreg hieß und auf der anderen Nilseite lag. Weil die Nildampfer aber dort anlegten und die Touristen immer von Abu Simbel sprachen, wurde Farreg Anfang des vergangenen Jahrhunderts umbenannt. „Wir Kinder spielten vor dem Haus auf einem kleinen Hügel. Da saßen wir manchmal, schauten auf die beiden Tempel und malten sie in den Sand."

„Ich habe Abu Simbel das erste Mal in den 60er Jahren gesehen", erzählt Kuper, „noch vor der Umsetzung". Hosean lächelt. „Als ich so alt war wie Ihab jetzt, haben wir uns ständig hier herumgetrieben, wenn die Hotelschiffe aus Assuan oder Wadi Halfa anlegten. Wir konnten die Tempel immer sehen. Sie waren immer bei uns. Sie sind mir völlig vertraut."

Mir sind die Tempel auch völlig vertraut. Ich habe gelesen, was greifbar war, populär-wissenschaftliche Bücher, Bildbände, Reiseführer, Magazine. Nach über zwei Jahren Vorbereitung trete ich nun vor das Weltwunder, beinahe zögernd. Ich bin angekommen. Viele Reisende griffen zur Feder, um die Wucht zu beschreiben, mit der das Bauwerk auf sie wirkte. Ich bin auf alles vorbereitet, trete in gespannter

Erwartung vor die Kolosse und notiere noch am gleichen Abend ergriffen: Ramses ist eine Wucht!

Pharao ist groß. Pharao ist erhaben. Beständig muss man zu ihm aufschauen – wie zur Sonne –, je näher man auf den vierfach Thronenden zuschreitet. Es ist ein Schreiten. Denn während man nach oben schaut, muss man langsamer gehen, um nicht über den Felsboden zu stolpern.

Reiseführer scharen ihre Gruppen um sich. Daten, Zahlen, Fakten werden in Englisch, Französisch, Deutsch über den Tempelvorplatz gerufen: 38 Meter breit, 31 Meter hoch, die Maße eines neunstöckigen Hochhauses. Gewaltig, turmhoch, imposant. Vier 22 Meter hohe Ramsesfiguren, jede verkörpert eine göttliche Eigenschaft des Herrschers. Die Architektur verherrliche die Unsterblichkeit des Ramses, sagt ein Reiseleiter. Die Architektur mache Ramses unsterblich, sagt ein anderer.

Das sanfte Lächeln der Kolosse. Vielleicht grienen die drei Herren über den Vierten, der unten Staub schluckt. Wie auch immer. Pharao lächelt milde im warmen Sonnenbad. Als Sohn der Sonne hat er eine allmorgendliche Verabredung mit der aufgehenden Lichtscheibe, mit Re, seinem göttlichen Herrn Papa. Dazu hat Ramses (Regierungszeit 1279 bis 1213 v. Chr.) seine Familie mitgebracht und vor der Tempelfront versammelt: seine Große Königsgemahlin Nefertari, „die Allerschönste", auch einige ausgesucht hübsche Töchter und Söhne. Alle 100 wären nicht aufs Bild gegegangen. Ramses huldigt also der Sonne, und die Sonne huldigt ihm. Alles ist in schönster Ordnung oder in der „Maath", wie die alten Ägypter sagten.

An den Gebirgswänden der Umgebung wurden Felszeichnungen aus prähistorischer Zeit gefunden. Vermutlich gab es hier bereits eine Kultstelle, auch eine nubische, die Ramses dann mit einem Hathor-Tempel für Nefertari monumental überbauen ließ. Erst danach ließ er sein noch prächtigeres Selbstbildnis nebenan eingravieren. Nichts an diesem grandiosen Bauwerk ist zufällig, alles beruht auf präziser astrononisch-astrologischer Beobachtung: auf der Rückkehr des Sothissterns am Nachthimmel nach 70-tägiger Abwesenheit, auf dem zeitnahen Eintreffen des Nilhochwassers. Hosean sagt, in Abu Simbel empfing Ägypten sozusagen offiziell die alljährliche lebensspendende Nilflut. Sie markierte den Beginn des neuen Jahres, und der hier wachende steinerne Ramses garantierte und demonstrierte gewissermaßen die Zuverlässigkeit der Götter. Mit dem Tempel wurde der Gang der Sonne und Pharaos Herrschaft kultisch miteinander verquickt, ein kosmischer Bund, erneuert jeweils an zwei Tagen des Jahres. Pharao feierte zwei Mal im Jahr ein Osterfest. Vom 10. Januar bis zum 30. März und vom 10. September bis zum 30. November legt die Sonne täglich eine weitere Sprosse ihrer Himmelsleiter in den sich verjüngenden Tempelschacht. Am 20. Februar und am 20. Oktober endlich entzündet das Licht den kosmischen Lebensfunken auf dem gemeißelten Antlitz der Reichsgötter, die im Allerheiligsten, 64 Meter tief im Berg darauf warten, aus winterlicher Dunkelheit erlöst zu werden. Da sitzt Ramses zur rechten und zur linken Hand der Götter (denen über die Jahrhunderte hinweg leider Hände und Unterarme abhanden gekommen sind). Im Frühjahr trifft das Licht zuerst die Statue des Amun, der mächtige Reichsgott von Theben, dann auf Ramses, der göttliche Pharao, danach auf Re-Harachte, der Sonnengott des Südens. Im Herbst ist es die umgekehrte Reihenfolge. Einzig Ptah, Reichgott von Memphis und Gott der Finsternis, wird vom Licht nur an der linken Schulter gestreift.

Die Götterdämmerung wurde mit der Feier des Sed-Festes[*] verbunden und die beiden Feiertage bildeten wohl dessen zeremoniellen Höhepunkt. Der Pharao wurde mit kosmischer Energie aufgetankt und verlängerte so alljährlich seine Kraft und Herrschaft ins Unendliche, denn alle Lust will Ewigkeit. Dass diese beiden Daten auch noch mit seinem Geburtstag und Krönungstag zusammenfallen, wäre gewiss nach Ramses' Geschmack, ist aber nicht beweisbar. Seit der Umsetzung der Tempel findet das „Sonnenwunder" offiziell zwei Tage später als in der Antike statt. Dann knubbelt es sich

---

[*] „Um sich zu regenerieren und das Heil seiner Herrschaft dauerhaft abzusichern, beging der alternde König, dem die Texte eine unendliche Zahl von Regierungsjahren verheißen, gewöhnlich zum ersten Mal nach 30 Regierungsjahren und dann erneut nach je drei Jahren das so genannte Sed-Fest (Erneuerungsfest). Am Vorabend wurde eine Statue des Königs begraben, die symbolisch seinen Tod bedeutete, während am folgenden Tag der König in Analogie zu der sich Nacht für Nacht regenerierenden Sonne wieder verjüngt auf dem Thron erschien, erneut gekrönt wurde und seine Lebenskraft durch einen Lauf vor den Göttern unter Beweis stellte." (Thomas Schneider, Das sakrale Königtum. In: Ägypten, S. 325)

im Tempelinneren, denn möglichst viele Besucher wollen den magischen Augenblick erleben, der vor Jahrtausenden nur den Priestern vorbehalten war. Dabei ist das Wunder in kaum wahrnehmbaren Graden auch noch Tage vorher und nachher zu beobachten.

Hosean Mokhtar hat viele Berufe ausgeübt, unter anderem schnitzte er im Kairoer „Nile Hilton" die Eisskulpturen für die Buffets. „Das ist eine filigrane und schwierige Arbeit", sagt er. „Aber wenn ich hier die Steinmetzarbeiten ansehe, alles aus einem Fels perfekt geschnitzt – das ist viel schwieriger, als mit Eis zu arbeiten. Wenn an der Eisskulptur etwas abbricht, kann ich das wieder ankleben. Hier – no chance. Hätten die Arbeiter etwas abgebrochen, der ganze Bau wäre verpfuscht gewesen."

Abu Simbel ist keine Buffetskulptur. Es brauchte schon ein mittleres Erdbeben, ihn umzuwerfen. Es war vermutlich in Ramses' 31. Regierungsjahr, keine sieben Jahre nach der Einweihung der Tempel 1255/56[*], als ein Beben einen der Kolosse aus der Fassade kippte. Wie oft Ramses persönlich zur Sonnenkur nach Abu Simbel kam, man weiß es nicht. Viel Spaß wird ihm der demolierte Protzbau wohl nicht bereitet haben. Natürlich wurde repariert, aber anpappen ließ sich der Kopf nicht mehr. Auch seinen Nachfolger Sethos II. werden die Folgekosten nicht erfreut haben. Er ließ die rissigen Fassaden erneuern, was ziemlich aufwendig gewesen sein muss. Immerhin waren sie mit farbenprächtigem Stuck überzogen. Solche Restaurierungen kann man sich nur leisten, wenn Personal nichts kostet.

Hosean erzählt, er sei 1986 nach Abu Simbel zurückgekehrt und habe zunächst als Guide gearbeitet. Die Idee für die festliche Inszenierung des Sonnenwunders stamme von ihm: Nubier tragen an den beiden magischen Tagen um 6.30 Uhr die Heilige Barke ins Allerheiligste. Sie hätten das Festival anfangs sogar selbst finanziert, sagt Hosean, damit es überhaupt stattfinden konnte. Jetzt organisiere es der Gouverneur, und die Nubier seien wieder außen vor.

---

[*] Die Zeitangaben in der Literatur sind ziemlich verwirrend. Einmal ist Ramses kaum 15 Jahre alt, als er den Tempel in Auftrag gibt. Ein anderes Mal sollen die Tempel innerhalb weniger Jahre aus dem Fels geschlagen worden sein, aus Anlass von Ramses 30. Regierungsjahr, das jetzt auf 1260 datiert wird. Manche Ägyptologen aber lassen seine Regierungszeit schon mit seiner Einsetzung zum Mitregenten durch Sethos I. beginnen, andere erst mit seinem offiziellen Amtsantritt 1279.

Die Besucher tragen ihre Ferien-Lektüre unterm Arm: Christian Jacqs Ramses-Romane, „Der Sohn des Lichts", „Die Herrin von Abu Simbel"; Christiane Desroche Noblecourts Ramses-Biographie. Die Grande Dame der französischen Ägyptologie erzählt die Abu-Simbel-Story, als wäre sie dabei gewesen: Dass Ramses und Nefertari die Bauarbeiten unter der Aufsicht des ersten Steinmetzes Pyay selbst inspiziert hätten. Wie angetan die „Große Königsgemahlin" von dem kleinen Tempel von Ibschek gewesen sei, den Ramses ihr gewidmet habe: die Gemahlin als Verkörperung der Göttin Hathor, der Göttin der Schönheit und Liebe.

Nefertari, sagt Hosean, sei eine nubische Schönheit gewesen. Eine Nubierin? Das ist Kuper und mir neu. Eine Theorie, meint Hosean. Jedenfalls setzte Ramses seiner Frau ein grandioses Denkmal, „einen Liebestempel", erklären die Reiseführer. Die Ägyptologen sind da nüchterner. Nefertari werde aufgrund der ihr zukommenden theologisch-kosmologischen Bedeutung verehrt. Mag sein, sagt Hosean, „aber es gibt keinen anderen Tempel, bei dem ein Pharao seine Frau in der gleichen Größe wie sich selbst darstellen ließ." Eine solch mächtige Position der Frau kenne man auch aus der nubischen Antike.

Der kleine Ihab springt munter vor uns her und begrüßt einen Mann in einer blendend weißen Galabiya. Er sitzt mit einem großen goldenen Schlüssel, geformt wie ein Anch, zu Füßen der Kolosse. Ein munteres Zwitschern über ihm. Schwalben segeln aus der Tempelpforte. Sie sind beinahe lauter als die Fußtritte der Besucher auf dem Holzbohlenboden.

Hosean Mokhtar umarmt den Gafir und macht uns miteinander bekannt. Samy sieht müde aus. Er ist Mitte 30 und schiebt jede Nacht Wache am Tempel. So wie auch schon sein Vater und Großvater. Samy zeigt auf das arabische Graffiti seines Urgroßvaters, das am Eingang neben der Wade eines Gottes eingraviert ist. Auch der saß schon an dieser Stelle.

Hinter Samy bemerke ich das berühmte Relief mit den gefesselten Afrikanern. Sie erinnern an die militärischen Kampagnen, die Ramses nach Unternubien und gegen die „elenden Großen von Kusch" unternahm. Abu Simbel war eine auf Effekt ausgerichtete

Architektur. Ramses' Imponiergehabe sollte die nubische Bevölkerung einschüchtern. Beinahe kommt es mir so vor, als sei auch dieser müde Samy noch an diesen Tempel gekettet.

„Alle Welt nennt Abu Simbel ein nubisches Monument", sagt Hosean. „Aber weder Abu Simbel noch Kalabscha oder Dendur waren nubisch. Sie wurden von wechselnden Herren gebaut, von Ägyptern, Griechen, Römern, aber nicht von Nubiern." Immerhin haben Nubier über Jahrhunderte hinweg mit diesen Tempeln gelebt – bis in eine Zeit, in der sie vom Ursprung und der Bedeutung der Bauwerke längst nichts mehr wussten. Da waren es dann aber schon ihre Tempel, jedenfalls berichten das die europäischen Entdecker.

Johann Ludwig Burckhardt hätte Abu Simbel vor lauter Sand beinahe übersehen. Der Schweizer war 1813 eigentlich unterwegs zu den Quellen des Niger. Ein bemerkenswerter Mann, damals 28 Jahre alt. Er hatte in London und Cambridge Arabisch studiert, verbrachte in der Verkleidung eines mohammedanischen Händlers einige Jahre in Syrien, in Palästina und im Libanon – er war auch der erste Europäer, der die Felsenstadt Petra betrat – und war ein Kenner des Islam. Unter dem Namen Ibrahim ibn Abdallah machte er sogar eine Pilgerfahrt nach Mekka. All das aber tritt zurück hinter die Tatsache, dass Burckhardt als Erster die Tempel von Abu Simbel in Europa bekannt machte.

Im Frühjahr 1813 erkundigt er sich in der Nähe von Ibrim bei den Einheimischen nach pharaonischen Tempeln. Nubier erzählen ihm von einem Tempel in Ebsambal, und er begibt sich am 22. März dorthin. Burckhardt überlässt sein Kamel der Aufsicht seiner nubischen Führer und steigt von der Hochebene den sandbedeckten Abhang hinunter. Ausführlich betrachtete er den Tempel der Nefertari. Als er die Sanddüne wieder hinaufsteigt, gerät er „durch einen glücklichen Zufall südwärts etwas vom Wege. Und da fiel mein Blick auf das, was von vier ungeheuren, aus dem Fels herausgehauenen Kolossalstatuen noch aus dem Sand ragte".

Zwei Jahre später versuchen der Engländer William John Bankes und der Italiener Giovanni Finati in die Tempel einzudringen. Auch sie scheitern an den enormen Sandmassen. Immerhin gelingt es ihnen, in den Nefertari-Tempel einzudringen. Vom großen Ramses-

Tempel aber sehen auch sie nur den Rumpf einer Kolossal-Statue. Was für eine Versuchung müssen die riesigen Figuren gewesen sein, welche Verheißung und welche Frustration, des Sandes nicht Herr zu werden.

Auch der piemontesische Konsul Bernardino Drovetti (1776 bis 1852) scheitert – allerdings an den Nubiern. Er hinterlegt 300 Piaster. Die Dörfler möchten bis zu seiner Rückkehr die Tempelfront freilegen. Als er zurückkehrt, ist nichts getan. Die Nubier erklären ihm, sie hätten keine Verwendung für „Geld".

Erst Drovettis Gegenspieler, dem legendären italienischen Abenteurer und Zirkusartist Giovanni Battista Belzoni, gelingt es am 1. August 1817, in den großen Tempel einzudringen, bäuchlings – und gegen den Widerstand der Nubier. Der Schweizer Burckhardt hatte dem Italiener von seiner Entdeckung erzählt. Natürlich spekulierte Belzoni darauf, dass ein solch riesiger Tempel ebenso reiche Schätze enthalten müsse.

Als Belzoni vor Abu Simbel anlegt, muss er sich mit einem Dawud Kashif auseinandersetzen. Der durchschaut den Schatzsucher. Er habe die Reise doch nicht wegen einiger „alter Steine" gemacht, wie Belzoni vorgab. Er sei doch auf der Suche nach Gold so wie jener Drovetti. „Ich antwortete, die Steine, die ich mitnehmen wollte, seien Bruchstücke, die dem Volk der Pharaonen gehört hatten. Und wir hofften, anhand dieser Bruchstücke zu erfahren, ob unsere Vorfahren aus diesem Land stammten. Das sei der wirkliche Grund, der hinter meiner Suche nach alten Steinen stecke." Die Ahnen- und Familienforschung schien auch der scharfsinnige Dawud nicht verhindern zu wollen, er stellte Belzoni jedenfalls einige Männer zur Verfügung. Mit seinem „Geld" aber könnten die Leute hier nichts anfangen. Belzoni war ein Zirkus-Trickser: In Assuan, erklärt er, erhalte ein Mann für diese Münzen Getreide für den ganzen Winter. Er gibt einem der Nubier eine Piastermünze, schickt ihn zu seinem Boot, auf das er nach Getreide für drei Tage verlangen möge. Die Nubier sollen sich vor Lachen die Bäuche gehalten haben. Als der Mann aber mit einem Dreitagevorrat zurückkehrt, seien sie gewonnen gewesen. Natürlich hatte Belzoni das Manöver mit seinen Leuten abgesprochen. So machte Belzonis Antikengier die Nubier mit der Geldwirtschaft bekannt.

Die Arbeit kam jedoch nicht in Schwung. Der Tempel war zu zwei Dritteln im Sand begraben. Die Schaufelei war mühselig, „wie wenn man ein Loch in Wasser bohren wollte". Nach einer Woche stießen sie in einer Tiefe von sechs Metern auf die Figur des falkenköpfigen Re-Harachte in der Mitte der Fassade. Dann ging Belzoni das Geld aus. „Geld weckte die menschliche Gier", klagt er, „sehr bald hingen diese Wilden mit allen Fasern ihres Herzens daran."

Erst ein Jahr später kehrte Belzoni zurück. Er bot 300 Piaster für 30 Mann – 80 kamen und arbeiteten tagelang. Bis zum Ramadan. Dann mußten Belzonis Getreue allein weiterschaufeln: „Wir stellten fest, dass einer von uns genauso viel schaffen konnte wie fünf Fellachen." So groß war die Gier. – Sie schufteten den ganzen Tag, steckten mit ihrem Eifer sogar einige Nubier an. „Da aber viele von ihnen vom gegenüberliegenden Ufer des Nils stammten, herrschte zwischen ihnen und denen aus Abu Simbel Uneinigkeit, was zu ständigen Querelen führte."

14 Tage lang schaufelte die Truppe. Zuletzt ernährte sie sich von dürftigem Proviant. Als sie die Spitze des Portals endlich erreichte, schützt Belzoni das Innere mit Palmstämmen vor dem einrieselnden Sand. „Da wir aber im Inneren stickige Luftverhältnisse befürchteten, warteten wir bis zum nächsten Morgen." Als sie schließlich durch eine Öffnung hinein wollen, versucht ihre Schiffsmannschaft sie daran zu hindern. Wieder spielen die Nubier nicht mit.

Belzoni findet keine Schätze, nur „zwei Löwen mit Falkenköpfen in Lebensgröße, eine kleine Sitzfigur und einige Kupferverzierungen an den Türen", die er mit nach Luxor nimmt. Die Sphingen befinden sich heute im British Museum. In Kairo ist das Inventar der Sonnenkapelle: der Altar, zwei kleine Obelisken, vier Paviane.

Als David Roberts am 9. November 1838 – 25 Jahre nach Belzoni – Abu Simbel besucht, zeichnet er die Dünen, die bis zum Nil hinunterreichten. Auch Marcel Ducamps Fotografien zeigen die dekorativen Sandwehen, die den Entdeckern so zu schaffen machten. „Gründonnerstag beginnen wir mit Abräumungsarbeiten, um das Kinn eines der äußeren Kolosse freizulegen", schreibt Ducamps Begleiter Gustave Flaubert. Erst 1909/1910 sind die Kolossalstatuen, die Terrasse, der Vorhof und die Zugangswege zum Tempel vom letzten Sand befreit.

Heute lesen sich die Fassade und die Tempelwände wie das „Who is Who" der Bildungsreisenden des 19. Jahrhunderts. Belzoni hinterließ seinen Namen im Allerheiligsten, Noccolo F. Rosellini, James Burton, Richard Lepsius, Fürst Pückler-Muskau, Amalia Edwards. Champollion verzichtete, tausend andere nicht. David Roberts war bestürzt, „dass diese Meisterwerke nicht nur von Souvenirjägern beschädigt, sondern auch noch von Namenszügen der verschiedenen Tomkins, Smith und Hopkins verschandelt sind. Eine Hand der am besten erhaltenen Kolossalstatue ist von diesen Frevlern zerstört worden. Sie haben nicht nur einen Finger der großen Statue mitgenommen, sondern auch noch die Frechheit besessen, ihre dummen Namen sogar in die Stirn der Götterstatue zu hauen." Roberts wünschte sich den schützenden Sand zurück, der den Tempel so lange verborgen hatte. Die Nubier wohl auch. Champollion schreibt: „Bei unserer Ankunft hatten die Sandmassen – und die Nubier, die sie vorsorglich davorstoßen – den Eingang geschlossen."

Am Nachmittag sitzen wir im schattigen Innenhof des Hauses von Samys Vater Rabeia Hassan Salem. Er ging nicht mit den anderen Männern aus Ballana nach Ballana Gedid, in die Neubausiedlungen bei Kom Ombo, sondern blieb auf der Baustelle und gehörte nach der Umsetzung der Tempel zu den ersten Bewohnern von Abu Simbel. Der beinahe zahnlose Mittsechziger serviert uns Tee und zeigt uns dann ein gerahmtes Foto an der Wand. Darauf ist er kaum älter als sein Sohn Samy heute. Er steht vor dem Tempel und spielt auf einem Saiteninstrument, singt mit einigen Männern, die wie er eine weiße Galabiya tragen. „Früher kamen dreimal die Woche die Hotelschiffe aus Assuan und Wadi Halfa. Wir machten Musik und tanzten, verkauften Souvenirs. Manche Besucher brachten wir in unser Dorf Ballana, südlich der Tempel. Manche übernachteten sogar in unseren Häusern, aßen mit uns. Zwischen uns gab es keine Distanz. Wir fühlten uns gleich", übersetzt Hosean. Manche Gäste seien sogar mehrere Wochen geblieben – ein Professor, der die Gräber in Ballana ausgrub. „Damals war es einfach, Gäste zu haben", sagt Rabeia. Heute sei alles anders. „Es ist alles tot." Die Tempel sind mit einem hohen Sicherheitszaun umgeben und werden abends geschlossen. Statt tanzender Nubier gibt es eine Sound- und Lightshow.

„Früher hatten wir das Gefühl, dass der Tempel uns gehört", sagt Rabeia. „Wir gehörten zum Tempel und der Tempel gehörte zu uns. Jetzt ist alles anders. Er gehört weder uns noch den Touristen." Besucher kämen nur noch selten in den Ort. Die mit dem Bus oder Flugzeug anreisen, haben dafür keine Zeit mehr. „Sie fahren auf den Parkplatz neben dem Tempel und sind eineinhalb Stunden später wieder weg. Sie trinken hier nicht einmal mehr Tee."

Als Rabeia ein Kind war, hütete er in der Nähe der Tempel das Vieh. „Am Mittag trieben wir es manchmal hinein zum Schutz gegen die Sonne. Der Großvater erzählte uns dann Geschichten über den Tempel. Es gab so viele Sachen darin. Ich weiß gar nicht, wohin sie die gebracht haben. Es fehlt so vieles. Die Krüge, die Steine." In seiner Jugend habe es im Tempel eine Eisentür gegeben. Ein englischer Inspektor sei mehrmals im Jahr gekommen, habe sie geöffnet und nach dem Rechten geschaut. „Es gab auch viele Altertümer um unsere Häuser. Wir haben sie nicht angerührt. Als Kinder spielten wir in den Gräbern. Sogar Mumien lagen da drin, die die Archäologen dann mitgenommen haben. Alles ist weg, alles ist verloren. Manchmal fanden wir Kinder sogar Perlen. Mit denen haben wir dann gespielt. Als ich sie an Besucher verkaufen wollte, griff ich in meine Hose und fand sie nicht mehr." Rabeia lacht. „Wir Nubier können mit Kostbarkeiten spielen. Zu Geld machen können wir sie nicht."

Den Nubiern sei damals nicht bewusst gewesen, dass sie etwas Besonderes besitzen. Die alten Sachen waren Teil ihres Lebens. „Wir benutzten die antiken Töpfe in unseren Häusern. Manchmal fanden wir noch Goldstaub auf dem Grund der Gefäße. Wir haben ihn weggeschüttet, damit wir die Töpfe benutzen konnten. So war das! Wir warfen das einfach weg!"

Kuper gibt mir mit rollenden Augen zu verstehen, dass der alte Rabeia nunmehr ins Reich der nubischen Fabel abdrifte. „Neben dem kleinen Tempel gab es eine Statue, die hielt etwas in der Hand, mit dem das Gewicht der Ernte gemessen wurde", sagt Rabeia noch. Seit der Versetzungsaktion sei sie nicht mehr aufgetaucht. „Wo die wohl geblieben ist?"

Während der Umsetzungsaktion arbeitete Rabeia für die Vermessungstechniker. „Manchmal kommen heute noch Leute von damals", sagt er. „Sie fragen immer noch nach mir." Ich frage ihn nach den untergegangenen Dörfern. Rabeia macht eine Pause. Hosean schiebt ihm das Glas Tee hin, das er bislang nicht angerührt hat. Ja, er könne sich noch gut an den Augenblick erinnern, an dem sein Haus unterging. „Nie werde ich diesen Moment vergessen", sagt er. „Während der Bauarbeiten habe ich jede Minute gezählt, in der das Wasser stieg. Ich ging jeden Tag zu dem Haus, in dem ich geboren wurde, auch an dem Tag, an dem es unterging. Ich sehe das Wasser noch vor mir. Wie es über das Dach schwappte. An diesem Tag versank ein Stück von mir. Ein sehr trauriger Moment. Alle Ausländer fühlten mit uns."

Ich frage Samy, warum auch er hier Gafir geworden ist, warum er nicht wie andere junge Männer in die Stadt oder ins Ausland gegangen sei. „Ich habe in Zamalek als Gafir gearbeitet. Aber der Job gefiel mir nicht, und ich war einsam in der Stadt. Ich bin dann zurück nach Assuan, zu einer Straßenbaufirma. Aber das war auch nichts für mich. Ich wollte bei meiner Familie sein. Also habe ich mich als Gafir beworben, so wie alle Männer meiner Familie. Sie haben mich sofort genommen." Selbst wenn er hier etwas anderes machen wollte, in Abu Simbel gebe es keine Jobs. Nein, Spaß mache ihm der Gafir-Job nicht wirklich. Aber man müsse halt Geld verdienen. „Abu Simbel müsste eine wirkliche Besucherstadt sein, in der die Leute länger bleiben. Wenn sie das Besuchersystem ändern würden, dann könnten unsere Frauen Handarbeiten verkaufen. Wir könnten Läden haben." Im neuen Basar bei den Tempeln sei er nicht zum Zuge gekommen. Einen Verkaufstisch dürfe er dort nicht aufstellen.

Samy bittet uns in sein Haus, das unmittelbar neben dem des Vaters steht, mit einem kleinen Laden, lehmverputzten Wänden. Es gibt ein Wandregal, auf dem Zucker und Tee stehen. Speiseöl wird aus einem Kanister abgefüllt. Die Nachbarn holen sich bei Bedarf eine Tasse voll. Einen Kühlschrank hätte Samy gerne. Dann könnte er Eis an Touristen verkaufen. Wenn sich denn mal einer zu ihm verirre.

Der alte Rabeia zeigt uns sein zweites Haus, eines, das in den 60er Jahren von arabischen Bautrupps errichtet worden sei, ein robustes Steinhaus mit gewölbter Decke. Er habe es langfristig mieten können. Rabeia zwinkert mir zu. Er vermiete es weiter an eine nubische Familie. Mit einem hübschen Aufschlag, übersetzt Hosean.

Und wenn ein Haus erhalten blieb, und noch widerstehen konnte, ohne von dem verheerenden Unglück in Trümmer gelegt zu sein, stehen doch die Fluten höher als sein First, und tief unter dem Strudel sind die Türme versteckt.
OVID „DIE SINTFLUT"

Rabeia kann sich nicht erinnern, in welchem Monat die Bauarbeiter nach Abu Simbel kamen. Wie die meisten Nubier besitzt auch er keine schriftlichen Aufzeichnungen aus dieser Zeit. „Das war lange, nachdem sie in Assuan mit dem Bau des Sadd el Ali begonnen haben. Anfangs kampierten Archäologen und Vermessungsingenieure in Zelten vor dem Tempel, einige wohnten auch in Ballana. Die Bauarbeiter kamen erst, als die meisten von uns schon in Kom Ombo waren. Die Felder waren schon überschwemmt."

Die Situation Anfang der 60er Jahre ist von Journalisten, Fotografen, Archäologen beschrieben worden – den Nubiern selbst sind kaum Fotografien von ihren Häusern und Dörfern geblieben. Fotoapparate waren für sie unerschwinglich. Was sie wissen, erzählten die Eltern und Großeltern den Jungen. Ich habe den antiquarischen Bildband des Fotografen Georg Gerster mitgebracht, und Rabeia betrachtet ihn andächtig.

Ende der 50er Jahre hatte die ägyptische Regierung in den nubischen Dörfern verkündet, dass ein neuer Damm in Assuan gebaut werde, dass sie zwar ihre Dörfer verlassen müssten, aber mit Geld und komfortableren Häusern entschädigt würden, in einer vielversprechenden Gegend. „Für die mehr als zwei Drittel Analphabeten unter der Bevölkerung hat das Propagandaministerium Comic-Strip-ähnliche Zeichnungen über die hereinbrechenden herrlichen Zeiten verfertigt", schrieb damals „Der Spiegel". Motorisierte Trupps brachten den Film vom großen Damm bis in das letzte Wüstendorf. „Die hungernden Fellachen verschlingen gierig Nassers Kintopp vom schöneren Leben" – mit fließendem Wasser, Elektrizität, Schulen für die Kinder, Krankenhäusern für die Alten, Felder für die Frauen und Männer. „Das hörte sich gut an", erzählt Rabeia. Viele in den Dörfern zwischen Assuan und Wadi Halfa wollten den Untergang ihrer Heimat jedoch nicht wahrhaben. Dass das Wasser so hoch steigen würde, war für viele nicht vorstellbar. Außerdem stieg das Wasser hinter der Mauer des Sadd el Ali in den ersten vier Jahren nach Baubeginn kaum, und es dauerte lange, bis es Abu Simbel, 280 Kilometer vom Damm entfernt, dann tatsächlich erreichte. „Eines Tages kamen auch zu uns die Schiffe, die das Vieh, den Hausrat und zuletzt die Menschen nach Assuan brachten, von wo wir auf Lastwagen weiter nach Kom Ombo gebracht wurden", erinnert sich Rabeia.

Ballana, auf der Westseite des Nil, war ein isolierter Ort. Es führte keine Straße dorthin, es gab keine Fernseher, keine Zeitungen. Von dem Appell des Generaldirektors der UNESCO, Vittorio Veronese, hatten die Dörfler nichts gehört. Auch nichts von den Diskussionen, in denen sich Ingenieure und Architekten vier Jahre lang gegenseitig mit Rettungsszenarien für Abu Simbel überboten.

Rabeia lächelt ungläubig, als ich erzähle, welche Varianten zur Rettung der Tempel damals ernsthaft erwogen wurden: Eine „Französische Lösung" wollte die Tempel durch zwei halbkreisförmige Schalendämme vor dem Wasser schützen. Besucher wären dann mit Aufzügen hinuntergefahren. Dieser Plan wurde genauso verworfen wie zwei andere Szenarien. Das eine wollte die Tempel unter Wasser setzen und die Besucher in eine gläserne Unterwasseraussichtsplattform führen; ein anderes Mal sollten die Tempel auf Betonflöße gestellt und mit dem steigenden Wasserspiegel gehoben und landeinwärts gezogen werden. Die Italiener wollten Abu Simbel mit Winden emporheben – was aber auch nicht finanzierbar war.

Am 16. November 1963 entschied sich die UNESCO für die vierte, die so genannte schwedische Lösung, die tatsächlich auf einen Vorschlag des ägyptischen Bildhauers Ahmad Osman zurückgeht: das Heraussägen und Versetzen der Tempel Stück für Stück. Die Archäologen warnten: Jeder dritte Block des weichen Sandsteins würde zerbröseln; Feuilletonisten erklärten, die Tempel würden ihre „Seele verlieren". „Ich habe es einfach nicht für möglich gehalten, dass sie den Tempel wieder zusammenbauen können", sagt Rabeia. „Ich habe es mir einfach nicht vorstellen können." Tatsächlich wurden nur drei Blöcke beschädigt, die wieder sorgfältig zusammengefügt wurden.

> *Wahrheiten sind Illusionen, von denen man vergessen hat, dass sie welche sind.*
> NIETZSCHE

Seit Mitte der 90er Jahre ist Hosean Vertreter des Government Press Office in Abu Simbel. Einige Jahre saß er für die Regierungspartei NDP im City Council. Heute ist er Delegierter in der Provinz-Kammer von Assuan.

Sein früh verstorbener Bruder Dr. Mokhtar Mohamed Khalil war Ägyptologe, studierte 1986 in Bonn und erarbeitete ein Deutsch-Nubisches Wörterbuch. Er habe viel dafür getan, dass das Nubische verschriftlicht werden konnte, sagt Hosean. Er würde dieses Nubische Wörterbuch gerne für seine Leute ins Arabisch-Nubische übertragen, denn Nubisch würden immer weniger Leute sprechen. Viele Traditionen gingen verloren, überlebten bestenfalls als Touristen-Folklore.

Hosean erzählt, dass auch sein Onkel zu den treibenden Kräften der Rückkehrer-Bewegung an die Ufer des Nasser-Sees gehörte. „He was one of the nation people, one of the big people", sagt Hosean. Der Onkel habe schon vor 20 Jahren gesagt, dass es nicht genüge, Geld an Neusiedler zu schicken. Man müsse selbst aktiv werden. Hosean verfolgte von Saudi-Arabien aus und in Kairo, wie sich das Resettlement-Project am Nasser-See entwickelte.

Schließlich fährt er mit uns entlang des Seeufers zur Siedlung El Salam – Friede. 150 Familien wohnten hier, sagt Hosean. In mehr oder weniger einförmigen Höfen, stelle ich fest. El Salam sei nur eine von rund einem Dutzend nubischer Neubau-Siedlungen um den Nasser-See, erzählt Hosean. In Abu Simbel lebten inzwischen rund 10.000 Menschen, davon seien 80 Prozent Nubier. Dazu zählt er offenbar auch diejenigen, die hier lediglich einen leerstehenden Zweitwohnsitz haben. Hosean zeigt uns sein Haus auf einem Hügel über der Straße. Es fällt mit seiner traditionellen Bauweise und der bunten Fassadenbemalung auf. Ja, das habe er selbst gebaut, als Musterhaus für die anderen. Schließlich habe er es als Versammlungshaus gestiftet. Er würde dort gern ein kleines Museum einrichten, zur Erinnerung an die nubische Umsiedlung. „Wir haben nichts außer einigen Büchern. Filme und Fotografien liegen alle in Kairo oder im Ausland. Es wäre schön, wenn wir da dran kämen." So steht das Haus leer, wie so viele hier draußen. Es gibt Siedlungshügel, auf denen nur Grundmauern unter Sandwehen erkennbar sind. Wer soll, wer will hier wohnen?

Hosean deutet auf zwei hohe Pyramidenberge, die Kilometer entfernt von El Salam über das Wüstenplateau ragen. „Dort drüben hat alles angefangen", sagt er. Anfang der 70er Jahre habe es Kooperativen in der Nähe der ehemaligen Dörfer Qustul, Adindan und Abu Simbel gegeben; Projekte, die mit dem politischen Wohlwollen Präsident Sadats und unter Aufsicht der am See allmächtigen High Dam Lake Authority mehr gebilligt als gefördert wurden. Ein politisches Abkommen zwischen Ägypten und dem Sudan öffnete damals die Grenzen zwischen den Ländern. Die Entwicklung der Seeregion sollte befördert werden.

Die Nubier aus Neu-Abu Simbel und Neu-Ballana saßen damals zusammen. „Nur wir kennen dieses Land", sagten sie, „wir sind die Einzigen, die wissen, wie man das Land kultivieren kann." Die Leute aus den umgesiedelten Dörfern und aus den Städten sammelten Spenden. Zwei Dutzend junge Leute, Lehrer, Ärzte, Bauern begannen 1977 am Fuß dieser Zwillingsberge eine erste Siedlung mit dem Namen El Salam zu gründen. Sie bauten Häuser, legten Felder am flachen Rand des Sees an. Die Löhne der Lehrer seien von der Regierung bezahlt worden, sagt Hosean. Die Häuser aber, so betont er, seien aus Spendengeldern errichtet worden. Die Kooperative habe Zucker, Tee, Dinge des täglichen Lebens miteinander geteilt. Hosean lässt das Bild einer urkommunistischen Sozialgemeinschaft erstehen. „Ja, so leben die Nubier", sagt er. „Sie teilen alles miteinander." Wird eine Hochzeit gefeiert, werde sie vom ganzen Dorf vorbereitet. Wird jemand krank, sorge sich das ganze Dorf um ihn. „So funktioniert das heute immer noch, nicht nur in den nubischen Dörfern, sondern überall, wo Nubier sind, selbst in Europa oder in der Golf-Region." – Entweder ist Hosean ein Nubischer Politaktivist, denke ich, oder aber diese Leute bewahren etwas, was dem Rest der Welt abhandenkommt.

Die Neu-Siedler mussten Lehrgeld zahlen: „Das war nicht mehr der Nil, den wir kannten", erzählt Hosean. „Der Fluss hatte sich völlig verändert. Früher waren Flut und Ebbe berechenbar. Der See war es nicht mehr. In der Dürreperiode zwischen 1982 und 1985 sank der Wasserpegel beständig. Der Boden war gut. Die Siedler folgten mit ihren Pflanzungen dem sinkenden Wasserstand. „Sie hatten das Gefühl, Land zu gewinnen und konnten sich nicht vorstellen, dass der See mit der nächsten Nilflut wieder rapide steigen würde." Tatsächlich verloren sie in einer Nacht alles: ihre Pumpen, ihre Felder und die neu gepflanzten Bäume. „Alles, was sie seit 1977 geschaffen hatten, war verloren."

1988 legten das World Food Programme der Vereinten Nationen und die High Dam Development Authority gemeinsam ein Millionen Dollar umfassendes Siedlungsprogramm für den Lake Nasser auf: das High Dam Development Programme. Zwischen 1987 und 1992 flossen angeblich fast 60 Millionen US-Dollar in die Kassen der High Dam Authority. Wieviel davon in Agrar- und Siedlungsprojekte am Nasser-See gingen weiß man nicht. Aber es wurden Straßen gebaut, Siedlungen wie Abu Simbel mit moderner Infrastruktur versehen. Die Regierung gab jedem, der hier Landwirtschaft betreiben wollte, fünf Feddan Land und ein Haus. Jeder habe so viel Land abstecken können, wie er bewirtschaften wollte, sagt Hosean. Das World Food Programme versorgte die Siedler mit Lebensmitteln. So wurden Arme und Landlose an den See gelockt, darunter auch einige Nubier aus der Kom Ombo. Nach Sadats Tod wurde das wieder geändert.

Als das Projekt „Sadat Agriculture Society for Nubians" den Nubiern die Rückkehr an den Nasser-See erlaubte, begannen sie sofort, Dattelpalmen anzupflanzen. Doch der Boden auf dem Wüstenplateau ist ein anderer als der über Jahrhunderte hinweg kultivierte Boden des Nilufers. „Wir haben die Palmpflanzungen aufgeben müssen", sagt Hosean. „Es war einfach zu kostspielig und brachte kaum Ertrag. Einen Baum aus dem Delta oder aus Kom Ombo hierhin bringen zu lassen, ist einfach zu teuer. Eine kleine Palme kostet 50 Pfund. Schon das ist viel für einen Ägypter. Bis der Baum hier war, kostete er 75 Pfund. So viel verdienen manche im Monat."

In den 80er Jahren arbeitete Hosean in einem Luxushotel in Saudi-Arabien. Dort gründete er gemeinsam mit anderen einen Nubischen Club. Die gäbe es in allen großen ägyptischen Städten und auch im

Ausland. „Da treffen wir uns, tauschen Neuigkeiten aus den Dörfern aus, sammeln Geld, um es nach Hause zu schicken." Schon in Saudi-Arabien hatten er und seine Freunde einen gemeinsamen Traum, erzählt er nicht ohne ein gewisses Pathos. „Ich bin noch im alten Abu Simbel geboren und aufgewachsen. Mein Großvater und mein Vater sind hier begraben. Das verbindet. Ich habe immer von diesem Ort geträumt. Als ich wieder in Kairo war, reifte mein Entschluss, Teil der Rückkehrbewegung zu sein. Ich hatte das bestimmte Gefühl, dass es jemand tun muss, anstatt nur immer darüber zu reden. Das war der Grund, warum ich meinen gut bezahlten Job in Kairo aufgab und schließlich hierher zurückgekehrt bin. Am Anfang waren alle überrascht. Auch meine Familie: Was ich denn hier machen, von was ich leben wolle. Aber man kann überall Arbeit finden. Ich träumte von einer Familie. Thanks God I have it now."

Um uns stehen inzwischen einige Männer in weißen Galabiyen, die Hosean freundlich grüßen. Frauen und Kinder sitzen vor den offenen Haustüren und schauen zu uns herüber. „El Salam ist etwas ganz besonderes. Hier wurde die Idee geboren. Hier haben wir angefangen." Zunächst seien es nur 44 Häuser gewesen, heute stünden hier mehrere Hundert. Vor allem Leute aus der Kom Ombo-Gegend seien herüber gekommen. Anfangs hätten sie gejammert, wie und wovon sie hier leben sollten, von welcher Arbeit. „Sie erwarteten eine gewisse Infrastruktur, medizinische Versorgung, ein Krankenhaus, Schulen. Viele hatten bei Kom Ombo bereits ein recht komfortables Leben geführt. „Aber wir, die wir die Ersten hier waren, wollten etwas voranbringen. Wir sagten: Wer den guten Willen und ein starkes Identitätsbewusstsein hat, der kann an jedem Ort der Welt leben und macht das Beste draus. Heute kann ich sagen: Wir haben schon viel geschafft."

„Das klingt, als ob du ein glücklicher Mann bist."

Hosean lächelt. Ja, ein sehr glücklicher Mann. „Ich habe eine kleine Familie. I am proud of them." Dann sei er also in die Fußstapfen des Onkels getreten, sage ich. „Nein, ich bin kein Führer", sagt Hosean. „Wir sind ein Team, wir arbeiten alle zusammen."

Auf unserer Fahrt zurück sehen wir sandverwehte Plantagen entlang der Straße, die Windbrecher liegen zerfetzt, die Felder vertrock-

net und verlassen. Wird hier noch gewirtschaftet? Werden diese leeren Viertel am See je bezogen? Präsentiert mir Hosean Potemkinsche Dörfer? Hosean sagt, das seien Projekte aus der Zeit nach Nasser, als die Regierung begonnen habe, alles zu regulieren. Man habe die Landwirtschaftsflächen weiter vom See entfernt anlegen lassen und mit Brunnen bewässert. Die Nubier aber wollten am See bleiben.
Vor uns fährt ein Traktor. Auf dem Anhänger sitzen arabische Arbeiter, blicken gleichgültig zurück zu uns. Obwohl der Traktor zur Seite fahren könnte, winkt der Fahrer uns nicht durch, lässt uns Staub schlucken. Der Gegensatz zu den fröhlich winkenden Nubiern aus Al Salam könnte nicht größer sein. „Saaidis", sagt Hosean teilnahmslos. Ob die Nubier hier willkommen seien, frage ich ihn. Hussein zögert. „Man spürt den Neid."

Am Abend sitzen wir auf der kleinen Terrasse hinter Hoseans Haus. Seine Frau bleibt mit den Kindern in der Küche. Wir Männer essen zuerst. Was übrigbleibt, isst die Familie. So ist es Sitte. Es gibt Hühnersuppe, Reis und Hammelfleisch, Cola und Wasser. Wir sprechen über den Film. Hosean, der mehr Erfahrung mit Filmemachern hat als ich, schlägt vor, Samys Familie in den Mittelpunkt zu stellen, die neuen nubischen Siedlungen zu zeigen, den Neuanfang hier draußen. Auch einige nubische Arbeiter, die draußen auf den Baustellen des Toshka-Projektes arbeiteten, würde er ausfindig machen. Er selbst sei gerne bereit, über die Bedeutung dieses Großprojektes für die Menschen am See zu sprechen. Er werde uns führen und alles organisieren. Das sei immerhin sein Job.

Ich frage ihn, welche Bedeutung das Toshka-Projekt für Abu Simbel hat. „Wir sind immer davon ausgegangen, dass es zehn bis 25 Jahre dauert, bis es fertig ist. Aber sie legen ein gigantisches Arbeitspensum hin. Ich denke, Abu Simbel wird sich in sieben, acht Jahren verändert haben. Es wird bunter, lauter, voller werden. Seitdem ich mich dazu entschloss, hierher zurückzukehren, hat mich immer die Frage beschäftigt: Was kann ich meinen Kindern hier bieten? Jetzt bin ich zuversichtlicher, dass Ahmed, Aya, und Ihab hier eine Zukunft haben. Insch'allah. So Gott will."

Ich wende ein, dass die Regierung hier eine Menge Leute aus den Städten herbringen wolle. Was dann aus den Nubiern werde? Das Szenario scheint einen Nerv zu treffen. Hosean hatte schon während des Tages mehrfach Andeutungen darüber gemacht, dass die äygptischen Autoritäten den Nubiern immer wieder Steine in den Weg geworfen hätten. Mehrmals habe man das von den Siedlern mühevoll kultivierte Land für Versuchsfarmen verstaatlicht. Auch im Bereich des Toshka-Kanals seien Nubier enteignet worden, während Großinvestoren riesige Flächen erhielten. Immer wieder Rückschläge und Demütigungen. Es gibt Nubier, die offen aussprechen, dass Ägypten sie seit 1960 betrüge und verrate. So offen wird Hosean als Angestellter der Ägyptischen Regierung nicht sprechen. „Wir werden für unsere Rechte kämpfen", sagt er. „Wir lassen uns auch vom Toshka-Projekt nicht verdrängen."

Wer weiß, was Ahmed, Aya und Ihab in zehn Jahren ihrem Vater erwidern werden? Lass uns in Ruhe mit deinem Nubien! Wir leben am Ende der Welt, daran ändern auch kilometerlange Tomatenfelder nichts. Schau dir deine versandenden Grundmauern an – wer will dieses Leben führen, wenn er eine Wahl hat, woanders zu sein? Das „Neue Nubien" ist eine Utopie. Das alte Nubien eine Sehnsuchtsfantasie. Es gibt keine Rückkehr in ein Land, das nicht mehr existiert.

Ich antworte gemeiniglich denjenigen, die mich um die Ursache meiner Reisen fragen: Ich weiß gar wohl, was ich tue, aber nicht was ich suche.

MICHEL DE MONTAIGNE

Vor einigen Jahren nahm mich mein Vater mit in seinen schlesischen Heimatort jenseits der polnischen Grenze. Er hat über das Dorf, sein Elternhaus, die Flucht und die Zeit der Einquartierung bei bayerischen Bauern nie viel erzählt. Bittere Jahre. Der Vater an der Ostfront, die Mutter mit den drei halbwüchsigen Söhnen über die Oder nach Westen. Es war ein hastiger Abschied. Der Geschützdonner und die Angst vor den Russen im Rücken. Alles blieb zurück, nur Habseligkeiten hatten Platz im Leiterwagen. Auch keine Fotoalben.

In den letzten Tagen des Krieges wird der älteste Bruder, gerade 16 Jahre alt, von amerikanischen Soldaten erschossen. Er hatte mit einem Luftgewehr einen Hasen schießen wollen. Die Amerikaner hielten ihn für einen Werwolf. Die beiden Brüder müssen arbeiten. Der eine beim Bauern, der andere beim Zimmermann. Der Vater kehrt nicht zurück. Die Mutter ist oft geistesabwesend, mit den Gedanken in der „Heimat", im Haus, wo noch der Kuchen im Ofen steht, im Stall bei den Tieren, auf dem Feld, bei den Nachbarn, die keine Nachbarn mehr sind, bei dem Mann, der verschollen bleibt.

Ich musste erst erwachsen werden, um zu begreifen: Mein Vater ist sein Leben lang Flüchtling geblieben, bis heute auf dem Sprung, von Umzug zu Umzug, von Stadt zu Stadt, immer am „falschen Ort". Er hat nie innigere Beziehungen aufgebaut zu Nachbarn oder Freunden, die ihn zum Bleiben hätten bewegen können. Er blieb immer distanziert.

Wir sind durch Lichtenwaldau spaziert, haben vor der verschlossenen Kirche gestanden, vor dem Friedhof, auf dem keine bekannten Namen mehr zu finden sind. Schließlich das Elternhaus. Uns empfing die heutige Bewohnerin, freundlich, etwas nervös. Ich war völlig überrascht, als sie meinen Vater, meinen Onkel mit Vornamen begrüßte und umarmte. Das Essen war gerichtet. Man stand höflich, aber befangen beieinander. Ich erfuhr dann, dass mein Vater und mein Onkel vor 20 Jahren hinübergefahren, aber von der Ortspolizei gleich wieder weggeschickt worden waren; dass sie der polnischen Familie mit Paketen ein wenig über die schlechte Zeit geholfen hatten. Die kamen aus Polens verlorenem Osten, Flüchtlinge, Entwurzelte.

Da standen wir im Garten des Hauses, das ein mir unbekannter Großvater gebaut hatte und offenbar kaum verändert war. Noch vor wenigen Jahren soll der Schriftzug „Fein- und Weißbäckerei Heimlich" darauf gestanden haben. Als wir gehen, uns Adieu winken, schauen wir noch einmal von der Gartenpforte aus zurück. Ich kämpfte mit den Tränen. Ich wusste nicht, wie mir geschah. Ich habe keine Beziehung zu Schlesien, Lichtenwaldau und zu diesem Haus. Aber da stand mein sonst eher wortkarger Onkel, der mir, wie losgelassen, Geschichten zu jedem Haus erzählte, das wir passierten. Und ich sah den Rücken meines Vaters, der, bereits wieder vorneweg, die Dorfstraße hinaufschritt, den Abstand zu uns anderen mit jedem Schritt vergrößernd, als ob er vor der Zeit und sich selbst Distanz zu gewinnen suche: Vor dem Verlust, den er als Kind erlitten hatte; vor den bitteren Nachkriegsjahren, vor dem Habenichts, den man in der Fremde spüren ließ: Du gehörst nicht dazu. Du hast hier keinen angestammten Platz. Das wird meinen Vater geprägt haben, in Maßen auch uns Söhne. Dieser in sich vergrabene Vater war uns immer ein Rätsel. Aber nach Jahren kommt das, was vor Zeiten verdrängt wurde, wieder hervor, wie unter der Schleppe einer Wanderdüne. Dann wird deutlich, dass Strenge und Unnahbarkeit der Ausdruck unterdrückter Existenzangst und nervöser Übervorsichtigkeit ist. Dass du das Kind eines Flüchtlingskindes bist und warum du dieses seltsame Gefühl kennst, beständig „am falschen Ort" zu sein. Obwohl selbst nie entwurzelt, spürst du paradoxerweise die Folgen einer Entwurzelung.

Ich bin froh, frei von den Erinnerungen meines Vaters zu sein, frei von der Bitternis der frühen Mittellosigkeit. Ich bin dankbar dafür, dass er den Verlust der Heimat nie emotionalisierte, geschweige denn reklamierte. Die Trauer über den Verlust, auch wenn sie, in welcher Form auch immer, an die nächste Generation weitergegeben wird, sie muss vergehen. Das Schweigen meines Vaters über Schlesien und seine Kindheit ist mir eine Lehre: Man kann Vergangenheit rekonstruieren. Man kann sie aber nicht zurückverlangen oder wieder in Besitz nehmen. Lebe dein eigenes Leben!

Die Vierte Pyramide

Wenn du zum Wasser sprichst: "Komm herauf auf den Berg!", dann tritt der Urozean eilends hervor auf dein Wort.

ÜBER RAMSES II., QUBAN-STELE

Als Michael Fetzer 1999 zum ersten Mal an den Nasser-See kam, da sei er allerdings erstaunt gewesen, hier kaum Bebauung vorzufinden. „Man hätte doch längst Pumpen auf Pontons stellen, das Wasser auf die Ufer verteilen, kleinere Plantagen betreiben können. Aber südlich von Assuan ist all die Jahre über offenbar gar nichts geschehen." Wenn Fetzer wüsste, welche Anstrengungen Hosean und seine Freunde in Abu Simbel unternommen haben.

Michael Fetzer ist Senior Construction Advisor der Firma Lahmeyer International. Das Ingenieurbüro aus dem hessischen Bad Vilbel bei Frankfurt erhielt den Zuschlag zur Konstruktion der Mubarak Pumping Station. Seit September 1999, also seit über drei Jahren, überwacht Fetzer die Ausführung der Baumaßnahmen durch die Arabic International Company. Dazu gehört die Materialüberwachung, insbesondere die der Betonrezepturen. Fetzer hat im Laufe seiner Karriere etliche Staudämme, Kanäle, Wasserkraftanlagen jeder Art auf der Welt gebaut – Infrastrukturen für neue Ländereien, in denen Menschen leben sollen, die von anderswo herkommen. Fetzer baut die Heimat anderer. Er selbst lebt seit Jahren aus dem Koffer.

In Toshka, 30 Kilometer nördlich von Abu Simbel, sind noch 3.500 Arbeiter auf der Baustelle beschäftigt – von zeitweise 10.000. Da sind die Ingenieure von Scanska, zuständig für die Wasserbaggerei, und die Hitachi Corporation, zuständig für die Konstruktion und den Einbau der 24 Turbinen. Sie leben in Baucontainern oder klimatisierten Gästehäusern am Rande der Baustelle. Die Quartiere der Arbeiter der lokalen Arabian International Construction Company sind bescheidener. Die Bungalows der ausländischen Ingenieure erinnern an die des Joint Venture Abu Simbel. So wie damals wurden auch hier für die ägyptischen Arbeiter einfache Unterkünfte, Kantinen und eine Moschee gebaut. Das „Camp" der Ingenieure, direkt am See gelegen, ist dagegen vergleichsweise angenehm. Es gibt einen Club, in dem sich Engländer, Deutsche, Skandinavier und Japaner abends Scotch und Gin hinter die Binde gießen. Araber dürfen nicht hinein, sagt Fetzer, weil Alkohol ausgeschenkt wird. Das Essen und der Club sind die einzige Abwechslung für die Männer, außer einer Fahrt nach Abu Simbel oder Assuan oder einem Krokodil, das ab und an über die Straße läuft. It's a men's world.

Fetzer ist ein hemdsärmeliger Typ Mitte 50. Er spricht ein deutschenglisches Ingenieurs-Kauderwelsch in leicht hanseatischem Singsang. Auf einem Konstruktionsplan an seiner Bürowand erläutert er uns das wohl ziemlich raffinierte „Design" der weltgrößten Pumpstation: 24 Pumpen könnten pro Sekunde maximal 334 m³ Wasser aus dem See 54 Meter hoch auf das Wüstenplateau befördern; täglich 30 Millionen m³ Nilwasser. Für das Toshka-Projekt seien so viele Pumpen jedoch gar nicht nötig. Das Projekt sei mit jährlich fünf Milliarden m³ Wasserbedarf kalkuliert, dafür reichten vier oder fünf Pumpen. Auch das ist eine beeindruckende Wassermenge, die hier in die Wüste laufen soll – immerhin rund ein Zehntel des Ägypten zustehenden Nilwasseranteiles.

Das monolithische Bauwerk hat wahrhaft pharaonische Dimensionen: 140 Meter lang, 45 Meter breit, 60 Meter hoch. Es wird die „vierte Pyramide" genannt. Das ist nicht nur eine Anspielung auf seine Größe, sondern auch auf seinen Nutzen: Da leiste sich Mubarak einen Beton-Sarkophag im Wert von einer halben Milliarde US-Dollar und es bleibe noch abzuwarten, ob das Monstrum zu sehr viel mehr Nutze sei als eine Giseh-Pyramide.

Kein Sarg, sondern das Zentrum einer neuen Provinz für die Kinder Ägyptens soll das Großprojekt gemäß Regierungsverlautbarung werden. Toshka soll nicht nur die Landwirtschaftsflächen, es soll vor allem die bewohnbare Fläche des Landes ausweiten, von momentan 5,5 Prozent auf 25 Prozent. Ägypten wächst um 1,2 Millionen Menschen jedes Jahr. Viele sollen hier ihre Zukunft finden. Projekt-Kritiker sehen in der Ansiedlung von maximal drei Millionen Menschen in Toshka allerdings keine wirkliche Entlastung vom Bevölkerungsdruck – die Ägypter vermehren sich schneller, als die Regierung Kanäle bauen kann.

Der Betonklotz wird 50 Meter tief im Wasser stehen, wie eine Tauchpumpe in einem Pumpensumpf, erklärt Fetzer. Sie schlürft das Wasser durch riesige Tore auf. Im Endausbau des Projekts – der für 2015 geplant ist – werde das Pumpwerk über ein 320 Kilometer langes Kanalsystem eine 227.000 Hektar große Region mit Wasser versorgen. Einmalig und völlig neu an dem Design: die Bündelung der 24 Druckkanäle aus Spannbeton. Aber das sollten wir uns selber anschauen. Fetzer reicht Kuper und mir zwei Bauhelme, und wir fahren hinüber zu Mubaraks Pumpe.

Auf der Fahrt zeigt uns Fetzer die drei riesigen Arbeitshallen (Workshops), groß wie Flugzeughangars. Wozu das gut sein soll, fragt Kuper. Fetzer zuckt die Schultern: „Das wollte der Auftraggeber so." Die Hallen sollten halt was hermachen. Zur Reparatur von Fahrzeugen und Pumpen seien sie freilich überdimensioniert. Auffallend auch die Größe der Transformatorstation. Aber immerhin wird die Pumpe einmal bis zu zehn Prozent der vom Assuan-Staudamm gewonnenen elektrischen Energie verschlingen.

Das Pumpwerk steht in einer Grube, deren Tiefe an eine Diamantenmine in Südafrika erinnert. Unten rangieren winzig anmutende Baufahrzeuge. Für den Aushub von 5,3 Millionen m³ Felsgestein benötigte das Bauunternehmen ein Jahr, brüllt Fetzer. Der Lärm auf der Baustelle ist ohrenbetäubend. Über ein abenteuerlich gezimmertes Baugerüst besteigen wir die Pumpe in einer schwindelerregenden Höhe. Fetzer geht voran, und es beruhigt mich, dass er hier nicht freihändig herumbalanciert, sondern sich auch an den Gerüsten festhält – später verrät er, dass er nicht ganz schwindelfrei ist. Über uns schwenken Betonwannen und Baugeräte am Kranseil. Wir klettern in ein Treppenhaus ohne Treppen, und ich wage kaum, über das gezimmerte Gerüst in die Tiefe zu schauen.

Die Fundamente sind zehn Meter dick. Fetzer führt uns zunächst in den Excess Floor, dort, wo das Wasser wieder ans Tageslicht kommt. Weiter unten liegen die 24 Pumpen. 21 Pumpen werden angeschlossen, drei als „Future Units" in Reserve gehalten. Der Main Floor, von dem aus eine Pumpe gerade an einem riesigen Kran in ihre Lager eingelassen wird, hat die Größe einer Walzstraße in einem Stahlwerk. Über die Ansaugkanäle werde das Wasser auf den Access Floor befördert und laufe von dort aus in einen zweispurigen Kanal, der nach 3,35 Kilometern in einen trapezförmigen Kanal übergeht. Der wiederum habe eine Länge von insgesamt rund 250 Kilometern und führe auf alle drei bislang abgesteckten Landwirtschaftsareale. Der 70 Kilometer lange Hauptkanal trägt den Namen des Hauptkreditgebers: Abu Dhabis Kronprinz und Scheich Zayed. Das Öl-Emirat investiert offiziell 100 Millionen US-Dollar in das Toshka-Projekt.

Gut 150 Kilometer Kanalstrecke seien bereits betoniert, sagt Fetzer: ein Trapezkanal mit 30 bzw. 54 Metern Breite, sechs Metern Wassertiefe. Eine Abdichtfolie liegt zwischen zwei jeweils 30 Zentimeter dicken Betonschichten. In wenigen Monaten solle das Wasser zur ersten Tranche fließen und die ersten 120.000 Feddan bewässern. KADCO dränge bereits. Das Projekt liege ein Jahr hinter Plan. Mubaraks Einweihungs-Termin* sei bereits mehrmals verschoben worden und könne sich durchaus noch weiter verzögern. Dass das Mega-Projekt nicht in vier Jahren zu schaffen gewesen sei, das sei aber absehbar gewesen, meint Fetzer. „Aber jeder weitere Tag kostet den ägyptischen Staat eine Menge Geld." Bislang spricht man von einer staatlichen Investitionssumme von 1,5 Milliarden US-Dollar. Das sind offizielle Zahlen. Was die „New Valley"-Vision Mubaraks die armen Ägypter tatsächlich kostet, bleibt ein Staatsgeheimnis.** – Mubaraks „Pyramide" muss also den Vergleich mit Cheops' und Chephrens Pyramidalbauten nicht scheuen. Auch sie wird kommenden Generationen wohl noch Rätsel aufgeben.

Die meiste Zeit seines Lebens hat Fetzer im Ausland verbracht: mit Philipp Holtzmann in Libyen, wo er südlich von Tripolis 99 Quellen für Gadafis „Man made River"-Projekt bohrte und sieben Wasserre-

---

* Die Pumpstation wurde im Januar 2003 eingeweiht.
** Im Jahre 1999 mußte Premier Kamal El-Ganzoury zurücktreten. Die ägyptische Zeitung Al Ahram macht dafür auch das Toshka-Projekt verantwortlich: „The projects had been blamed for creating the foreign-exchange shortage that eventually forced the government to devalue the currency. Critics also cited the fact that parliament's Agricultural and Irrigation Committee had been excluded from the pre-approval round of debates; that the capital-intensive nature of the project makes it a poor provider of job opportunities and that the project is simply too expensive for a country of Egypt's means." In: Nr. 622, Januar 2003.

servoirs baute. Jedes so groß wie zwei Fußballfelder, sagt er. In Saudi-Arabien verlegte er Kabel. In Yedda und Medina baute er Brücken. In Botswana eine Kaianlage, in Mozambique eine Wasserversorgungsanlage. Toshka sei nicht sein größtes Projekt, Libyen sei vergleichbar groß gewesen, sagt er. Anfangs war die Familie dabei, dann ging die Frau mit den schulpflichtigen Kindern zurück nach Hamburg. Sie besuche ihn regelmäßig. Das gehe schon. Man gewöhne sich an alles. „Wir führen eine wunderbare Telefonehe, seit 25 Jahren."
 Wozu 24 Pumpen, will ich wissen. Die Pumpstation sei natürlich für das Toshka-Projekt zu groß. Sie sei so dimensioniert, dass mit ihr eines Tages das „South Valley"-Projekt realisiert werden könne. Sie soll einmal den zweiten Nil speisen, der über die Oasen Kharga, Dakhla bis zum Mittelmeer führen soll. Konkrete Planungen dafür seien aber vorerst zurückgestellt, 25 Jahre vergingen darüber wenigstens, meint Fetzer. Kuper scheint beruhigt. Er konnte in den Containerbüros der Ingenieure endlich eine topografische Karte der Überlaufseen und des Toshka-Projektes fotografieren.
 Fetzer fährt uns über die Baustelle. Auf einem Ponton schwimmt ein Skanska-Bagger im Nasser-See und greift Material vom Seegrund, kippt es auf einen Leichter. Der Bagger gräbt langsam den Kofferdamm ab, der das Pumpwerk vom See trennt. Noch liegt der drei Kilometer lange Zubringer trocken. Was passiert, wenn die Station tatsächlich mit maximaler Leistung arbeitet? Wird der durstige Schlund einen heißen Krieg um Wasser entfachen?

Ägypten deckt seinen Wasserbedarf zu mehr als 95 Prozent aus dem Nil. Selbst die Feriendörfer am Roten Meer sind abhängig von Niederschlägen, die außerhalb der Landesgrenzen fallen. Aber so ergeht es auch anderen Ländern: Auch für Ägyptens Nachbarland Sudan ist die Bewässerungslandwirtschaft von zentraler Bedeutung. Das Gezira Scheme südlich des Zusammenflusses von Weißem und Blauem Nil gehört mit etwa 800.000 Hektar Land zu den größten Bewässerungsprojekten der Welt. Und da gibt es das Khashm el Ghirba Scheme am Atbara. Dorthin wurden die sudanesischen Nubier in den 60er Jahren umgesiedelt. Auch jetzt werden wieder Nubier den Nil verlassen müssen, um einem weiteren Trinkwasserspeicher Platz zu machen: Am vierten Nilkatarakt, wenige hundert Kilometer südlich des Nasser-Sees, baut der Sudan den Meroe Damm. Er soll den Nil auf einer Länge von 200 Kilometern Länge aufstauen.

Das Wasser für Ägyptens Landwirtschafts- und Entwicklungsprojekte kommt zu 86 Prozent aus der äthiopischen Hochebene, der „Brunnenstube Afrikas". In Äthiopien selbst aber bleiben nur etwa drei Prozent der Monsunregen, die dort innerhalb kurzer Zeit niederprasseln. Diesen enormen Wasserverlust will das arme, von Hungersnöten geplagte Land ändern. Auch Äthiopien plant neue Bewässerungsprojekte: „farm dams", die auf Teichen oder Mikrodämmen basieren. Klar ist: Wenn Äthiopien und der Sudan von Jahr zu Jahr mehr Wasser zurückhalten sollten, kommt in Ägypten von Jahr zu Jahr weniger an.

Äthiopien muss seine Wasser-Probleme in den Griff bekommen, genauso wie der Nil-Anliegerstaat Sudan. 150 Millionen Menschen sind in Äthiopien, im Sudan und in Ägypten vom Nilwasser abhängig, von Jahr zu Jahr wachsen die Bevölkerungen um Millionen. Die Rivalität um das Nilwasser ist so groß wie das gegenseitige Misstrauen: In welchem Ausmaß werden Äthiopien und Sudan, einmal von der Geißel des Bürgerkriegs befreit, den Nil eindämmen? Die Wasser- und Landwirtschaftsminister der drei Länder konferieren regelmäßig, moderiert von der Weltbank.

Auf diese Situation will sich Ägypten einrichten: Bis 2017 soll die wachsende Nachfrage nach Wasser durch Effizienzsteigerung und Wiederverwendung des Wassers gedeckt werden. Noch ist der Spardruck allerdings gering. Bislang stehen den 67 Millionen Ägyptern pro Jahr 55,5 Milliarden m³ Nilwasser zu. So jedenfalls vereinbarten es Ägypten und der Sudan 1959. Der Sudan schöpft seine in diesem Vertrag festgelegte Quote (18,5 Milliarden m³/Jahr) zur Zeit nicht aus, sondern lässt vier bis fünf Milliarden m³/Jahr ungenutzt über die Grenze fließen. Ägypten kann also aus dem Vollen schöpfen und beansprucht das Wasser gewohnheitsrechtlich. Da das Toshka-Projekt durch Wassereinsparungen in anderen Teilen des Landes ermöglicht werden soll – Ägypten will seine 1959 verhandelte Wasserquote nicht überziehen –, braucht es keine Genehmigung durch andere Nilanrainer, sagt die ägyptische Regierung.

Dieser großzügige Rückgriff auf das Nilwasser geht auf die Zeit des britischen Protektorats zurück. Großbritannien hatte sich zu

Anfang des 20. Jahrhunderts in verschiedenen Verträgen seinen uneingeschränkten Nilwasserzugriff in Ägypten gesichert. Darin verpflichtete sich Äthiopien, wasserbauliche Maßnahmen am Blauen Nil nur im Einvernehmen mit Großbritannien und dem Sudan vorzunehmen – allerdings ratifizierte Äthiopien dieses Abkommen nie.

Das noch heute gültige, am 8. November 1959 geschlossene Nilwasserabkommen wurde ohne die Ober-Anrainer des Nils beschlossen. Äthiopien akzeptiert es nicht, auch Tansania, Uganda und Kenia halten es für völkerrechtlich nicht bindend, weil es in der Kolonialzeit ausgehandelt wurde. Seit einigen Jahren aber wird deutlich, dass der steigende Wasserverbrauch der Anrainer eine Neuverhandlung der Nilquoten unumgänglich machen wird. Alle Länder haben handfeste, ja existenzielle Interessen und misstrauen sich gegenseitig. Ägypten, die erste Militärmacht der Region, lässt keinen Zweifel aufkommen, dass „die einzige Angelegenheit, die Ägypten zu einem Krieg zwingen kann, Wasser ist", wie Präsident Sadat 1979 unverhohlen klarstellte: „Wer mit dem Nilwasser spielt, erklärt uns den Krieg."

Der Durst Ägyptens wird durch das Toshka-Projekt deutlich erhöht und fördert nicht gerade das Vertrauen der anderen Nilanrainer. Die ägyptische Regierung wird sich eher früher als später vor das Problem gestellt sehen: Bei Wasserknappheit konkurriert die Landwirtschaft am Nil und im Delta mit den Landgewinnungsmaßnahmen in der Wüste. Wem wird die Regierung bevorzugt Wasser zuteilen: Den ausländischen Großinvestoren oder den eigenen Bauern?

Die ungeheure Transportkapazität der Pumpe muss im Sudan oder in Äthiopien jedenfalls einiges Grübeln auslösen. Das alles ist nicht mehr das Problem von Michael Fetzer. Als wir uns verabschieden, erklärt er, im Oktober werde er nicht mehr in Toshka sein. Sein Vertrag laufe im September aus. Die Pumpstation werde von anderen Ingenieuren dem Auftraggeber übergeben. Er selbst wisse noch nicht, wohin es ihn verschlagen werde. Ein Staudamm, ein Kanal, eine Pumpe. „Irgendwo geht immer was", sagt er. „Insh'allah!"

Pünktlich um 10 Uhr passieren wir am Morgen den Toshka-Kanal. Bulldozer arbeiten sich ins Land vor; Lastwagen kippen Erde links und rechts der Rinnen in der Wüste ab. Eine Maulwurfshügellandschaft entsteht. Am Morgen haben wir Attiya Radwan am Flughafen von Abu Simbel abgeholt, ein hemdsärmeliger, breitschultriger Ägypter Mitte 40. Er ist erst wenige Wochen als Antiken-Direktor für die Western Desert im Amt. Aber er ist seit 21 Jahren beim Supreme Council und kennt die Gegend noch aus seinen Inspektoren-Tagen mit Fred Wendorf. Attiya hat Kuper gebeten, ihn mit nach Nabta zu nehmen. Auch er will sehen, wie weit das Projekt bereits in die Wüste vorgetrieben wurde.

Nach knapp einer Stunde verlassen wir die Straße und fahren auf einen jener Seen der Toshka-Senke zu, die auf Satellitenbildern riesenhafte Ausmaße verheißen, im Gelände aber unspektakulär erscheinen. Wir folgen einer Fahrspur zwischen dem immer dichter werdenden Gestrüpp und Buschwerk. Die Landschaft erinnert an eine afrikanische Savanne. Hier könnten auch Löwen lagern, Zebras, Gnus und Elefanten zur Tränke kommen. Ein Nashorn könnte aus einem Dickicht preschen. Ich suche misstrauisch das Ufer nach Krokodilspuren ab, immerhin könnten mit dem Hochwasser einige Exemplare in die Senke gespült worden sein. Aber kein Ungetüm lauert uns auf. Einige Hundert Störche stehen am Ufer. Viele Vogelarten verbringen hier den europäischen Winter. Wir wollen näher ans Wasser und stehen sofort knöcheltief im Morast. So weit ich schaue, nirgendwo gibt es eine Anhöhe, die eine gute Kameraposition verspricht.

Wir fahren auf der East Uweinat Road Richtung Westen und sind überrascht, dass der dort vermutete Kontrollposten nicht existiert. Kuper hatte befürchtet, man werde uns eine Polizeibegleitung mitgeben. Nach einer Stunde biegen wir an einem Stock rechts ab zu den Chephren-Quarries. Auch diese Steinbrüche des Alten Reichs hatte ich mir spektakulärer vorgestellt. Keine Felswand, keine Abbruchkante, nur langweilig flaches Gelände und überall Geröllhaufen. Hier brachen die alten Ägypter den Diorit, einen tiefblauen Stein, der unter der Sonne beinahe schwarz wird. Die einzige Statue Chephrens im Ägyptischen Museum ist aus diesem Toshka-Diorit, ein in Ägypten seltener Stein. Kuper und Attiya diskutieren, wo die antiken Arbeiter wohl kampierten, wie sie mit Lebensmitteln versorgt wurden und die Steinblöcke an den 80 Kilometer entfernten Nil geschafft haben mögen. Sie suchen nach den Spuren archäologischer Grabungen und entfernen sich dabei immer weiter. Aber selbst aus großer Entfernung sind sie in dieser weiten Ebene gut auszumachen.

Zwei Stunden später biegen wir erneut an einem Rohr ab. Nabta Playa, die Wüstensenke, in der Fred Wendorf seit Jahrzehnten gräbt. Kuper ist sich nicht sicher, unter welchem Geröllhaufen sich der Megalith mit dem Kuhgrab befindet. Ich kann ohnehin keinen Unterschied zwischen diesen Steinhaufen und den vewitterten Zeugenberg-Ruinen ringsum entdecken. Endlich finden wir den Kreis von kleinen, mehr oder weniger aufrecht stehenden Steinstelen, die Wendorf als astronomische Uhr deutet. Das „Stonehenge" von Nabta, vermutlich gut 1.000 Jahre älter als das britische Monument, besteht aus einem Dutzend ein Meter hoher, länglicher Steinstelen. Die meisten sind umgekippt. Optisch macht das nicht viel her. Am Straßenrand sehe ich später ähnliche Steinformationen. Die seien von Arbeitern errichtet worden, meint Attiya. – Irgendwas muss diese Landschaft haben, was die Menschen zum Errichten von Steinstelen, Pfählen und Stangen reizt – zum Zeichen setzen.

Wenn ihr die Oase erst einmal erobert habt, wird sie nichts Wesentliches für euch ändern. Sie ist nur ein Feldlager anderer Art inmitten der Wüste. Denn mein Reich ist von allen Seiten bedroht.

ANTOINE DE SAINT-EXUPÉRY
„BOTSCHAFT DER WÜSTE"

Die Sonne fällt hier regelrecht auf den Horizont, die Nacht kommt schnell. Attiya hat für uns gekocht, und wir sitzen bei einer Tasse Tee auf den Feldbetten und sprechen über die Wüste. Ich frage die beiden, was Archäologen noch tun können, um Nabta vor den Baggern zu schützen?

„Seien wir realistisch", sagt Kuper, „Der Ägyptische Antikendienst ist auf Rettungsarchäologie solch ausgedehnter Fundregionen nicht eingerichtet. Er ist schon mit der Verwaltung der oberirdischen Monumente, mit der Organisation des Tourismus überfordert."

Attiya nickt. Es gebe zudem kaum ägyptische Archäologiestudenten und Antiken-Inspektoren, die bereit seien, in die Wüste zu gehen. „Es war schwer genug, welche für die Wendorf'sche Feldschule zu finden. Viele Ägypter haben eine Todesangst vor der Wüste, vor der Sonne und der Hitze. Die Wüste ist für sie gleichbedeutend mit der Hölle." Als Inspektor nach Dakhla und Kharga zu gehen, hatte immer den Ruch der Strafversetzung. „Als ich das erste Mal eine Wendorf-Ausgrabung begleitete, war ich fast zwei Monate lang mit ihm in der Wüste. Es war unglaublich anstrengend. Aber ich war sehr stolz darauf. Ich habe mehr über Feldarchäologie gelernt, als an ägyptischen Universitäten gelehrt wird. Wir wollen immer so sein wie die ausländischen Archäologen, habe ich meinen Kollegen erzählt, dann müssen wir auch bereit sein, so wie sie in der Wüste zu leben." Aber unter den Ägyptologen seines Landes gebe es kaum Wissenschaftler, die sich für das prähistorische Erbe interessieren.

Dabei habe die Ägyptische Antikenverwaltung immer gewusst, dass es auch in der Westlichen Wüste prähistorische und pharaonische Funde gibt, sagt er. Weil aber niemand in die Wüste wollte, wurde die Forschung den ausländischen Teams überlassen. Erst als das Toshka-Projekt startete und Archäologen wie Wendorf und Kuper Alarm schlugen, wurde eine Konferenz nach Abu Simbel eingeladen. In deren Folge gründete die Antikenverwaltung eine Wüsten-Sektion, der Attiya seitdem vorsteht. Im Jahr 2000 wurden die ersten Inspektoren in den Wendorf'schen Feldschulen ausgebildet. Aber all das helfe wohl nicht, die Fundorte vor den Baggern zu retten, meint Attiya. „Deshalb müssten jetzt große Rettungskampagnen starten", sagt Kuper, „so wie vor 40 Jahren vor der Flutung des Nasser-Sees." Attiya schweigt. Ich denke, er weiß, dass es diese Kampagne nicht geben wird.

Obwohl Wendorf seit fast 30 Jahren hier jedes Jahr rund zwei Monate arbeitet, ist nur ein geringer Prozentsatz der Region erforscht worden. Die Rinderbestattungen kamen erst in den letzten Jahren zum Vorschein. „Es ist bedrückend, dass in ein paar Jahren alle diese einzigartigen Quellen vernichtet sein werden", sagt Kuper. Alle Indizien wiesen darauf hin, dass während der Klimawende um 5.000 v. Chr. die Menschen von hier aus nach Süden, Norden und in den Osten ins Niltal auswanderten. „Ab 4.000 stellen wir am Nil eine neolithische, d.h. frühbäuerliche Besiedlung fest, die dann die Grundlage für die pharaonische Hochkultur ab 3.000 v. Christus bildet. Bislang wurde das plötzliche Entstehen dieser Hochkultur mit vorderasiatischen Einflüssen erklärt. Aber Ägypten liegt in Afrika, und wir sind sicher, dass die neolithischen Siedler aus der Savanne ebenfalls einen entscheidenden Beitrag zu dieser Hochkultur leisteten", sagt Kuper. Er erinnert an die Steinblöcke, die Wendorf im Schwemmboden gefunden hat – gewissermaßen Megalithbauten wie unsere Hünengräber in Norddeutschland. „Rinder wurden unter Steinhügeln beigesetzt. Angesichts der kultischen Bedeutungen der Kuh im Niltal ein erstaunlicher Fund."

Ich frage Kuper, ob der Schaden, den die Souvenirjägerei und der zunehmende Off-Road-Tourismus für die Archäologie in der Sahara anrichte, nicht verhältnismäßig gering sei angesichts der großflächigen Verwüstung der Wüste durch Projekte wie dieses. Kuper wehrt ab. Das eine könne das andere nicht entschuldigen „Man redet heute sehr viel darüber, wie viele Kunstwerke in der Kolonialzeit aus den Ländern der Dritten Welt weggeschleppt worden sind und in europäische Museen gebracht wurden. Was heute passiert, ist wenigstens genauso schlimm. Die ärmsten Länder Afrikas werden ihrer historischen Quellen beraubt."

An diesem Abend liege ich lange wach. Wie kann man vor zehn Uhr einschlafen? An unserem letzten Abend in Abu Simbel waren Kuper und ich noch in der Sound- und Lightshow. Ich befürchtete das Schlimmste, wurde aber angenehm überrascht. Die Tempel werden fantastisch illuminiert. Das Lichtspiel rekonstruiert die einstige Bemalung und erzählt auf durchaus poetische Weise die Geschichte des Bauwerks und seines Erbauers. Stellenweise schwillt der Schwulst, aber Pathos ist angesicht dieser Location durchaus angebracht.

Wir sind gekommen, Pharao, um deine Suche nach Ewigkeit zu wahren. Unser Geist ist von deinen Wünschen und Riten geprägt... Wir haben bemerkt, dass im Herzen der Menschen nur das ewig ist, was Sinn hat und für alle Menschen von Wert ist. Wenn wir nicht mehr sein werden, werden die Menschen weiter kommen, um zu deinen Füßen zu liegen.

Wieviele werden kommen? Bis zum Jahre 2017 sollen nahe Abu Simbel drei Millionen Menschen leben. Insh'allah. Ich schaue hinauf zum wolkenverhangenen Vollmond und sehe eine in rechtwinklige Planquadrate abgesteckte Wüste, schmucklose, ummauerte Wohnschuppen, abgekippte Schuttberge, wilde Müllhalden mit alten Kühlschränken, zerlegten Autokarossen, mit Altöl getränkte Tankstellen und Werkstätten für Schwerlaster. Mit Feldarbeitern beladene Pickups fliegen über Kanalbrücken einem rauchverhangenen Horizont zu, den Erntefeuern auf Mais- und Zuckerrohrfeldern.

„Im Herzen der Menschen ist nur ewig, was Sinn hat und für alle Menschen von Wert ist." – Die Wüste macht offenbar wenig Sinn. Die Sahara ist mit 8,6 Millionen km² die größte Wüste der Welt. Nur 2,5 Prozent sind unter Schutz gestellt. Das Heinrich-Barth-Institut konnte gemeinsam mit anderen Instituten immerhin dafür sorgen, dass das Gebiet des Wadi Howar von der sudanesischen Regierung zum Geo-Biosphärenreservat erklärt wurde, das mit 100.000 km² größte Schutzgebiet der Welt – leider bisher nur auf dem Papier. In der Regel kommen Wissenschaftler und Landschaftsschützer aber zu spät. Landwirtschaftliche Projekte erobern die Wüsten. Die Ölindustrie hinterlässt stellenweise desaströse Landschaften. Vielleicht kommt Nabta doch noch davon, wenn die Pläne aus Geldmangel nicht in vollem Umfang realisiert werden sollten.

*Wir Menschen sind stets mehr unsere Zufälle
– unsere Schicksalszufälle als unsere Leistungen.*
Odo Marquard „Apologie des Zufälligen"

Am Morgen demonstriert Kuper, wie man in der Wüste eine Ganzkörperwäsche mit einer Tasse voll Wasser durchführen kann. Er nimmt einen Schluck aus der Alutasse und spuckt sich das Wasser auf die eingeseiften Hände. Wüstenduscher müssen große Backen haben.
Wir starten zu unserer 16-stündigen Fahrt nach Dakhla. Kuper spricht von dem besonderen Reiz, diese Landschaft zu „erfahren". Ihn fasziniere, dass man im Gelände nie wissen könne, was einen hinter der nächsten Sanddüne erwarte. Ein Fund, ein Achsbruch, eine physische und psychische Herausforderung. Die Expedition als Lebensform.

Kurz vor 8 Uhr stehen wir vor einem Straßenposten. Noch scheint niemand wach zu sein. Als ich vorschlage, einfach durchzufahren, tauchen prompt Soldaten auf. Es folgt das bekannte Procedere: Permissions, Passports, Funkerei zum vorgesetzten Militärposten. Wir werden in eine Baracke gebeten, ein Offizier begutachtet meinen Journalistenausweis. Ich erwarte das Schlimmste: Rückfahrt nach Abu Simbel oder Assuan. Der Offizier verschwindet mit den Papieren in der Funkbude. Die armen Kerle, denke ich, die hier ihren Dienst schieben, in the middle of nowhere, unter glühender Sonne, in erbärmlichen Baracken aufeinander hocken müssen; dreimal am Tag irgendein Fraß; kaum Wasser zum Duschen; die Hitze; die Langeweile. Die einzige Abwechslung: ein passierender Wagen. Und da sitzt so einer drin wie ich: Sonnenhut, Musik, mehr oder weniger gereizter Blick...
In ihrer Baracke bieten uns die Soldaten Platz auf ihren alten Rohrstühlen an. Alles, was hier steht, ist Sperrmüll. Einer der Männer reicht Tee. Er erzählt, dass sie alle 14 Tage abgelöst werden. Die meisten kämen aus dem Delta. Die Männer sind entspannt, sogar neugierig, keine Wichtigtuer. Der Offizier händigt uns schließlich

die Unterlagen aus. Wir können fahren, und sie winken uns freundlich nach.

Akribisch führt Kuper Fahrtenbuch, trägt jeden bemerkenswerten Punkt oder Abzweig ein. Seit über 20 Jahren fährt er winzige Flecken in der Wüste an. Jedes Jahr trägt er neue Koordinaten auf seine Karten ein: GPS-genaue Punkte, die aus jeder Ecke des Sonnensystems zuverlässig ansteuerbar sind: Hier rieb einer Wildgetreide, dort hielt ein anderer Vieh; da suchte jemand Schatten, dort malte einer etwas auf den Felsen.

Neben der Straße liegen links und rechts in Kilometerdistanzen weiße Flächen aus zersplitterten Knochenresten. Die Asphaltpiste führt entlang der jahrhundertealten Sklavenroute, die aus dem Sudan nach Assiut führte. Darauf die ausgebleichten Reste der Kamele, die hier einst vor Erschöpfung verendeten.

Nach einer Stunde tauchen Felder auf. Das Grundwasser steht so hoch an, dass hier Wassermelonen angebaut werden können. Das ganze Gelände sieht aus wie ein Feld von Kamelhöckern. Die hier arbeiten, kommen aus dem Delta. Sie bleiben nur die Wochen, in denen die Sonne nicht alles verbrennt. Die Melonen bringen gutes Geld, sagt Attiya. Sie seien köstlich. Die Grashütten sehen so aus, wie ich mir die Hütten der prähistorischen Jäger und Sammler vorstelle. Ich steige aus, um sie zu fotografieren, aber Attiya warnt vor den Hunden. Endlich tauchen Männer hinter den Kamelhöckerfeldern auf, eine ziemlich wild anmutende, ungewaschene Bande. Wir überreichen ihnen eine Tüte mit Orangen und dürfen sie als ausgelassenfröhliche Gesellschaft fotografieren.

Die Straße zwischen Kharga und Dakhla führt jetzt durch eine horizontlose Landschaft, in der verschwommen der Bir Kurayim steht: eine Bergpyramide, die von zwei Palmenoasen eingerahmt ist. Tatsächlich sind Berg und Oase meilenweit voneinander entfernt. Die Straße teilt als schwarzer Streifen die ockerfarbene Ebene, die sich in der flimmernden Ferne auflöst. Hie und da ragen Hügel wie Inseln aus einer wässerigen Fläche, die sich bewegt wie ein Meer. Kuper legt Kassetten ins sandknirschende Laufwerk ein: John Denver, Joan Baez, die größten Liedermacher der 50er, 60er und 70er Jahre. Wir fahren immer öfter an neuen Siedlungen vorüber, an Feldern, getränkt aus einem unterirdischen Meer. Aus der Ferne weht der Wind

Plastiktüten heran. Bleiben sie irgendwo hängen, füllen sie sich mit Sand, bilden kleine Hügel. Die Ebene ist übersät mit prall gefüllten Supermarkttüten.

Am Abend erreichen wir das Grabungshaus des Heinrich-Barth-Instituts in Balat in der Oase Dakhla – Kuper ist 700 Kilometer am Stück gefahren. Es ist ein großes Haus, in Lehmbauweise errichtet, mit schönen Gewölbedecken. Der nimmermüde Kuper inspiziert nach Monaten der Abwesenheit sein Institut, sucht nach tückischen Rissen in den Decken. Ich bekomme ein eigenes Zimmer. Kuper meint, ich solle hinter den Spiegel schauen. Da säßen manchmal Skorpione.

Doktor Farid

Kurz nach dem Frühstück fährt ein Jeep quer durch den Garten. „Hallo! Guten Tag, wie geht's?", fragt der Fahrer, der über beide Backen erwartungsvoll grinst. Er hat seine drei deutschen Sätze gesagt und fragt dann in einem Englisch mit französischem Akzent, ob Dr. Kuper zu sprechen sei. Ich denke, es werden die Kollgen vom benachbarten französischen Grabungshaus sein, aber es ist der Discovery Channel, der einen Film vorbereitet über den von der Wüste verschluckten König Kambyses. Die TV-Teams geben sich hier immer öfter ein Stelldichein, sagt Kuper. Das Niltal sei abgefilmt, nun brauche das Fernsehen Bilder aus dem Inneren der Sahara. Der von Discovery geheuerte Guide erzählt mit ironischem Lächeln, dass er über gute „Beziehungen" verfüge, die für sein Safari-Unternehmen außerordentlich nützlich seien. Ich stelle fest: Die Discovery Leute haben kein Government Press Office dabei, kein Militär, keine Polizei. Sie haben als Privatleute ein Touristik-Unternehmen gebucht, das zwar 600 Dollar am Tag kostet, aber mit allem ausgerüstet ist, was gut und teuer ist. Kuper lässt sich das Satellitenhandy mit GPS-Funktion erklären. Ja, sagt der Guide, er habe auch schon Reisegruppen ins Gilf Kebir gebracht. Ganz allein, mit einem Wagen, ohne Begleitung. Kuper kann diesen Leichtsinn nicht glauben. Die Region sei vermint. Ramadan lächelt. Ja, auch beim Abu Ballas sei er mit Kunden schon gewesen. „Ich bin einfach Ihrer Fahrspur gefolgt." Kuper antwortet tonlos, er habe dort neulich Müll in den Scherben der antiken Wasserkrüge gefunden, Motoröl und die Visitenkarte eines Off-Road-Unternehmens. Davon will der Mann nichts wissen. Er nehme seinen Müll immer mit.

Die Eroberung entlegenster Regionen der Sahara durch den Massentourismus ist in vollem Gange. Was fehlt, ist wohl nur noch ein Hotel im Gilf Kebir, nahe der „Höhle der Schwimmer". Was die Wissenschaftler schützen wollen, sie geben es selbst unfreiwillig preis. Wollen sie ihre Fundorte durch das Etikett des Weltkulturerbes schützen, wecken sie erst recht touristische Begehrlichkeiten.

Seit vier Wochen, erzählt Doktor Farid, gilt er nicht mehr als Verrückter. Fred heißt der Doktor eigentlich, ist Niederländer und Professor für Arabisch an der Universität Groningen. Aber nachdem er den Leuten von Qasr auch seinen Nachnamen übersetzt hat, nicken sie ihm verständnisvoll zu: „Klar, wenn man so heißt, muss man das wohl machen". Fred Leemhuis baut Lehmhäuser, „Inshʿallah", sagt er – mit Gottes Hilfe – zunächst mal eins, dann zwei, dann drei. Er ist voller Lob für das traditionell gebaute Grabungshaus der Kölner Archäologen. „Man muss die Leute ermuntern, so zu bauen. Sie müssen sehen, dass selbst die Ausländer die alte Lehmbauweise dem Betonbau vorziehen."

Fred Leemhuis war am Abend zuvor mit einigen französischen und kanadischen Kollegen ins Deutsche Grabungshaus gekommen. Hier draußen kennen sich alle Wissenschaftler. Wir kamen ins Gespräch, und Leemhuis erklärte sich bereit, mir eine Privatführung durch El Qasr zu geben, das älteste Städtchen der Oase Dakhla und nur wenige Kilometer entfernt von Balat.

Leemhuis führt mich durch die engen Gassen einer weitgehend verlassenen, mittelalterlichen Stadt. Die Leute kennen ihn, und er kennt die Leute. Zwei Stunden lang zeigt er mir die Häuser, Gänge und die Moschee. Je länger er spricht, desto mehr begeistert er sich für die traditionelle Bauweise, zeigt bewundernd auf die extrem dicken Wände. Die schiere Wandmasse gleicht zwischen heißen Tages- und kühlen Nachttemperaturen aus. Leemhuis zeigt auf Windeinfänger (Malqafs), Warmluftabzüge (Claustrum) und die Fenster verschattende Elemente. „Die sind hier optimal auf Sonnenstände und Wind ausgerichtet." Arabische Gitterfenster, die „Maschrabiyas" mit ihren komplizierten und höchst effektiven Flechtmustern reduzieren zudem den Lichtdurchfluss.

Die Stadt sei ein einzigartiges Kulturdenkmal, auch wenn vielerorts nur ruinöse Hausstümpfe, zerbrochene Wohnhöhlen und Staub übriggeblieben sind. Am liebsten würde Leemhuis die Altstadt komplett restaurieren, nicht als Freilichtmuseum, sondern als bewohnbare, mit modernem Komfort ausgestattete Stadt. „Ich möchte den Ägyptern beweisen, dass der traditionelle Hausbau mit luftgetrockneten Lehmziegeln absolut modern ist."

Wir wandern durch die staubig-graue Gruft, und Leemhuis schwärmt vom Lehm als idealem Baustoff. Seit Jahrtausenden werde damit in diesen ariden, also extrem trockenen und extrem heißen Regionen gebaut. „Lehm ist billig, leicht herzustellen, stabil und dauerhaft, unproblematisch zu verbauen und vollständig recycelfähig." Lehm hat nur ein Problem: Wegen der extremen Temperaturunterschiede bleibt in Ägypten kaum eine Wasserleitung dicht, auch nicht in den modernen Mietskasernen, in die viele Einwohner von El Qasr gezogen sind. In der Altstadt fehlt der Komfort von Strom und fließendem Wasser. Leemhuis will das ändern.

Denn so wie die Nubier in Assuan kehren auch viele Oasenbewohner in der heißesten Zeit des Jahres in ihre verlassenen Stadthäuser zurück: „Sie sind kühler als Betonhäuser", sagt Leemhuis, „und selbst wenn der Unterschied nicht gravierend ist, empfindet man die Raumtemperatur als sehr viel angenehmer." Die verschachtelte Bauweise der Altstadt ist ein über Jahrhunderte gewachsenes ausgeklügeltes System von kühlenden Schattenzonen. Ein leichter Sog sorgt in den drei- bis vierstöckigen Häusern dafür, dass darin die warme Luft durch Ventilationsschächte aufsteigt. „Diese Raumtemperaturen schaffen in den modernen Häusern nur energiefressende Klimaanlagen."

Auf der Straße nach Toshka hatte ich die Rohbauten der Häuser gesehen, in denen einmal die Ingenieure und ihre Familien leben sollen. Schöne Häuser. Ohne Klimaanlage im Sommer aber unerträglich. Der Ägyptischen Regierung fehlt es an städtebaulichen Visionen für ihre Wüstenstädte. Der offizielle ägyptische Sozialwohnungsbau ist immer noch an westlichen Mustern der 70er Jahre orientiert. Die Mietskasernenriegel etwa der Kairoer Vorstädte ignorieren die Wüstenbedingungen. Lehmbauten kommen für diese Städte nicht in Frage, erkläre ich Leemhuis und berufe mich dabei auf Friedrich W. Grimme. Der Professor am „Institut für Tropentechnologie" der Fachhochschule Köln beschäftigt sich seit 20 Jahren mit Bauproblemen in heißen und feuchtheißen Regionen. In Kooperation mit der „South Valley University" in Assuan und dem Bauforschungsinstitut des ägyptischen Bauministeriums sollen er und seine Studenten nach Lösungen für das Hitzeproblem der neuen Wüstensiedlungen in Toshka suchen. Alles muss billig und industriell anwendbar sein. Die Studenten suchen deshalb nach bewährten Formen des Sonnenschutzes mit traditionellen Baustoffen wie Palm- und Schilfzweigen. Auch eine Variante der Verdunstungskühlung wird durchdacht: Die landwirtschaftliche Bewässerung des Wüstenbodens produziert salziges Abwasser. Die Kölner prüfen, inwiefern Salinen zur Luftkühlung dienen könnten.

Auch Leemhuis brennt darauf, die Altstadt von Qasr Haus für Haus zu restaurieren. Dazu kommt: Bislang habe niemand die Geschichte von El-Qasr aufgeschrieben. Außer den Namen und Jahreszahlen auf den Türstürzen der Häuser wisse man wenig. „Ich interessiere mich für mündliche und schriftliche Geschichte: Wie haben die Menschen hier zusammengelebt?" Leemhuis sucht nach Familienchroniken, will den Kontakt zu den Menschen intensivieren. „Die Leute kennen mich jetzt. Ich rede mit ihnen, sie sind neugierig. Sie fassen Vertrauen. Ich bin kein Verrückter mehr. Es geht jetzt ganz gut mit ihnen."

Was treibt den Mann in diesen staubigen Wüstenwinkel? Warum baut er fremder Leute Häuser wieder auf? „Das Einzige, was ich sagen kann: Als ich zum ersten Mal 1992 hierher kam, war ich völlig überwältigt. Wenn man das hier sieht, denkt man: Das gehört zu unserem Kulturerbe. Das muss man, auf welche Art auch immer, lebendig bewahren, nicht als ein Skelett. Warum nicht, habe ich mir gesagt, warum solltest du es nicht versuchen."

Der Blick auf den verglimmenden Escarp ist spektakulär: der Himmel, das Bergplateau, das intensive Grün der Palmen und Felder, dagegen der braune Boden. Elementarfarben. Wieder fällt die Sonne vom Himmel. Lange scheint der Sand im Stundenglas überhaupt nicht abzunehmen, zuletzt rinnt er zusehends schneller. So die Sonne. Bald wird einer die Kristallwolke über mir anknipsen.

Hinter mir klappert das Geschirr, arabische Küchenhilfen plappern, drinnen bereden die Archäologen die bevorstehende Expedition. Wie ich sie beneide. Sechs Wochen Wüste, sechs Wochen die wundersame Landschaft, die klare Luft, Fahrten über Geröllhalden und Sandwehen, auf der Suche nach der verlorenen Zeit, nach den

Spuren verwehter Jahrtausende: Irgendwo am Fuß eines Hügels Dechsel, Schaber, Scherbenstreu, Felsnischen mit Jäger-Gravur.

Ich habe auch Expeditionen unternommen, durch Bibliotheken, Kataloge und Register; in Archivkellern und Magazinen bin ich mit dem Finger über verstaubte Buchrücken gefahren, habe verblasste Signaturen entziffert und bin in fremde Bücherwelten abgetaucht, in Höhlen, an deren Wänden sich auch seltsame Nomadenbilder finden. Die merkwürdigsten Leseerlebnisse verdanke ich dem Zufall, den Ab- und Umwegen, nicht der systematisch-wissenschaftlichen Zielstrebigkeit. An einem interessanten Titel, einem unbekannten Autor hält man neugierig inne, blättert, liest sich fest, findet unverhofft, wonach man sucht.

Sollte man überhaupt das Reisen den Büchern vorziehen? Finden die abenteuerlichsten Reisen nicht im Kopf statt? Die Odyssee, das Nibelungenlied, Don Quichotte, Gulliver und Robinson Crusoe, Ulysses oder Jack Kerouac – Weltliteratur ist Reiseliteratur und handelt von Irrfahrten und großen Verunsicherungen. Kaum einer kehrt als Sieger heim, die meisten erfahren schmerzliche, aber erhellende Niederlagen.

Auch Schreiben ist Fortbewegung. Auf Traumpfaden über unliniertem Papier. Aber diese Schreib-Reisen erzeugen ein derartiges Fernweh, dass sich Autoren wie Leser oft scharenweise aufmachen zu den Illusionsorten der Literatur, zu deren vermeintlich realen Schauplätzen, auf den Spuren der Dichter und ihrer Helden, zur wahren „Schatzinsel" oder „Robinsons Island". Dort suchen sie nach intimen Begegnungen, hoffen Hinweise zu finden, Indizien dafür, dass die Realität doch einen verborgenen, nur für Eingeweihte auffindbaren Zugang zum Reich der Fantasie offen hält: einen Bahnsteig Neundreiviertel.

Bevor ich zu Bett gehe, suche ich in Rudolph Kupers Grabungshaus nach einer Gute-Nacht-Lektüre (das Leselicht hält die Skorpione hinterm Spiegel). In der kleinen Bibliothek finde ich zwei zerlesene Bände: „Durch die Wüste" und „Götter, Gräber und Gelehrte". Ich muss doch lachen. Manche Bücher schicken uns auf die Reise. Einige bleiben zurück oder begleiten uns. Die meisten sind uns eine Nasenlänge voraus. Und manche treiben mit uns das Spiel des Igels mit dem Hasen. Ick bin all do!

Ägypten für Zeitreisende

Afrika! – Sei mir gegrüßt, du Land des Sonnenbrandes! Ich soll auf edlem Ross deine kahlen, leeren Steppen, auf flüchtigem Kamel deine gluterfüllte Hammada durchreiten.
KARL MAY „DIE GUM"

Spätherbst 2002. Eine Boeing 737 im Anflug auf Kairo. In die Sitzreihen der Economy Class geschnallt: deutsche Ingenieure, ägyptische Handelsreisende, die illustre Schar der Tauch- und Tempeltouristen. Mittendrin – das elektrisierte Haar im Strahl der Luftdüse – ich, der Filmautor, und „mein" Team, in Erwartung von 20 Drehtagen in Kairo, Kom Ombo, Assuan, Abu Simbel, Toshka.

Am nächsten Morgen werden die drei in Augenschein nehmen, was sie bislang nur aus den schillernden Beschreibungen meines Treatments kennen. Harald Cremer, der Kameramann, ist seit dem Abflug in den Drehplan vertieft und verzieht dabei keine Miene. Ich studiere den „Basiskurs für Fernsehautoren", den mir Thomas, unser Regisseur, zum geflissentlichen Studium empfohlen hat. Ich habe für diesen Film bereits eine halbe Bibliothek gelesen, über Ramses und das Neue Reich, über Nubien und die Nubier; ich habe unzählige Telefon-Interviews geführt mit Fachleuten für Staudämme und Nilschlamm, für Wüstenkultivierungsprogramme und saudische Investmentfonds. Der „Basiskurs" belehrt mich: Recherchierte Tatsachen ergeben noch keinen überzeugenden Film.

Was mir Unbehagen bereitet: Mein Treatment suggeriert Kenntnisse von Menschen, die ich tatsächlich kaum kenne. Ich habe Ashraf aus Kairo, Abdul Haris aus Assuan und Samy aus Abu Simbel zu Filmhelden befördert, obwohl ich weder ihre Lebensverhältnisse noch ihren Alltag kenne. Der Basiskurs erklärt mir: „Oft glauben Autoren, einen Menschen in seinen normalen Lebensbedingungen zu drehen oder sein Leben zu beschreiben, sei allein bereits spannend. Zuschauer sehen das anders." Das beruhigt nicht wirklich. „Du denkst zu stark in Texten und Fakten", hatte mir Thomas erklärt. „Du musst auch in Bildern denken." Der Produzent hatte Thomas Weidenbach engagiert, sich des dillettierenden Filmkritikers anzunehmen. Thomas stellte mein Skript vom Kopf auf die Füße, erarbeitete eine Dramaturgie, einen detaillierten Drehplan, organisierte und kalkulierte die gesamte dreiwöchige Drehreise minutiös. – Basissatz Nummer drei: Einen Film zu rezensieren ist eins, einen Film zu drehen ein anderes.

Thomas ist Profi. Er kennt das Fernsehmetier seit 20 Jahren und hat als Autor und Regisseur alles gemacht: aktuellen Journalismus und Feature-Film, Beiträge für „Monitor" oder „Globus", Dokumentationen über Umweltschützer, Gentechnologie oder Lachse. Das eine wie das andere solide recherchierte, engagiert erzählte, stimmungsvolle und preisgekrönte Filme. Dabei arbeitet Thomas bevorzugt mit Harald zusammen, von dem er schwärmt, weil der ein Künstler sei. Beide wissen jedenfalls, wie viele und welche Bilder es braucht, eine Geschichte zu erzählen.

Der Jüngste im Bunde ist Jan Wilm Schmülling, der Tonmann. Willi laboriert an einer Nebenhöhlenentzündung, schluckt eine Schmerztablette nach der anderen und leidet grausam unter dem Druckausgleich. Willi ist Student an der Kölner Fachhochschule, aber schon seit Jahren als Kamera-Assistent im „Training on the job". Ich habe keinen Zweifel, dass er seinen ebenso routiniert erledigen wird wie die anderen beiden den ihren. Ich nehme mir vor, ihnen dabei möglichst wenig im Wege zu sein.

„Dass Sie mit dem Zug von Kairo aus Nil aufwärts nach Kom Ombo zu den Siedlungen der Nubier fahren wollen, also auf die Bilder dieser Reise bin ich ganz besonders gespannt."

Letzte Drehplanbesprechung mit den Redakteuren am Morgen unserer Abreise. Der Herr vom Bayerischen Rundfunk ist sehr angetan. „Damit kriegt der Film so einen Road-Movie-Charakter. Sehr schön. Ich muss sagen, diese Passage hat mich überhaupt erst für Ihren Film gewonnen. Da erwarte ich wirklich schöne Bilder."

„Für meinen Geschmack ist viel zu viel von den Nubiern die Rede", meint die Kollegin des Westdeutschen Rundfunks, freundlich, aber bestimmt. „Wir sehen dreizehn Minuten lang nur Nubier. Abu Simbel taucht erst nach Ablauf eines Viertels der Sendezeit auf. Das geht nicht. Wir können keinen Abu Simbel-Film ankündigen und die Zuschauer dann eine halbe Ewigkeit darauf warten lassen." Die Redakteurin blättert in unserem Treatment und schüttelt den Kopf. „Das müssen Sie ändern. So geht das nicht."

„Da wird sich noch einiges ändern", springt Thomas bei. „Sorry, aber das ist noch nicht die endgültige Struktur des Films. Also wir drehen erst mal drei Tage in Kairo, im Ägyptischen Institut für Schweizer Bau…"

„Im Schweizer Institut für Ägyptische Bauforschung und Archäologie", springe ich ein.

„Genau. Kairo-Impressionen, Basar; wie und wo Achmed in Kairo lebt…"

„Ashraf!"

„… der Nubische Club"

„… Abu Simbel-Club!"

„… und dann begleiten wir Ashraf auf Heimaturlaub zu seiner Familie nach Abu Simbel …"

„… Gedid!"

„Und von dort aus reisen wir mit ihm zu dem nubischen Tempelwächter in Abu Simbel, zu seinem Freund Samy. Da drehen wir Tempel rauf und runter. Ramses von hinten und von vorne, von innen und außen, von unten und oben."

„Es geht mir um die grundsätzliche Gewichtung des Films", insistiert die Redakteurin. „Für die Nubier interessieren wir uns nur wegen Abu Simbel. Die Leute wollen vor allem den Tempel sehen. Abu Simbel ist die Hauptfigur, und das muss der Film von Anfang an auch deutlich machen. Ich verstehe auch nicht, warum Sie nicht viel mehr von dem Hochtief-Material zeigen. Hier sind nur vier Minuten vorgesehen. Da haben Sie mir so von dem historischen Material geschwärmt, und jetzt sollen gerade mal vier Minuten davon vorkommen!"

Tatsächlich waren die beiden Redakteure ebenso fasziniert von dem Hochtief-Film wie ich. Wie Ramses mit der Handsäge zerlegt wird, der dramatische Wettlauf mit dem steigenden Nil, die Arbeiten bei Tag und bei Nacht. Auch ich hätte gerne mehr historisches Material im Film. Ein Problem allerdings sind die Kosten zur Abgeltung der Lizenzrechte. „Die vier oder fünf Minuten reichen völlig aus", sagt Thomas. „Außerdem gibt es noch jede Menge kostenloses Material im WDR-Archiv. Wir haben längst nicht alles gesichtet. Und wir zeigen alte Lithografien und Fotografien von Abu Simbel. Also, Kinder, jetzt drehen wir erst mal und dabei wird sowieso klar, wieviel historisches Bildmaterial wir noch zusätzlich brauchen."

„Die Nubier sind die Kronzeugen der Geschichte dieses Tempels", sagt jetzt der bayerische Kollege. „Sie erzählen aus ihrer Perspektive, was ihnen Abu Simbel bedeutet. Ich finde gerade die Verknüpfung der beiden Schicksale so interessant. Das ist der ‚andere' Blickwinkel, aus dem die Geschichte dieses Monuments erzählt wird. Ich finde schon, dass die Nubier ausführlich zu Wort kommen sollten."

„Und ich will auf gar keinen Fall einen pseudo-ethnologischen Film", erwidert die WDR-Kollegin.

> *Jeder erwartet die Gegenstände, von denen er so vieles hat reden hören, nicht zu finden, wie der Himmel und die Umstände wollen, sondern so rein wie sie in seiner Imagination stehen und fast nichts findet er so. Hier ist was zerstört, hier was angekleckt, hier stinkts, hier rauchts, hier ist Schmutz, so in den Wirtshäusern, mit den Menschen.*
>
> GOETHE „TAGEBUCH DER ITALIENISCHEN REISE"

Auf den Bildschirmen der Egypt Air stimmt ein Werbespot auf den bevorstehenden Urlaub ein: „I wish I was in Egypt." Hochglanzbilder von den Pyramiden, vermummte Beduinen in der Wüste, Nilkreuzfahrt, Tauchen im Roten Meer, freundliche Hotel-Kellner reichen Longdrinks, Einlochen vor Wüstenpanorama.

Die Bilder unterscheiden sich kaum von den Fotos in meinen antiquarischen Reiseführern vom Anfang des 20. Jahrhunderts: Wohlhabende Orienttouristen auf der verschatteten Terrasse des Cataract Hotels in Assuan; über Korbstühle neigen sich dunkelhäutige Livrierte, reichen Tee und kühlende Getränke. Es kommt in Mode, mit dem Wagen in die Wüste zu fahren. In den feinen Sportclubs der britischen Kolonialherren verfolgt man Cricket- und Polo-Spiele; Politik- und Börsengespräche zur Happy Hour. Man spricht über den Araber an sich und den Niedergang der pharaonischen Hochkultur.

Zwischen den Bildern von damals und heute scheint allein die Einführung des Vierfarbdrucks zu liegen. Die gleichen Motive, die gleichen Impressionen. „Ägypten – Gelebte Ewigkeit", werben die Reiseunternehmen. „Liegt der Ursprung der Ewigkeit in Ägypten?", mirakeln Werbetexter. „Beim Anblick der antiken Monumente schrumpft jede neuzeitliche Anstrengung zur Bedeutungslosigkeit."

„Wir reisen fast immer mit einer Traumvorstellung in ein fremdes Land. Sie ist stärker als alles, was wir studierten. Unsere Phantasie zaubert nicht selten aus dem Unterbewussten Bilder ohne feste Konturen." Das schreibt Gisela Bonn in ihren „Tagebuchblättern einer Reise nach Ägypten und dem Sudan". Die Journalistin besuchte Ende der 50er Jahre die „Neue Welt am Nil". Sie bemühte sich, weniger Bildungsreisende als Reporterin zu sein und das Ägypten Präsident Nassers zu verstehen. Und doch bedient auch sie die gleichen Klischees:

Unsere Vorstellungen von Vergangenheit haben hier keinen Sinn. Europas Art, in geschlossenen Epochen zu denken, kann nicht zum Maßstab genommen werden, denn hier sind die Jahrtausende lebendig wie an ihrem ersten Tag. Man wird sie niemals über den Umweg der Kunstgeschichte allein begreifen können, sondern nur, wenn man zu ihnen in eine unmittelbare Berührung gerät.

Ägypten ist das „Land der unmittelbaren Berührung" mit der Zeit selbst. Hier ist sie stehen geblieben. Seit Jahrtausenden, seit Generationen, seit Anbeginn der Zeit.* Der Reisende betritt biblischen Boden. Gott ist sehr nahe. Das grelle Gelb der Wüste ist „wie ein stampfender Rhythmus – eine erregende Monotonie der Ur-Welt". Ägypten ist die latente Antike – ein Zeitfenster, durch das der Abendländler steigt und die Moderne hinter sich lässt. Der Zeitreisende benötigt allerdings eine Brille, die das Land in Sepia taucht, eine ästhetisierende Blickweise, die seit dem 18. Jahrhundert eingeübt wird:

Ich muss die Unbequemlichkeiten, Widerwärtigkeiten, das was mit mir nicht stimmt, was ich nicht erwarte, alles muss ich beiseite bringen, in dem Kunstwerk nur den Gedanken des Künstlers, die erste Ausführung, die Zeit, da das Werk entstand, heraussuchen und es wieder rein in meine Seele bringen, abgeschieden von allem was die Zeit und der Wechsel der Dinge darauf gewürkt haben. (Goethe, Tagebuch der Italienischen Reise)

Seit der Goethezeit ist dies der poetisierende „Filter" des klassischen Bildungsreisenden. Für ihn schrumpft das gegenwärtige Ägypten bis zur Bedeutungslosigkeit: die Betonwüste der Vorstädte Kairos, die rauchenden Schlote Heluans, verdreckte Kanäle, die soziale Wirklichkeit. Das Wohlstandsgefälle oder der Analphabetismus, all das gehört nicht ins Zeitreise-Programm des Urlaubers – und des Fern-

---

* „Ägypten galt schon den alten Griechen als das Land, in dem Zeit stillsteht, und eine Reise nach Ägypten war für sie eine Zeitreise, eine Reise in die Ururvergangenheit." Assmann 2000, 25.

sehzuschauers. Denn die „Dritte Welt"-Bilder, die die Reporter der 70er und 80er Jahre in die Wohnstuben des Wirtschaftswunderlandes Deutschland schickten, diese diffuse Schuldkomplexe auslösenden Elendsbilder, die seien heute keinem Zuschauer mehr zumutbar, erklärten die Programmmacher Ende der 90er Jahre – so wenig wie die Weltuntergangsszenarien des frühen Umweltjournalismus. Darüber sind wir also hinaus. Die Frage ist: Wo sind wir angekommen? Man hat sich jetzt endgültig darauf verständigt, dass Fernsehen ein emotionales Medium ist und keine Volkshochschule. Auch achten die Stimulans-Strategen des Wellness-Fernsehens sehr darauf, dass Filme ja die richtigen Emotionen wecken: Man kann Betroffenheit wecken und Problembewusstsein schärfen, auch ohne dabei den Wohlfühlfaktor zu vernachlässigen. Die „Wir helfen"-Themen der Auslandsberichterstattung schaffen zum Beispiel eine moralisch und emotional konstruktive Rezeptionssituation.

Seit Mitte der 90er Jahre ist das Unterhaltungsmedium Fernsehen dabei, störende Realitäten möglichst auszublenden. In den meisten TV-Reisemagazinen ist Ägypten nur noch ein Spaßbad mit historischem Themenpark. Das „Land der Pharaonen" mit modernem Dienstleistungsgewerbe. „All inclusive" sind die schon aus Fremdenverkehrsgründen niemals ganz zu lösenden Rätsel, Geheimnisse, Mysterien des alten Ägypten. Sie nähren ganze Fernsehreihen wie „Terra X" oder „Sphinx" im ZDF. Ob BBC, Discovery Channel oder National Geographic. Sie alle stöbern immer und immer wieder in dem Wie und Warum der alten Welt: Das Geheimnis des Pyramidenbaus. Die Grabschätze der ungehobenen Friedhöfe. Die Mysterien der Amun-Priester. Der Fluch der Pharaonen. Für die Gegenwart der hier und jetzt lebenden Ägypter hegt das Fernsehen etwa so viel Interesse wie die Ägypter ihrerseits für die rätselhafte Magie ihrer zugemüllten Ruinen.

Den meisten Dokumentationen, die archäologische Entdeckungen präsentieren, liegen die gleichen Erzählmuster zugrunde wie den Abenteuerromanen Karl Mays. Sie begleiten die Entdecker der Ersten Welt in ein Land der Dritten Welt. Meist sind es deutsch- oder englischsprachige Wissenschaftler, die ihre Grabungs- und Forschungsergebnisse der heimischen Zielgruppe präsentieren. Der ägyptische Kollege gerät dagegen eher beiläufig ins Bild. Einheimische Grabungsarbeiter bilden lediglich den folkloristischen Hintergrund, sind Ausstattungsobjekt, selten Protagonisten. Es wird über sie geredet, selten mit ihnen.*

Im Mittelpunkt der Filme stehen Schätze, Artefakte, Monumente und die Spekulationen, zu denen sie Anlass geben. Meist arbeitet die Film-Dramaturgie zielstrebig auf einen Höhepunkt hin: Sie inszeniert den Moment der Entdeckung, provoziert die Emotion der unmittelbaren Berührung. Das Publikum soll Zeuge des historischen Augenblicks sein, in dem die Schatzkiste geöffnet wird und ihr Geheimnis offenbart. Der Zuschauer soll möglichst noch vor Howard Carter durch das Loch in der Lehmziegelwand schauen und all die wunderbaren Dinge entdecken, die seit Jahrtausenden einzig und allein auf ihn gewartet haben: Gold, Gold, überall Gold. Das Fernsehen ist im Fundfieber. Es sucht sich für seine Zwecke die schönsten Stücke heraus.

Wurde das Artefakt oder Kunstobjekt früher für die Museen der Kolonialherren in Besitz genommen, stehen heute westliche Medien um das Recht der Erstveröffentlichung an: Produzenten eifern um Exklusivrechte an Grabungen, um Premierenrechte für TV-Spektakel mit zweifelhaftem wissenschaftlichen Ertrag. Weltweit wurde live übertragen, wie ein ferngesteuerter Roboter durch einen „Lüftungsschacht" der Chephren-Pyramide manövrierte und zuletzt eine Steinplatte anbohrte, hinter der sich dann doch nicht der „Schatz des Chephren" verbarg. Immerhin war es ein gutes Geschäft für alle Beteiligten. Im Fernsehen herrscht immer noch Fundteilung: Das weltweite Urheber- und Vertriebsrecht geht an die internationalen Lizenzhändler – den Ägyptern bleibt der touristische Werbeeffekt des Films im Ausland.

---

* Wolfgang Struck schreibt über die getrennten Sphären der Weißen und der Afrikaner in vielen so genannten ethnographischen Filmen: „Es liegt vor allem daran, dass den tanzenden Afrikanern nicht der Sprung in die Handlung des Films gestattet wird: Sie bilden lediglich den Hintergrund, sind eher Ausstattungsobjekt als Mitspieler. Es wird über sie geredet, aber nicht mit ihnen... Die Afrikaner der ethnographischen Dokumentation werden zum Gegenstand der Repräsentation, indem sie zu Objekten der Betrachtung ‚naturalisiert' werden. Sie können beschrieben, verglichen, unterschieden, klassifiziert werden. Sie werden abbildbar als Element einer systematischen, ‚objektiven', ‚natürlichen' Ordnung. Die europäischen Protagonisten dagegen werden gezeigt als Figuren (in) einer Geschichte, sie werden abbildbar als Element einer narrativen Struktur." Wolfgang Struck 2004, 23.

Mit Hilfe der neuen digitalen Bildbearbeitungstechniken wird die ägyptische Gegenwart vollends ausgeblendet. Das erfolgreichste Beispiel dafür ist „Die Pyramide", eine Produktion der britischen Special-Effect-Firma „The Mill" im Auftrag der BBC. „The Mill" erhielt einen Oscar für die Spezialeffekte im Hollywood-Blockbuster „The Gladiator" und machte Furore mit den digitalen Kulissen für „Lara Croft. Tomb Raider". „Die Pyramide" erzählt das Leben von Nahkt, einem jungen Ägypter, der vor 5000 Jahren für den Bau der Cheops-Pyramide rekrutiert wurde. Nahkt hat es nicht wirklich gegeben, aber der Film zeigt, wie er den Bau der großen Pyramide erlebte.

„Die Pyramide" war weltweit außerordentlich erfolgreich. In Großbritannien erreichte sie Einschaltquoten wie sonst nur Spitzenspiele der Premier League. Der Film ist wunderbar anzuschauen, durchaus informativ und sehr unterhaltsam – hat aber mit einer Dokumentation nichts mehr zu tun. Tatsächlich handelt es sich um einen Spielfilm nach dem Konzept „Living History". Mit dem Effekt: Die Filmrealität ist vollends gereinigt von Tempelruinen, Souvenirshops, radebrechenden Guides und Touristen. Denn wer hindert uns am meisten, die romantischen Momente des Reisens zu genießen, die Aura des Ortes, die vergangene Welt vor dem inneren Auge zu schauen? Wir selbst – die Touristen. Immer latscht uns einer vor den Sepia-Filter des Objektivs. In der virtuellen TV-Realität kommt der Tourist nicht mehr vor. „Die Pyramide" ist somit die letzte, perfektionierte Konsequenz jener ästhetisierenden Sehweise des 19. Jahrhunderts: alle Unbequemlichkeiten, Widerwärtigkeiten der Gegenwart werden ausgeblendet; der Zuschauer sucht in dem Bauwerk nur die Zeit, da das Werk entstand, abgeschieden von allem, was die Zeit und der Wechsel der Dinge bewirkt haben.

Während auf dem Bildschirm noch einmal die Postkartenansicht von Abu Simbel aufklappt, sage ich mir: So nicht! Ja, ich gebe es zu: Fernsehen ist mir suspekt, von Berufs wegen – dieser Kompromiss, der im besten Fall der größte gemeinsame Nenner von Regisseur, Kameramann, Cutter, Redakteur, Autor, Sendeformat, Zuschauerquote ist. Thomas kennt meine Vorbehalte, und ich weiß, wie er denkt: Fernsehen ist auch die Kunst, die eigene Vorstellung überzeugend durchzusetzen. Und oft genug entsteht die noch bessere Idee nicht am Schreibtisch des Autors, sondern im Zusammenspiel eines Teams.

Hoffentlich wird mir die Wurst nicht schlecht. Im Koffer liegen eingeschweißte Schinken-, Leber- und Mettwürste. „Bringen Sie mit, so viel Sie unterbringen können", hatten die Pilgrims gebeten, lechzend nach deutscher Hausmannskost. Nun sehe ich mit meinen westfälischen Räucherwaren und bayerischen Schweinefleischringen doch etwas bang dem ägyptischen Zoll entgegen. Ist die Einfuhr von Schweinefleisch ins Land der Muselmanen eigentlich ein Problem, frage ich Willi. Aber der hat andere Probleme als meine Bierschinken.

Ankunftshalle Flughafen Kairo. Hinter der Passkontrolle der Schilderwald der Reiseveranstalter, die Spalier stehen und Ausschau halten nach ihren Schützlingen, um ihr Gepäck aufzunehmen und sie in die klimatisierten Busse zu lotsen. Drei stämmige Herren schwitzen indes in salopper Sommerkluft am Gepäckband: Vor staunenden Kofferkulis wuchten sie eine Alukiste nach der anderen auf die Gepäckwagen. Sperrige Stativstangen, Sacktaschen mit Dolly-Schienen, diverse Taschen und Koffer mit Film-Ausrüstung. Ich darf das Handgepäck bewachen: Harald reicht mir die gefütterte Tasche mit der Kamera und eine weitere mit Wechselobjektiven, Akkus, Ladegerät. Thomas stellt mir den kleinen, aber bleischweren TV-Monitor vor die Füße. Willi hängt mir das Aufnahmegerät mit dem Mikrofonwuschel über die Schulter. „Handle with care!", sagt Willi und zerrt meinen Wurstkoffer vom Band. „Uahh! Was'n da drin?" – „Ne Schweinehälfte". Ich schrumpfe unter den Trageriemen. Vielleicht sollte ich gleich zu Beginn Grundsätzliches klarstellen zur physischen Leistungsfähigkeit von Feuilletonisten.

Zwei turmhohe Gepäckkarren bewegen sich auf die Katarakte des ägyptischen Zolls zu. Dort nimmt uns Abdul Haris in Empfang. „Welcome to Egypt! Welcome my friends!" Große Völkerfreundschaftsbegrüßungsgesten. Thomas und Abdul Haris liegen sich in den Armen. Koffer bepackte Touristen und die grauen Herren vom Zoll rollen die Augen. Der Mann aus Assuan, der Kuper und mich durch sein schmuckes Haus führte, ist nun also „unser Mann in Ägypten". Und es ist Verlass auf ihn. Al Hamduʿillah.

Die Zöllner bestehen erwartungsgemäß auf einer Inspektion und mustern unsere Einfuhrliste, Zollpapiere, Bankbürgschaften, Ausweise. Harald und Willi öffnen Kiste für Kiste, erklären Stück für

Stück: Kabel, Stecker, Spots, Taglichtlampen, Dimmer, Dolly, Dollyschienen, Grip ... nach der dritten Kiste winken die Herren desinteressiert ab. Mein Koffer ist ihnen Wurst.

Wenige Wochen nach unserer Begegnung im Frühjahr in Assuan hatte sich Abdul Haris aus Berlin-Kreuzberg gemeldet, wo er mit Marina lebt, seiner deutschen Frau. Wird die Sommerhitze in Assuan bedenklich, wechselt der Nubier den Fluss. Der Nilschiffer heuert dann bei einem der Berliner Ausflugsboote an. Statt über die Untiefen des Nil schippert er durch die Schleusen der Spreekanäle. Abdul Haris erkundigte sich nach dem Filmprojekt und bot überraschend seine ortskundige Betreuung an. Er könne sich um Bus und Fahrer kümmern, würde als Dolmetscher und Mädchen für alles zur Verfügung stehen, alles inklusive, vier Wochen lang. „I know a lot of people, a lot of people know me". Eine Woche später schicken Marina und er ein konkurrenzlos günstiges Angebot für Bus und Fahrer. Den Mann müssen wir uns ansehen, sagt Thomas, schließlich stehe und falle ein Dreh mit der Logistik.

Es wurde ein denkwürdiger Abend in Köln: Ein opulentes Abendessen, ein schwerer, aber flüssig fließender Rotwein. Thomas lachte, Abdul Haris lachte, die Kellner lachten. Es war Liebe auf den ersten Blick. Zwei Bauchmenschen mit einem Humor, der auch den Autor wärmend umfing. Thomas ging die Kostenkalkulation des Nubiers durch, genehmigte, scherzte und erklärte dann plötzlich stockernst: „Wenn wir hier so sitzen, bin ich der umgänglichste Mensch. Wenn ich arbeite, kann ich allerdings ungemütlich werden." Abdul Haris nickt. „You will have no problem with me. I am no Egyptian. Me different." Komm' ich jetzt nicht, dann doch immerhin Stunden später, das gäbe es bei ihm nicht. Außerdem würden uns seine Kontakte sehr hilfreich sein: „I know a lot of nubian people in Cairo, Kom Ombo, Abu Simbel", erzählt er. Und Assuan, das sei überhaupt seine Stadt.

Über 30 Jahre arbeitet Abdul Haris im Tourismus. Früher betreute er als Reiseleiter des Staatlichen Fremdenverkehrsbüros deutsche, niederländische, englische Touristikunternehmen. Dann machte er sich selbständig. Er besitzt ein Ausflugsboot, drei Kamele und gute Beziehungen. So lernte er die deutsche Touristin Marina in Assuan kennen. Er ist 55 Jahre alt. Er kennt die Menschen und er kennt die Welt. „Ein Glücksgriff", sagt Thomas und ist begeistert von dem kleinen, drahtigen Nubier mit dem gewinnenden Lachen. „Ein kommunikatives Naturtalent", lobt er und besteht darauf, die Weltläufigkeit des Nubiers durch die Kenntnisse ausgesuchter Grappa-Jahrgänge zu erweitern. Unser Glücksgefühl verflüssigt sich. Wir sprechen über das Essen in Ägypten, über die muslimische Vielweiberei, über Allah und die Welt. Zuletzt liefern wir Abdul Haris im Hotel ab, müde, benebelt, zufrieden. Wir entschuldigen uns, dass wir dem Mann aus Assuan bei dieser Gelegenheit nicht auch noch das Kölner Nachtleben... „No problem with me", sagt Abdul Haris. Als wir daheim in die Laken sinken, macht sich Abdul Haris gerade mit dem Nachtportier, einem Marokkaner, und dessen Freundin, einer Iranerin, bekannt. Und während der Regisseur und sein Autor vom Orient träumen, geleiten der Marokkaner und die Iranerin den Nubier durch die Kölner Südstadt und setzen ihn in den frühen Morgenstunden ins Flugzeug nach Berlin.

Thomas ist Kölner, also geborener Optimist. Ich sage: Mach dir keine Hoffnung, heute werden wir zu wenig mehr als zu gar nichts kommen. Bukra, malesch, insh'allah – Ämter, Papiere, Tee trinken. Doch die Ägypter sind entzückt von Thomas: „Ah my friend", schüttelt er dem maschinenbewehrten Wachsoldaten im „Haus des Rundfunks" die Hand und der bringt uns lächelnd und ohne Umstand zu Nashwa Tantawi. „You are Nashwa", flirtet Thomas, so viel habe er schon von ihr gehört. Nashwa lächelt verlegen.

Jemand hat die Weltzeiten korrigiert. Kairo und London sind sich inzwischen näher gekommen. Während Nashwa Presseausweise abstempelt, spekuliere ich über ihren Nachnamen: Ob sie wohl weitläufig mit der Familie des Mohammed Sajid Tantawi verwandt ist, Großscheich der Kairoer Al-Azhar-Universität und höchste geistliche Autorität der sunnitischen Muslime? Da kommt man aus Deutschland, in dem gerade um das Kopftuch im öffentlichen Dienst gestritten wird, eine Symbol- und Leitbilddebatte, aufgeladen mit Ressentiments und Klischees. Das Kopftuch – Symbol der Unterdrückung der Frau, einer autoritären antidemokratischen Religionsführung. Soll ich auch Nashwa unter Generalverdacht stellen? Ist sie eine brave, angepasste, unterdrückte Muslimin? Verhüllt sie ihr schönes dunkles Haar, weil die Männerwelt ihr Bescheidenheit gebietet?

Großscheich Tantawi hatte jüngst erklärt, es sei eine von Gott bestimmte Pflicht für die muslimische Frau, das Kopftuch zu tragen – jedenfalls in einem islamischen Land. Sollten Frankreich und Deutschland ihren Staatsdienerinnen indes das Tragen des Kopftuchs verbieten, sei dies nach dem islamischen Recht für die Frauen eine Notlage, in der sie keine Sünde begehen, wenn sie kein Tuch anziehen. Es stehe einem Islamgelehrten jedenfalls nicht an, sich in die inneren Angelegenheiten eines nicht-muslimischen Staates einzumischen. Den umgekehrten Fall verbitte man sich ja auch.

Für diese Position kassierte Tantawi öffentlich Prügel von den konservativen Muslimbrüdern. Es gab Kundgebungen und Proteste. Tantawi, so hieß es, sei der verlängerte Arm der Regierung, von der Großscheich ernannt wird. Tatsächlich war Tantawi zehn Jahre lang Mufti der Republik Ägypten, also oberster Berater der Regierung in Fragen des religiösen Rechts. Die Mehrheit der Azhar-Scheiche befürwortet dagegen einen anderen, durchaus auch militanten Islam. Für diese Altvorderen ist der Islam eine eherne Gesetzesreligion, und jeder Versuch, diese Gesetze der Gegenwart anzupassen, ist in ihren Augen strafbar. Übrigens kritisierte auch der „Zentralrat der Muslime in Deutschland" den ägyptischen Großscheich. Er könne die Lage in Europa nicht einschätzen. – Eine „Solidaritätsaktion arabischer Frauen" stellte sich immerhin hinter Tantawi, der übrigens auch erklärte, dass der Islam an keiner Stelle die weibliche Genitalverstümmelung vorschreibt, die in Ägypten weit verbreitet ist.

Ist es nicht unziemlich, solche Gedanken vor dieser so freundlichen, schüchtern kichernden Person zu denken: Genitalverstümmlung, die Polygamie der Männer, die Fesselungen eines autoritären Scheidungsrechts, Ehrenmorde. Was würde sie sagen, könnte sie Gedanken lesen? Sie wäre wohl beschämt. Vielleicht würde sie mich wegen meiner Sorge um ihr Wohlergehen aber auch lächelnd beruhigen. Ich finde es schade, dass ich es nicht weiß. Und so geht es doch auch in Deutschland. Wir wissen zuwenig voneinander, weil wir nicht miteinander sprechen. Wenn wir wirklich etwas für die Emanzipation muslimischer Frauen in Deutschland tun wollen, so müssen wir ihnen Angebote machen, die ihre Männer nicht ablehnen können. Das Kopftuch ist nur ein Sündenbock dafür, dass wir dies so lange unterlassen haben.

Wir sind schon fast aus dem Büro, da bittet uns überraschend der Chef des Government Press Office in sein gekühltes Büro. Jetzt, denke ich, werden wir Tee trinken. Der junge Mann in Anzug und Krawatte plaudert über sein Auslandstudium in Amerika und England und wie gerne er auch in Deutschland studiert hätte. Auf dem Schreibtisch des Mannes lächelt Mubarak in salopper Freizeitkleidung, entspannt an ein Geländer gelehnt, freundlich vom Meer her in die Kamera schauend, ein geradezu privates Foto. Je höher die Dienstzimmeretage, desto freundlicher blickt der Mann. Ich betrachte mir den jungen Karrieristen in seinem aufgeräumten Büro und frage mich: Na, bist du auch Teil des Systems? Nimmst auch du deinen Anteil? Es ergeht mir wie mit Nashwa: Mein Kopf ist nicht frei von all den Vorurteilen, die stimmen mögen oder auch nicht. Ich beschließe, dass ich es nicht wissen will.

Der Presse-Chef wünscht uns endlich viel Erfolg, wir schütteln Hände und sind schon durch die Tür, als uns der Mann in zerstreuter Colombo-Manier plötzlich zurückhält: Wir sollten, bitteschön, die Nubier nicht dazu benutzen, Afrika gegen Ägypten auszuspielen oder Araber von Afrikanern zu trennen, wie dies neuerdings in Amerika Mode geworden sei. Gewiss, Nubien sei eine Quelle der ägyptischen Hochkultur gewesen, überhaupt sei Ägypten natürlich ein Teil Afrikas. Aber genauso habe es auch starke arabische und mesopotamische Einflüsse gegeben.

Damit spielt der Mann auf jene „African Americans" in den USA an, die sich Nubier nennen und ihre Herkunft auf das antike Nubien zurückführen. Immer dann, wenn Ägypten sich rühmt, die erste Hochkultur Afrikas zu sein, wird eingewandt, dass das antike Nubien vielleicht ebenso alt wenn nicht älter sei. Es ist eine Debatte, die wesentlich grundiert wird von kulturellem Superioritäts-Gebaren und rassischen Minderwertigkeitskomplexen. Tatsächlich geht es um einen rassistischen Diskurs, der lange Zeit das „weiße" Ägypten vom „schwarzen" Afrika trennte, das mittelmeerische „Abendland" von den so genannten „unentwickelten Völkern Schwarzafrikas". Den „Negern" wurde der unterste Platz in der Hierarchie der

Kulturen zugeteilt, der weißen indogermanischen (arischen) Rasse der überlegene erste Platz.

Einen maßgeblichen Anteil an der Begründung dieses wissenschaftlichen Rassismus hatten deutsche Altertumswissenschaftler, Anthropologen und Ethnologen, die sich auf den Geschichtsphilosophen Hegel beriefen. Der sah in der griechischen Philosophie den frühen Höhepunkt in der universalen Geschichte des Weltgeistes. Die Afrikaner sah er dagegen bis in seine Gegenwart in einem Entwicklungsstadium der geistig unterbemittelten Naturmenschen verharrend und zu „keiner Entwicklung und Bildung" befähigt. „Der einzige wesentliche Zusammenhang, den die Neger mit den Europäern gehabt haben und noch haben, ist der der Sklaverei. In dieser sehen die Neger nichts ihnen Unangenehmes." Allerdings hatte Hegels Konzept mit der pharaonischen Hochkultur ein Problem: Auch Ägypten liegt auf dem tumben afrikanischen Kontinent. Auch er sei überrascht, schreibt Hegel. „neben afrikanischer Stupidität, einen reflektierenden Verstand, eine durchaus verständige Anordnung aller Einrichtungen und die erstaunlichsten Werke der Kunst zu sehen." Hegel erklärt Ägyptens Ursprünge schließlich für „nicht-afrikanisch" sprich „asiatisch".

Die Historikerin Fatima El-Tayeb beschreibt, welch „einzigartige rassische Klassifikations-Odyssee" das pharaonische Ägypten im geistesgeschichtlichen Diskurs des Abendlandes durchlebte: von „weiß" über „nicht schwarz" zu „rasselos". Weil nicht sein kann, was nicht sein darf, verstiegen sich Philologen, Historiker, Anthropologen, Rasseforscher bis in die 40er Jahre des 20. Jahrhunderts zu abstrusen, pseudowissenschaftlichen Konstruktionen, die stets das rassistische Dogma untermauerten, dass letztlich jede höhere Zivilisation weißen Ursprungs sein musste. – Wir versichern dem jungen Mann, unser Film werde sich auf solche Debatten nicht einlassen.

Das Government Press Office übergibt uns der freundlichen Betreuung von Achmed, der uns von nun an rund um die Uhr begleiten wird, im wahrsten Sinne des Wortes. Noch heute gilt ihm unser freundschaftliches Mitgefühl und Andenken: Achmed hat in dieser Zeit kaum ein Auge zugetan.

Vor dem Rundfunkgebäude stellen Harald und Willi Betrachtungen über den Kairoer Verkehr an: „Da ist eben einer an uns vorbeigeflogen", meint Willi lakonisch, „über fünf, sechs Autos hinweg". Der Mann liege jetzt da drüben besinnungslos auf dem Rücksitz eines Wagens. Auf der Uferstraße belegt der Kairoer Verkehr gerade die Chaostheorie. Wie lange hier ein Krankenwagen brauche, fragt Harald. Abdul Haris zuckt die Schultern.

Auch im Supreme Council of Antiquities werde ich Zeuge eines erstaunlichen Durchmarsches. In einem schmalen, beinahe völlig abgedunkelten Dienstzimmer sitzen 14 Frauen, präsidiert von einer stattlichen Erscheinung, unter leiernden Ventilatoren und zitterndem Neonlicht. Die Vorsitzende fächelt sich Luft zu, während zwei Beisitzerinnen Anweisungen entgegennehmen, Zettel abstempeln, Tee reichen, den Telefonhörer anreichen. Eine leuchtend geschminkte junge Frau mit Kopftuch nimmt unsere Formulare entgegen. Wir müssen alle Tempel angeben, die wir zu drehen gedenken. Was jetzt nicht gelistet ist, kann später nicht gefilmt werden. Jedes Monument kostet, pro Stunde, pro Tag, Nachtdreh extra, Sound & Light Shows extraextra, Tempel und Museen vor und nach den Öffnungszeiten extraextraextra.

Die Bekopftuchte spricht ein einwandfreies Ostküsten-amerikanisch, stempelt und reicht zügig weiter. Thomas schmeichelt sirupdick: „Jetzt sagen Sie mal, wie kann das sein, dass hier alles so reibungslos klappt! Das läuft doch nur, weil hier Frauen am Werk sind." Die Damen kichern, scherzen ihrerseits. Na, da sollten sie mal nach Deutschland kommen, meint Thomas, da könnten sie uns alle mal in die Schule nehmen, da säße man nämlich stundenlang auf den Ämtern herum. Allgemeine Heiterkeit. Die Ostküstenabsolventin reicht uns die Papiere und erklärt mit ironischem Lidaufschlag, sie fühle sich geschmeichelt: „I am flattered!" Große allgemeine Heiterkeit.

Das Bild des Deutschen im Ausland, erklärt mir Thomas, sei doch überwiegend das des nüchternen, ernsten Verstandesmenschen. Diszipliniert, aber auch ziemlich langweilig. Er habe in vielen Ländern gedreht. Überall, wo er hinkomme, seien die Leute überrascht, wenn ihnen ein zu Scherzen aufgelegter, entspannter Deutscher begegne, der auch Zeit für einen Small Talk habe. In den nächsten drei Wochen wird mich Thomas immer wieder verblüffen. Selbst nach einem erschöpfenden Zwölf-Stunden-Dreh lässt er keinen Stress aufkommen, nimmt den Druck aus Situationen, in denen ich längst verspannt bin. Thomas kalauert mit ägyptischen Inspektoren und Militärs, scherzt mit Fahrern, Pförtnern, Händlern und die mit ihm. So erreicht er, was er will. Sympathie ist gewinnender als jeder Berechtigungsschein.

El Kahira

Superschön! Wenn Thomas begeistert ist, sagt er superschön, supergut, Klasse! Cornelius von Pilgrim führt uns durch das Schweizer Institut: Bibliothek, Karten- und Zeichensaal, das Entrée mit dem Steinway-Flügel, die Veranda, der Garten unter hohen Palmen, Nilterrasse. „Dolldolldoll", sagt Willi, und Harald nickt anerkennend, geht die Flure ab, sieht zu den Decken hinauf, mustert die alten Türen, die Bibliotheksschränke, die hohen Fenster und sagt: „Viel Glas!" Er positioniert im Geiste bereits Lampen und Strahler. „Licht setzen" ist eine eigene Kunst, die nicht alle Kameraleute verstehen, sagt Thomas. „Harald kann mit Licht zaubern."

Als wir uns vor Wochen das erste Mal in Köln trafen, erzählte Harald, dass er vor Jahren schon einmal in Ägypten gedreht habe, nicht in Abu Simbel. Aber der Tempel und die Geschichte seiner Umsetzung seien ihm völlig vertraut. „Ich habe jahrelang einem Kameramann assistiert, der in den 60er Jahren den Industriefilm für Hochtief gedreht hat. Der erzählte ständig davon."

„Bernd Nagel?"

„Ach, den kennst du auch?"

Ashraf begrüßt uns schüchtern. Fast erkenne ich ihn nicht wieder: helle Bundfaltenhose, hartgebügeltes weißes Hemd, gepflegte Lederschuhe. Ich kenne ihn nur in seiner Galabiya. Ob wir heute schon drehen, fragt er? Nein, beruhige ich ihn, heute würden wir uns erst umsehen und besprechen, wie wir ihn hier in Szene setzen, wie wir das Haus am wirkungsvollsten fotografieren. Er scheint ein wenig enttäuscht und doch auch irgendwie erleichtert. Ashraf hat Lampenfieber.

Abdul Haris hat ihn vor Wochen in Kairo besucht und ihm unser Projekt erklärt, wer wir sind, was wir mit ihm vorhaben und dass er keine Angst haben müsse, in einem Film mitzuwirken, den die ägyptische Zensur politisch missverstehen und ihn in Schwierigkeiten bringen könne. Im Gegenteil, der Film sei gut für Ägypten, gut für den Tourismus und gut für ihn. „Du wirst ein Movie Star", scherzt Thomas, und Ashraf lächelt unsicher. So ganz geheuer ist ihm der Gedanke, ins deutsche Fernsehen zu kommen, noch nicht. Auf der anderen Seite reizt ihn auch das Abenteuer. Wir werden ihn gut bezahlen und dafür sorgen, dass das Schweizer Institut für zwei Wochen einen Stellvertreter erhält.

Ashraf ist einer von vier tragenden Figuren der Dokumentation: Er fungiert als Bindeglied zwischen der in Kairo lebenden, jungen und der in Kom Ombo lebenden, älteren Nubier-Generation, ein Nubier zwischen Stadt und Land, zwischen Moderne und Tradition. Aber noch habe ich keine Ahnung, ob Ashraf hält, was ich mir und dem Filmteam von ihm versprochen habe. Denn ob die Zuschauer unseren Film verfolgen oder desinteressiert wegzappen, hängt auch davon ab, ob sie den jungen Mann sympathisch und interessant finden. Wird er das „rüberbringen"? – Doch zunächst überwiegt die Freude auf die vor uns liegenden gemeinsamen Tage.

Der Abu Simbel-Club liegt im Viertel um den Abdin-Platz, dort, wo die meisten nubischen Gamaiyas zu finden sind. Von einem „Club" hatte ich mir – zumindest optisch – mehr versprochen: Wir steigen zwei staubige Stiegen in einem unansehnlichen Hinterhaus hoch. Zwei rund 200 m² große Wohnungen auf zwei Stockwerken, gefliese Böden, einfache Tische und Stühle, eine Pingpongplatte sind das Inventar. In der unteren Wohnung löst sich gerade eine größere Versammlung von Frauen und Kindern auf, eine Schulabschlussfeier. Oben sitzen Männer, meist in weißen Galabijen, um die Tische, spielen Domino und trinken Tee; ein dröhnend lauter Fernseher zeigt die Bilder von den Eröffnungsfeierlichkeiten der Bibliothek von Alexandria: Derwische, die zu „Freude, schöner Götterfunken" kreiseln, die Vereinigung von Orient und Okzident symbolisierend. Es schaut aber keiner hin. Auf eine Wand ist groß, farbig und recht dekorativ der große Abu-Simbel-Tempel gemalt, etwas unbeholfen in der Proportion, aber wiedererkennbar und ein brauchbares Filmmotiv.

In einem hinteren Raum mit Schreibtisch und alten Polstersesseln sitzen einige Männer zusammen, der Vorstand des Clubs. Wir werden erwartet, denn Ashraf hat uns angemeldet. Hosean Mokthar hatte mir den Club als Kairoer Anlaufstelle der Nubier aus Abu Simbel empfohlen, und ich war überrascht, als mir Ashraf erklärte, dass auch er dort regelmäßig hingehe, um Bekannte und Verwandte zu treffen. Nun sitzen wir vor Muhamed Ibrahim, der den Club seit Jahren leitet und uns stolz erzählt, dass der Abu Simbel-Club der erste und damit älteste aller nubischen Clubs in Kairo sei, gegründet 1923 von zehn Männern aus dem Dorf Abu Simbel, das eigentlich Farreg geheißen und auf der anderen Nilseite vis-à-vis der Tempel gelegen habe.

Auch die nubischen Clubs sind eine Folge des Assuan-Damms. Die Nubier, die zu Beginn des 20. Jahrhunderts infolge des ersten Dammbaus in die Städte zogen, gründeten die Clubs als Anlaufstellen und Familienersatz. Einer, der vom Land kam, fand hier Kontakt und Hilfe bei der Job- und Wohnungssuche, erfuhr Neuigkeiten aus den Dörfern, verbrachte hier seine Freizeit. Heute dient der Abu Simbel-Club auch als Schule und Bildungseinrichtung, um den Kindern die nubische Sprache und Schrift zu vermitteln. Nubische Clubs gebe es heute in allen großen Städten Unterägyptens, auch im Ausland, erzählt Muhamed. Sie bildeten ein Netzwerk. Einst sammelten die Clubmitglieder Geld für die Waisen oder Witwen in den Dörfern, für den Bau von Schulen und Gemeinschaftshäusern. Dann sammelten sie für die Umgesiedelten in Kom Ombo, und heute spenden sie auch für das Neubauprojekt von Hosean Mokhtar.

In den 50er und 60er Jahren waren die Clubs ein Faktor des Kairoer Kulturlebens. Dabei befanden sich die Clubs damals in einer Krise. Die jungen Leute, längst an das Leben in der Stadt gewohnt, konnten offenbar mit dem Konservatismus der Alten nichts mehr anfangen. Sie wollten Sport treiben, Pingpong, Fußball oder Backgammon spielen, erinnert sich der amerikanische Ethnologe Robert Fernia. Ganz Ägypten, insbesondere aber die Städte spürten den politischen und sozialen Aufbruch; die Monarchie war abgesetzt, Nasser verkündete eine neue Epoche. Damals verließen viele gebildete, wohlhabende Nubier die Clubs, weil sie sich immer weniger als Nubier denn als Ägypter fühlten.

Einige junge Nubier der dritten Generation begannen zu malen, zu schreiben, Musik zu machen, mit ausdrücklichem Bezug auf ihre nubische Kultur. Zu ihnen gehörte auch der Musiker Hamza el Din, heute der international wohl bekannteste nubische Musiker, ein Meister der *oud* und *tar*. Er spielte damals mit anderen nubischen Musikern in den Clubs. In Nubien hatte die Musik eine soziale Funktion auf Festen, kein junger Mann, schreibt Robert Fernia, wäre damals auf die Idee gekommen, abends seine Familie mit Musik zu unterhalten oder allein zum ästhetischen Genuss aufzuspielen. In der Stadt aber wurde die Musik als „Kunst" Teil des kulturellen und sozialen Revirement der Nubier. In den Clubs trugen Musiker wie Hamza el Din in den 50er und 60er Jahren dazu bei, dass die Nubier mit der durch die Umsiedlung ausgelösten Identitätskrise fertig wurden.

Der Abu Simbel-Club ist die ganze Woche über in den Abendstunden geöffnet. Er zähle 880 Mitglieder, sagt Muhamed Ibrahim, der Jahresbeitrag betrage 12 Pfund; die jüngsten Mitglieder seien 20 Jahre alt, die Ältesten weit über 70. Gemeinsam wählen sie einen 15-köpfigen Vorstand, der aus seinem Kreis wiederum den ehrenamtlichen Präsidenten beruft. Alle Mitarbeit sei ehrenamtlich, sagt Mohamed, der selbst wohl schon weit über die 60 ist. Neben mir sitzt ein großer Nubier in weißer Galabija. Er spricht die ganze Zeit in einem auffallend belehrenden Ton, während er aus einer Ledermappe immer wieder Blätter zieht und daraus vorliest. Abdul Haris erklärt, der Mann sei Dichter und gedenke, etwas zum Besten zu geben. Ich habe den Eindruck, dass die Herren mehr aus Höflichkeit der getragenen Poesie folgen, aber zuletzt erhält er wohlmeinende Zustimmung. Allerdings bemerkt ein Herr, es sei ein schönes Gedicht gewesen, noch schöner aber wäre es, wenn er es in nubischer Sprache verfasst hätte. Der Poet sprudelt Rechtfertigungen. Thomas zeigt auf die Uhr. Es ist spät geworden. Wir kündigen unser Kommen für den nächsten Abend an und sind willkommen.

*Sei mir gegrüßt, Kahira, mit deinem milden Himmel,
deinen schlanken Minaretts, deinen kühlen Straßen,
deinen rauschenden Platanen und früchtereichen
Sykomoren, deinen balsamduftenden Orangenhainen
und dattelschweren Palmen!*
KARL MAY „LEILET"

Morgendreh um halb fünf. Thomas will erst Stadtimpressionen drehen. Wir haben nicht viel Zeit, uns für den Sonnenaufgang in Position zu bringen. Achmed will uns zu einer reizvollen Stelle nahe der Zitadelle bringen. Doch die Sonne geht an diesem Morgen nicht auf. Nur eine graue Wolke wird von Osten her diffus illuminiert. Einige Hochhäuser und Minarettspitzen ragen aus dem Dunst. Harald wechselt die Filter vor dem Objektiv, Thomas steckt den Kopf tief in einen Sack, der Lichtschutz des Monitors. „Das kannst du vergessen", sagt er, keine Tiefenschärfe, kein Kontrast, man sehe nichts. Da müssten wir rauf, sagt Harald und zeigt auf die Zitadelle. Achmed zuckt mit den Schultern. Sorry, die Zitadelle sei beim Antiquity Service nicht angemeldet, also hätten wir keine Drehgenehmigung, außerdem sei der Dreh auf der Zitadelle kostspielig. „Vergiss die Zitadelle", sagt Thomas. „Es muss doch noch irgendeinen anderen erhabenen Punkt hier geben." Ich schlage den Kairo-Tower vor. Viel zu weit, bis wir da sind, steht die Sonne am Himmel. „Was ist mit diesen Minaretten, kann man rauf?" Achmed lächelt resigniert. Ganz schwierig ohne Genehmigung.

Alles einpacken, Stativ, Kamera, Monitor, Ton, zurück zum Auto. Wir fahren einige Straßen ab, steigen hier aus, drehen dort etwas. Die wenigen, letztlich unbrauchbaren Einstellungen kosten uns fast zwei Stunden. „Mach mal schnell, gibt's beim Fernsehen nicht", sagt Harald. Wir fahren die Schnellstraße hoch, die Schnellstraße runter, halten hier, steigen dort aus, bringen alles wieder in Position, Harald schwenkt über Moscheekuppeln und Minarettspitzen, wechselt Filter. Es ist frisch, ich bin unausgeschlafen und sehe nirgendwo Hochglanzbilder, nur Stadttristesse; statt der Pyramiden verstellen Termitenbauten den Horizont. „Guck mal", sagt Thomas und gibt den Monitor frei. Ich wische mir die Augen: Da ist er, der feine Seidenglanz über der Stadt. „Die Kamera kann Hässliches schön und Schönes hässlich machen", belehrt mich der Regisseur. „Wenn der Kameramann sein Handwerk versteht."

Frühstück im Stau. Abdul Haris schenkt Tee aus Thermoskannen aus, verteilt Fresspakete im Stop- and Go-Verkehr. Wir sind im Stadtteil Muski mit Ashraf verabredet, am Midan al Ataba, wenige Gehminuten vom Markt Khan al Khalili entfernt. Um neun Uhr ist Kairo auf vollen Touren. Die Sonne steigt rasant und wirft bestes Drehlicht in die Straßenschluchten voller Autos und Menschen. „I give you very good views", erklärt Achmed. Jetzt würden wir auf unsere Kosten kommen, versichert er. Halt unter einem belebten Fly Over.

Thomas, Willi und Harald gehen die Straßen ab, suchen nach Perspektiven, während ich Ashraf einweise: Wir würden jetzt mit ihm ein paar Straßenszenen drehen. Er müsse eigentlich nichts Besonderes tun, nur auf unser Kommando hin loslaufen. Harald will über die Straße hinweg in die gegenüberliegende ruhigere Geschäftsstraße zoomen, wo Ashraf ins Bild läuft. In einer einzigen Einstellung soll Ashraf zügig bis zur Straßenkante gehen, sich durch den Verkehr winden und dann rechts vor der Kamera vorbeilaufen. Abdul Haris übersetzt, Ashraf nickt. Alle gehen in Position: Willi unter den dicken Kopfhörern und mit ausgefahrenem Mikrophonwuschel, Harald blinzelt in den Sucher, Thomas beugt sich in die Monitortüte, hebt den Arm, ruft „und bitte", und ich winke Abdul Haris, der auf der gegenüberliegenden Straßenseite steht und Ashraf ein Zeichen gibt, der sich wiederum rund 300 Meter weiter hinten aus der Tiefe der Gasse in Bewegung setzt. – An dieser Szene drehen wir über eine Stunde. Zunächst ist Ashraf zu langsam. Dann ist er zu schnell. Dann geht er nicht zügig genug über die Straße. „Abdul Haris, sag ihm, er soll sich die Häuser nicht anschauen, als ob er sie zum ersten Mal sähe. Er ist kein Tourist. Er ist hier zu Hause! Der braucht nicht zu jedem Balkon hochzugucken. No acting!" Ashraf nickt und versteht. Beim nächsten Take: „Abdul Haris, sag Ashraf er soll nicht in die Kamera schauen. Er soll so tun, als ob wir gar nicht da sind!" Jetzt läuft Ashraf mit gesenktem Blick, so als ob er fürchtet, aus Versehen vielleicht doch in Richtung Kamera zu schauen – dafür stieren aber rings um ihn Passanten neugierig in die Kamera. „Abdul Haris, sag den Leuten, sie sollen weitergehen. Ashraf soll ganz normal gehen, norrr-maaaal!"

Neuer Anlauf. Aus den Tiefen Kairos taucht Ashraf auf, läuft zügig auf die Kamera zu, „jetzt hat er's", spricht Thomas in die Tüte. „Jetzt, nur noch über die Straße! Kommkommkomm ..." Von links rollt ein Bus langsam vor die Kamera, bleibt in der Bildmitte stehen und gibt keinen Mucks mehr ab. Motorschaden. Hinter staubigen Scheiben schauen und winken neugierige Menschen zu uns herab. Ein ratloser Busfahrer, ein gestikulierender Abdul Haris. Thomas glotzt wie ein Bus. Harald sagt nichts. Endlich packen einige Passagiere und Passanten beherzt an und schieben den Bus lachend und winkend aus dem Bild. Ashraf steht mit Abdul Haris auf der anderen Seite der Straße. Thomas brüllt hinüber: Alles von vorne.

Gegen 12 Uhr endlich bauen wir uns in einer schmalen Gasse im Gewürzviertel des Basars Khan al Khalili auf, abseits der Touristenroute. Durch die Enge, vorbei an den wie Buhnen hinausgebauten Auslagen der Gewürzhändler winden sich vermummte Frauen, Tagelöhner mit Säcken über dem gebeugten Rücken, mit dem Handy telefonierende Geschäftsleute. Hoch über ihren Köpfen und unter den herabhängenden Markisen, Tüchern und Sonnenblenden schwanken auf hochgereckten Silbertabletts dampfende Teegläser, wiegende Bretter mit kapriziös gestapelten Sesamkringeln. Dann manövriert ein Karren durch die Gasse und staut zu beiden Seiten die aufeinander stoßenden Menschenströme, die aneinander vorbeidrängen, reiben, Wirbel bilden, weil unvermittelt einer vor Gewürzsäcken stehen bleibt, Pfefferkörner durch die Hand gleiten lässt, riecht, prüft, abwiegen, eintüten lässt und alle aufhält.

Bilderbuchorient, Farben, Basargeräusche, eine Wolke von Gerüchen, die in die Nasenwurzeln stechen. Abdul Haris lässt Tee mit frischen Minzbättern für das Team kommen, Harald sucht nach der besten Kameraposition, Willi schwenkt seinen Mikrophonwuschel über der Gasse ein. Ashraf soll die Gasse heraufkommen und bei einem Gewürzladen irgendwas kaufen; dem Verkäufer wird eingebläut, nicht in die Kamera zu schauen. Inzwischen haben sich Kinder, ältere Männer, Teeträger die besten Plätze auf Türschwellen, Stühlen und in Ladennischen gesichert und beobachten plaudernd, was wir anstellen.

An dieser Szene drehen wir zwei Stunden. Die Schwierigkeit besteht nicht allein darin, den unaufhörlichen Menschenstrom auf einem der größten Märkte Kairos mit dem Kauf eines 100 Gramm Tütchens Pfeffer zu synchronisieren. Die Choreographie ist schon im Pas de deux nicht stimmig: Entweder dreht Ashraf der Kamera den Rücken zu oder der Gewürzverkäufer wendet sich zur falschen Seite ab oder ein Karren schiebt sich vor die Szene oder ein Schreihals rast unvermittelt durchs Bild. Als Ashraf den Pfeffer mit einem großen Schein bezahlt und der Verkäufer zwei Kollegen um Kleingeld bitten muss, versinkt Thomas stöhnend in seiner Gucktüte; dann schaut Ashraf Hilfe suchend zu uns herüber. „Was ist denn jetzt?!", ruft Thomas. Abdul Haris erklärt, Ashraf habe in den mehr als sieben Takes wohl bald über ein Kilo schwarzen Pfeffer gekauft und sein gesamtes Kleingeld ausgegeben. Thomas johlt laut los, und ich erwarte eine Verzweiflungsszene, stattdessen nimmt er den verdutzten Ashraf laut lachend in die Arme und die halbe Gasse amüsiert sich. Ashraf erhält Kleingeld. Zuletzt gibt Harald sein Okay zu einem Take: Timing, Choreographie, Atmosphäre stimmen, Kameramann und Regisseur sind glücklich. Wir gratulieren dem unsicher lächelnden Ashraf – „You will become famous!", muntert ihn Thomas auf und schickt ihn für heute nach Hause.

Thomas lässt nicht locker. Wenn schon nicht den Sonnenaufgang, so will er wenigstens den Sonnenuntergang über Kairo drehen. Es ist kurz vor fünf Uhr, als wir am Midan Salah ad-Din vor dem Eingang zur Sultan Hassan- und der Rifai-Moschee einparken. Achmed schüttelt den Kopf. Thomas prüft den Himmel, wählt und entscheidet sich für ein Minarett der Hassan Moschee: „Die da, die nehmen wir!" Achmed schüttelt entschieden den Kopf. Ich zitiere aus dem Polyglott-Glossar: Sultan Hassan-Moschee, Mitte 15. Jahrhundert, „eines der bedeutendsten islamischen Bauwerke Kairos, deren Besuch Sie nicht versäumen sollten"

„Na also, dann gehen wir jetzt da rauf", beschließt Thomas.

Achmed trottet resigniert hinterher. Misch Mumkin! Never! Vorne gebe es eine Inspektoren-Bude, die würde sowieso gleich schließen. Alles sei sinnlos. Thomas tritt lächelnd ein und ruft „Ah, hello my friend…" Der Inspektor lässt sich von einem händeringenden Achmed unser Anliegen erklären, mustert uns, mustert Thomas und tritt ab. Wir warten. Achmed setzt sich, schüttelt immer noch den Kopf; wir vertreten uns die Beine, sehen hinauf zu den Minaretten. Der Inspektor tritt mit zwei jungen Zivilkollegen zu Thomas, sie reden und reden. Plötzlich sagt einer „Tamam, tamam" und Thomas winkt uns zu: „Wir haben 20 Minuten!" Harald spurtet zurück zum Bus. Willi hetzt hinterher. Thomas ruft mir zu: „Du nimmst den Monitor!" Die beiden jungen Männer erwarten uns am Portal. Wir müssen die Schuhe ausziehen und auf Strümpfen quer über den burgartigen Innenhof, um den die Madrassas liegen; rechterhand geht es in ein breites Treppenhaus, das uns nach mehreren Stockwerken auf das Dach der Moschee führt.

Es ist eine verdammte Schlepperei. Der Wind fährt in das schweißnasse Haar; einer unserer beiden Führer winkt zum Aufgang des Minaretts, „no light" sagt er und steigt als Erster in die Wendeltreppe ein, die sich noch einmal wohl 30 Meter nach oben bohrt. Es ist stockfinster, eng, ohne Geländer, ich halte mich mit der Schulter an der rechten Außenmauer. „Some steps missing", warnt der junge Mann vorne, der mit seinem Einwegfeuerzeug zwei Treppenwindungen über mir ächzt. Der Monitor wird immer schwerer, aber ich kann ihn wegen der Wand nicht in die andere Hand nehmen. „Der Typ meint, da würden zwischendrin ein paar Stufen fehlen", ruft Thomas zu uns runter. „Wir sollen uns innen halten, sonst geht's abwärts" und schüttet sich aus vor Lachen. Auf halber Höhe endlich ein Fenster mit eher zweifelhaftem Blick nach unten.

So schleppen wir uns, Kamera, Stativ, Monitor, Akku-Tasche, Kabel und Ton nach oben, um endlich auf eine Plattform hinauszutreten. Ich bin nicht schwindelfrei und halte mich an der Wand. „Na also", sagt Thomas. „Dolldolldoll", sage ich zu Willi und blicke vorsichtig hinunter. Harald bringt das Stativ in Stellung. „Willi, wo ist die Stativplatte? – Willi!? Du springst jetzt auf der Stelle da runter und holst die Stativplatte rauf!" Willi hat die Platte in der Hektik vergessen. Ohne die kann Harald die Kamera nicht auf das Stativ montieren und winkelgerecht ausrichten. Er behilft sich mit Lassoband. Thomas stöpselt den Monitor an die Kamera, steckt den Kopf in die

Tüte, und Willi hängt den Mikrophonschwengel über die Steinbalustrade. Meine Aufgabe besteht wie immer darin, den Mund zu halten, damit die „Atmo" nicht gestört wird. Harald wechselt die Filter für das diffuse Licht, schwenkt dann die Stadt ab im aufziehenden Abendsmog, die filigraneren Minarette der benachbarten Rifai-Moschee, die Zitadelle Saladins über uns, die unzähligen Flachdächer Kairos, die Silhouette der Abermillionen-Stadt.

Unten brüllt einer der Inspektoren aus Leibeskräften, deutet gestenreich auf seine Armbanduhr. „Dreh weiter, Harald. Der Typ soll gefälligst hochkommen, wenn er was will." Ein Junge schreit sich die Stimmbänder aus dem Hals und schickt seinen Kumpel hinauf zu uns. „Come! Mosc close!" Thomas schickt den Kleinen wieder runter. Am Stadtrand verglimmt die Sonne. „Und jetzt machen wir noch ein paar Fotos fürs Album. Wer weiß, wann wir das nächste mal wieder hier hochkommen!" Plötzlich ist die Sonne weg. Prompt rufen aus allen Ecken und Winkeln der Stadt die Muezzine aus ihren Lautsprecherboxen. Wir tasten uns auf heißen Socken hinab, schwitzend, fluchend, witzelnd, lachend. Der Ruf zum Abendgebet dröhnt im Turm. Als wir wieder im Bus sitzen, fragt Harald, was der Spaß gekostet hat: „300 Dollar. 100 für jeden der drei Bullen", sagt Thomas. Mir wird jetzt doch etwas schwindlig. Achmed hat Wasser in den Augen. Abdul Haris lacht anerkennend „Wowww!" – „Okay, war vielleicht 'n bisschen teuer. Aber was soll's. Wir haben die Bilder."
Merke: Bei der Kostenkalkulation sollte man die Position „Beistellungen" nicht zu gering ansetzen.

Wieder um 4 Uhr raus. Fahrt durch das nebelgraue Kairo zum Schweizer Institut. Um 6 Uhr sind die Dollyschienen im Garten verlegt. Im Dunst ist nicht mal das gegenüberliegende Nilufer erkennbar. Wir drehen die Anschlussbilder zum gestrigen Markt- und Straßendreh. Ashraf kommt aus der Stadt ins Institut. Wir drehen Bilder an seinem Arbeitsplatz: Ein Institut, in dessen Bibliothek der Nubier umgeben ist von der dokumentierten Geschichte Nubiens. Ashraf öffnet für die Kamera Bibliotheksschränke, deren Glastüren Harald mit Schraubzwingen so justiert hat, dass ihre Scheiben weder das Lampenlicht noch die Kamera spiegeln. Allein das Ausrichten der Türen auf das Licht und den Kamerawinkel verschlingt unglaubliche Zeit, und ich bewundere Haralds rastlose Konzentration. Harald soll die stimmungsvolle Atmosphäre des Ortes einfangen und zugleich Ashraf sinnvoll in Szene setzen. Wir brauchen den Bezug zwischen der europäischen Entdeckungsgeschichte und den heutigen Nubiern. Ein und die gleiche Situation muss immer wieder aus einem anderen Kamerawinkel aufgenommen werden. Thomas schiebt Harald auf dem Dolly quer durchs Institut. Aufnahmen durch offene Türen, Zwischenschnitte, von links nach rechts, von rechts nach links, Schuss und Gegenschuss. Abbau der Dollyschienen, Aufbau der Dollyschienen, geduldiges Ausloten der Schienen; Holzplättchen und Bierdeckel werden untergelegt, damit die Kamera auf einer stabilen Waagerechten fährt. Erneutes Lichtsetzen, Szenenübergänge schaffen, die Lichtstimmung der vorangehenden Szenen nachbauen. Ashraf bringt Cornelius von Pilgrim einige Bücher an den Schreibtisch, grüßt ihn lächelnd und gibt ihm plötzlich die Hand.

„Was macht er jetzt?", rumort Thomas in seiner Monitortüte. „Wieso gibt er die Hand? Die kennen sich doch... Noch mal von vorne!"

So geht es bis in den späten Nachmittag. Weil die Sonne ermattet, muss Harald ihr Licht mit Außenscheinwerfern unterstützen. Die drei rackern, diskutieren, probieren, ohne Pause. Abdul Haris schafft Tee herbei und hält Ashraf bei Laune. Der Autor ist überflüssig.

Während der Umbauten schlendere ich durch die Räume. Meine müden Augen wandern über lederne Buchrücken, altdeutsch beschriftete Karteikästen und staubfreie Bibliotheksregale. Auf einem Schrank stehen die Repliken verschiedener Nofretete-Büsten, die Ludwig Borchardt in Tell el Amarna fand, der ehemaligen Hauptstadt des „Ketzerkönigs" Echnaton. Auch eine farblose Büste des berühmten Berliner Kopfes ist darunter, Kalkstein und Gips, Höhe 50 cm, um 1345 v. Chr. – Nofretete, „Die Schöne ist gekommen".

Ein Kapitel Kolonialgeschichte. Wie um ihre griechische Schwester Helena führen Nofretetes Liebhaber einen nun schon Jahrzehnte währenden „Trojanischen Krieg" um diese Ikone weiblicher Schönheit, das Emblem teurer Duftwasser und Hautcremes. Die einen beklagen ihre „Entführung" durch Ludwig Borchardt, die anderen beharren auf der Legitimität ihrer Ausfuhr und denken gar nicht daran, sie wieder herauszurücken.

Im Frühjahr 2003 setzt ein ungarisches Künstlerduo den Nofretete-Kopf auf den antiken Marmortorso eines jungen Mädchens, das unter dem durchsichtig wirkenden Faltenwurf seines Umhangs nackt wirkt. Die Installation wird auf einem Kunstvideo festgehalten, das auf der Biennale zur Uraufführung kommt. Die Media-Performance erregt dort allerdings kaum Aufsehen, in Kairo aber weckt es den Unmut der Autoritäten. Als eine „Beleidigung der ägyptischen Geschichte" bezeichnet Antiken-Chef Zahi Hawass den „hochgepuschten Medienflop". Die Berliner Kunstaktion demonstriere einmal mehr, dass die Nofretete in Berlin nicht sicher sei und sie besser zurück nach Kairo sollte.

Das eigentliche Ärgernis ist natürlich die Tatsache, dass die Nofretete eine Berliner Inventarnummer trägt. Zwar sind die deutschen Besitzrechte einwandfrei geklärt und lassen sich nicht juristisch anfechten, moralisch aber durchaus. Die Nofretete, erklärt mir Zahi Hawass in einem Telefoninterview, sei integraler Bestandteil der nationalen und kulturellen Identität Ägyptens und gehöre deshalb nach Kairo. Davon hält der Berliner Museumsdirektor Dietrich Wildung gar nichts. Das sei „Populismus", den er „nicht mal ignorieren" will. Mit der Forderung nach Rückgabe der Nofretete, des Steins von Rosetta oder des Obelisken auf dem Place de la Concorde betreibe Hawass eine unredliche, nationalistische Politik.

Tatsächlich ist die Rückgabe-Forderung keine offizielle ägyptische Forderung. Husni Mubarak erklärte 1989: „Nofretete ist die beste Botschafterin Ägyptens, die man sich in Berlin überhaupt vorstellen kann." Der Satz kann freilich vielfältig interpretiert werden. Hawass scheint der Ansicht zu sein, dass auch „Botschafter" zu Zeiten abberufen werden.

Sind die moralischen Ansprüche Ägyptens unbegründet? Wie kam die Nofretete nach Deutschland? Ludwig Borchardt durfte 1912/13 nach damals geltendem Recht die Hälfte seiner Grabungsfunde aus Tell el Armana nach Deutschland ausführen. Bis heute aber bleiben die Umstände umstritten, unter denen er am 20. Januar 1912 in den Besitz der Büste kam. An diesem Tag traf Gustave Lefebvre, Inspektor des ägyptischen Antikendienstes, in Tell el Amarna zur offiziellen Fundteilung ein. Damals war es üblich, dass der Ausgräber die Funde in zwei gleiche Hälften aufteilte. Der Ägyptischen Antikenverwaltung stand das Recht der ersten Wahl zu, nicht aber das Recht, sich die schönsten Stücke herauszusuchen.

Am 20. Januar 1912 hatte Borchardt die Büsten aus der Werkstätte des Thutmose einer Fundhälfte zugeteilt, eine Reihe anderer Funde, unter anderem ein bemaltes Altarbild, der anderen Hälfte. Die Berliner schätzen sich heute glücklich, dass Lefebvre damals das unbedeutendere Los wählte und Borchardt mit den Skulpturen besser davonkam. Jedenfalls sah Borchardt das schon damals so, denn er schrieb, dass bei der Wahl Lefebvres „geringere Fähigkeit in der Beurteilung von Kunstwerken – er ist von Hause aus Inschriften- und Papyrusforscher – ihn den Wert des betr. Stückes nicht recht erkennen lassen hat, und endlich hat wohl auch meine Geschicklichkeit bei der Verhandlung seine überwogen..." Wie Borchardt es schaffte, den Mann dazu zu bewegen, das andere Los zu ziehen, lässt sich nicht mehr rekonstruieren. Ein Kollege bemerkte damals: „Borchardt konnte, wenn es gefordert war, ein Fuchs sein."

Auf solche Äußerungen stützen die Ägypter ihre moralische Argumentation: Sie seien damals übervorteilt worden. Von Rechts wegen ist die Nofretete heute Berlinerin. Auch wenn sich die UN schon seit langem für die Rückgabe von Kulturgütern an ihre Ursprungsländer ausspricht, die heutigen Besitzer weigern sich und pochen auf historische Rechtspositionen. Kein Museum der Welt wird einen Präzedenzfall schaffen. Die Folge wäre eine unüberschaubare Wanderungsbewegung von Kulturgütern.

Aber ist der Wunsch der Ägypter, die Büste einmal in Kairo zeigen zu dürfen, strikt abzulehnen? Warum sollte die Schöne nicht zumindest zeitweise im Austausch für andere Preziosen nach Kairo gehen? „Weil wir uns nicht sicher sind, ob wir die Büste zurückbekommen", erklärt der Berliner Museumsdirektor Dietrich Wildung. Solche Worte haben in Kairo Wirkung. „Sind wir Piraten?", erwidert Antiken-Chef Zahi Hawass erzürnt. So wird der Streit um die schöne Nofretete – der in diesem Haus am Nil seinen Anfang nahm – wohl weitergehen.

Ashraf Abdul Mohammed Gayer ist 35 Jahre alt, verheiratet und hat drei kleine Kinder. Er ist in Abu Simbel Gedid geboren, aufgewachsen und zur High School gegangen. Vier Geschwister hat er, zwei

Halbbrüder aus der ersten Ehe des Vaters und zwei Schwestern aus dessen zweiter Ehe. In Assuan machte Ashraf eine Bankkaufmannslehre, wurde nach Abschluss der Prüfungen aber nicht übernommen. „Ohne Beziehungen kommt man nicht weiter", übersetzt ihn Abdul Haris. Ashraf hat dann mehrere Jahre als Verkäufer in Boutiquen in Kairo und Alexandria gearbeitet, sich mit Gelegenheitsjobs über Wasser gehalten. Als einer der älteren Brüder den Gafir-Job am Schweizer Institut aufgab, erbte Ashraf die Anstellung. Erst dieses regelmäßige Einkommen ermöglichte es ihm, eine Familie zu gründen. Immerhin verdient er an dem ausländischen Institut rund 900 Pfund im Monat, das ist mehr als ein Gafir sonst erhält.

Zur Familiengründung kehrte er in den Schoß der Verwandtschaft nach Abu Simbel Gedid zurück, wo ihm die Auserwählte zugeführt wurde: eine junge zierliche Frau. Sie hätten einander drei Jahre vor der Hochzeit gekannt, sagt Ashraf. Sie seien beide Fadekkawy. Noch heute scheint es sich wie von selbst zu verstehen, dass man untereinander heiratet. An dieser Sitte scheint selbst der Städter festzuhalten. Ashraf hat vier Wochen Urlaub im Jahr. Er kann es sich erlauben, mit seiner Familie für zehn Tage zum Baden in die Nähe von Alexandria zu fahren.

Wir lassen Ashraf in den historischen Lithographien der Tempel von Abu Simbel blättern, kolorierten Blättern von Franz Gau und Robert Davis. Ashraf sieht die Bilder aus dem frühen 19. Jahrhundert zum ersten Mal, und die Neugier, mit der er sie betrachtet, ist nicht gespielt. Er sieht Blätter, die in Europa eine wahre Ägyptomanie auslösten. Die Lithographie nach einer Skizze Belzonis ist aus der Perspektive des jenseitigen Ufers gezeichnet, also von der Stelle, an der Ashrafs Dorf Farreg einst lag. Im Bildvordergrund ist eine Zakije zu sehen und einige Nubier, die am Ufer Feldarbeiten verrichten, ein ländliches Idyll als Beiwerk zur alles dominierenden Darstellung des Tempels. Ashraf zeigt auf das Schöpfrad und meint, die Leute im Dorf hätten eine Zakije allein an ihrem Gesang erkennen können.

Wir haben Cornelius von Pilgrim um seine Mitwirkung vor der Kamera gebeten. Er blättert für uns in einem alten Fotoalbum, das er vor Jahren zusammen mit einer Schuhschachtel voll loser Schwarzweiß-Fotografien im Souterrain des Hauses fand: der fotografische Nachlass Ludwig Borchardts. Die Aufnahmen müssen aus den 20er

Jahren stammen. Mimi und Ludwig Borchardt reisen mit einem kleinen Kajütboot über den Nasser-See nach Abu Simbel. Wir bitten Cornelius und Ashraf, auf der Landkarte dem alten Lauf des Nil bis Abu Simbel nachzufahren: Ein (W)Ort, zwei Welten.
Dann bitten wir Ashraf zum Interview. Über ihm hängt der Mikrophonschwengel. Thomas begutachtet Ashrafs Konterfei auf dem Monitor, und Harald korrigiert noch einmal das Licht. Ich stelle die Fragen, Abdul Haris übersetzt.
„Welche Erinnerungen hast du an Abu Simbel?"
Ashraf erzählt, zögernd, von einer Nilreise, die er als 15-Jähriger mit seinem Vater unternommen hat:

„Wir fuhren mit dem Schiff von Assuan aus nach Abu Simbel. Mein Vater wollte mir die alte Heimat zeigen. Natürlich kannte ich viele Geschichten über Kalabscha, Edfu, Gharf Hussein, Toshka, aber gesehen habe ich das alles natürlich nicht mehr, weil ich zu spät geboren bin. Wir standen während der Fahrt die meiste Zeit an der Reling, und immer wieder zeigte mein Vater hinunter ins Wasser: Da unten liegt Kalabscha, da Edfu, hier Gharf Hussein, dort unten liegt Toshka. Bis wir schließlich nach Abu Simbel kamen."

Ein poetisches Bild, denke ich: Ein Junge träumt von Dörfern auf dem Grund eines Sees, wandelt darin wie ein Jim Knopf in den Ruinen eines untergegangenen Reichs und wünscht sich vielleicht, dies alles eines Tages heben zu können. „Es ist merkwürdig", übersetzt Abdul Haris, „noch heute kann ich das alte Dorf sehen. Ich weiß, es sind Phantasiebilder, die nur in meiner Erinnerung leben. Aber ich kann es sehen. So vertraut ist mir das alles." Auch er wolle mit seinen Kindern eine solche Schiffsreise machen, ihnen eines Tages vom Land ihrer Vorfahren erzählen, von den Traditionen, Sitten und Bräuchen, die er selbst kaum noch kenne. Um wieviel weniger werden seine Kinder all das noch verstehen. „Natürlich wünschte ich mir, dass alle Nubier nach Nubien zurückkehren könnten", sagt er, „dass wir unsere Sitten und Traditionen weiterleben könnten." Warum er nicht bei seinen Leuten in Abu Simbel Gedid lebe? „Weil das Leben in der Stadt einfacher ist, der Verdienst besser, die Schulen, einfach alles." Wir lassen Ashraf auf die gleichen Fragen mehrmals antworten, in der Hoffnung, er würde temperamentvoller, mienenreicher reagieren. Aber Ashraf gibt vor der Kamera völlig gleichförmige Antworten wie die Maus im Banne der Schlange.

„Mann-o-Mann", stöhnt Thomas leise, „der hat überhaupt keine Ausstrahlung."

„Vielleicht muss er noch ein bisschen wärmer mit uns werden", sage ich.

„Dann hoffe ich für uns, dass er sich schnell erwärmt."

Dreh im Abu Simbel-Club. Die Herren haben sich eigens für unseren Film fein gemacht. Zwei Professoren, ein Apotheker, ein Banker tragen blütenweiße Galabiyen und ebenso blendend weiße Kopfbedeckungen. Sie haben ihre Stühle nebeneinander gestellt und warten darauf, dass wir ihre stattliche Erscheinung wie für ein Klassenfoto ablichten.

„Also einige müssen den Turban abnehmen", sagt Thomas. „Das sieht sonst aus wie ein Folkloreabend."

Harald und Thomas arrangieren Tische und Stühle vor dem Abu Simbel-Wandgemälde. Abdul Haris hält die Männer bei Laune. Denn natürlich dauert es, bis wir Dolly, Kamera und Licht aufgebaut haben. Club Manager Muhamed Ibrahim hat Lampenfieber. Der Clubpoet scheint dagegen eingeschnappt. Offenbar hatte er erwartet, dass wir ihn bitten, einige seiner Poeme vorzutragen. Er lässt sich schließlich dazu überreden, sich zu den Honoratioren zu setzen. Wieder das gleiche Spiel: Wie bringt man 30 Leute dazu, nicht in die Kamera zu schauen, obwohl sie am liebsten alle nur sehen wollen, wie gedreht wird. Endlich wird an den Tischen Domino und Backgammon gespielt. Wir haben Abdul Haris an einem der Tische platziert, und der Mann aus Assuan unterhält die ganze Truppe, trumpft mit den Karten auf, lacht und nimmt der Runde die Verkrampftheit. Eine deutsche Skatrunde könnte nicht munterer aufspielen. „Guck dir mal den Typ an. Der ist doch fürs Fernsehen erfunden." Thomas hebt den Kopf aus der Monitor-Tüte und seine Augen lachen. „Uns ist ein Star geboren."

Der Chemie-Professor erzählt mir, dass er ein Sabbatjahr in Heidelberg verbracht habe und auch schon mehrmals in Köln und Berlin gewesen sei. Ich frage ihn, ob er oft hierher komme. Gelegentlich, sagt er. Ich habe den Eindruck, dass er mir zu verstehen geben will, dass dies hier eigentlich nicht das Ambiente sei, in dem er regelmäßig seine Freizeit verbringe. Ob er auch ein Haus in Abu Simbel Gedid oder gar in den neuen Siedlungen am Assuan See habe, will ich wissen. Nein, winkt er ab. „Wozu? Was soll ich da! Nubien gibt es nicht mehr. Nubien ist nur noch eine sentimentale Idee." Ich spreche ihn auf Hosean Mokhtars Rückkehrer-Bewegung an, und er zuckt mit den Schultern. „Dieses ‚Zurück zu den Wurzeln' ist nur für solche Leute interessant, die in der Stadt nicht zurechtkommen." Warum er Mitglied des Clubs sei? „Weil unsere Kinder hier die nubische Sprache schreiben und sprechen lernen. Die Sprache ist der wahre Kern unserer Kultur. Wenn die Sprache verlorengeht, gibt es keine nubische Identität mehr."

Es ist nach Mitternacht, als Abdul Haris uns zu einem Restaurant am Nil bringt. Es liegt wunderschön. Draußen kreuzen hell beleuchtete Ausflugsschiffe, Musik dröhnt herüber. Die Stadt gießt ihr Licht auf den Fluss. Das Restaurant ist gut besucht, und Abdul Haris scheint ein alter Bekannter des Oberkellners zu sein. Auf besondere Empfehlung hin bestellen wir Täubchen. Das Bier läuft sofort durch unsere ausgehungerten Mägen in den Kopf. Thomas scherzt und flachst und isst – und schläft unmittelbar nach Verzehr des Täubchens am Tisch ein. Wir haben 18 Stunden gearbeitet.

„It's really hard work", sagt Abdul Haris. „Really."

Ramses-Station, 6.00 Uhr morgens. Eigentlich wollten wir nur die Abreise von Ashraf und Abdul Haris nach Kom Ombo drehen: Wie die beiden mit ihren Koffern über den Bahnhofsvorplatz schreiten, zielstrebig die Bahnhofshalle durchqueren und den Zug besteigen. Aufbruchstimmung. Vier oder fünf Einstellungen, die wir, insh'allah, in zwei Stunden drehen wollen. So viel Aufbruch war nie! Auf dem Vorplatz gibt ein Bahnhofsvorsteher, ein kleines, rundliches, aber wild gestikulierendes Männlein, die Vorstellung seines Lebens. Er weist sämtliche Genehmigungen zurück, will partout von Achmeds Beteuerungen nichts wissen und erklärt, dass wir hier überhaupt gar nichts drehen würden. Achmed zeigt seinen Government Press Office-Ausweis, der aber nur mehrmals hin- und hergewendet wird wie ein Büropapierwisch. Der Mann wird immer heftiger und immer wichtiger und gewinnt für die aufopferungsvolle Rettung des ägyptischen Nah- und Fernverkehrs ein immer interessierteres Publikum. Man mustert unsere Kamera, beäugt misstrauisch unsere beiden Sicherheitsbeamten. Die stehen mit wortlos starrer Miene, dunklen Sonnenbrillen und den Kalaschnikows unter dem schwarzen Anzugjackett da wie die Blues Brothers und haben mit allem nichts zu tun. Unser Vorturner zieht schließlich mit unseren Papieren im Expressschritt ab. Achmed und Thomas folgen ihm auf dem Fuße. Sie bleiben für eine Stunde verschollen. Malesch. Bukra. Tee trinken.

Die Sonne zieht ihre Bahn, der Bahnhofsvorplatz belebt sich. Schließlich hastet Thomas mit abgestempelten Papieren herüber und schickt alle sofort auf ihre Positionen. Nach einer Drehstunde wiederholt sich die Operette, inszeniert von einem weiteren Retter der Staatsbahn: Dieser Bahnhof dürfe nicht fotografiert werden. Er will nichts von den Stempeln seines Vorgängers wissen, zieht ebenfalls mit unseren Papieren im Expressschritt ab. Achmed und Thomas verschwinden für eine weitere Stunde in den Labyrinthen der Bahnhofsverwaltung. Malesch. Bukra. Tee trinken. Wir werden dann noch Zeuge einer dritten Vorstellung, gegeben vom Herrn der Gleise, der die Stempel für Außendrehs keinesfalls für Innendrehs akzeptieren kann. Schließlich steht Harald in einem offenen Fenster hoch oben in der Bahnhofshalle. Er dreht, wie Ashraf und Abdul Haris mit ihrem Gepäck die Menschen gefüllte Halle queren und zum Gleis marschieren. Ich kann die beiden in dem Gewimmel mit bloßem Auge kaum ausmachen. Plötzlich entsteht eine Unruhe im Bahnhof. Menschen strömen in eine Ecke der Halle, drängen in einen der Wartesäle und kommen mit aufgerollten Matten und Teppichen zurück. Im Nu ist der Bahnhof eine Moschee. Männer und Frauen stehen in langen Reihen hintereinander, beugen und knien sich gleichzeitig nieder, als reagierten sie auf ein tonloses Kommando. Ich frage mich, ob die Bahn die Gebetszeiten bei der Planung der An- und Abfahrtszeiten berücksichtigt. Wir ziehen schließlich ab, packen unsere Koffer, checken aus dem Hotel aus und erreichen gerade noch rechtzeitig den Abendzug. Unser herzliches Massalama gilt allen Bahnhofsvorstehern Kairos. Es werden nicht wenige sein.

Abu Simbel Gedid

Zwei-, höchstens dreimal im Jahr fährt Ashraf zur Verwandtschaft nach Kom Ombo. Er scheint sich auf die Reise zu freuen. Er wirkt lockerer, gesprächiger, was auch Thomas beruhigt. Harald wandert mit der Kamera durch die Abteile, dreht durch die schmutzigen Fenster die vorbeifliegende Landschaft. Ich mustere später die Bilder und bin immer wieder überrascht von ihrer Qualität: Wie er es schafft, durch verdreckte Fensterscheiben solche Sonnenuntergänge zu drehen. Wir laden zwei Reisende auf unsere Erste-Klasse-Sitze ein, damit wir unsere beiden Akteure in der Dritten Klasse unter das gemeine Volk platzieren können. Harald sammelt wunderschöne Porträts ein von schlafenden, dösenden, lachenden Passagieren: der grauhaarige Schaffner mit seiner altmodischen Schaffnermütze und dem Bleistift hinterm Ohr; eine schlafende Alte, die, ja ich gebe es zu, wirklich den Porträts antiker Ägypterinnen auf den Kartonagen im Ägyptischen Museum ähnelt. Ich habe das bisher immer als Klischee abgetan: „Staunend entdeckt man in den Zügen der Fellachen von heute die tausendjährigen Antlitze der Bauern, Sklaven und Pharaonen aus den verschiedenen Dynastien", schreibt Gisela Bonn. Auch sie nahm den Zug nach Luxor und schreibt: „Ein eleganter, blitzsauberer Schlafwagen erwartete mich. Das Abendessen im behaglichen Pullmannspeisewagen beim Licht gedämpfter Seidenlämpchen glich einem Diplomaten-Diner, das durch erlesenes Essen eine gute politische Atmosphäre schafft." Der Service hat seither gelitten.

Großer Bahnhof in Kom Ombo. Auf dem Vorplatz ein Tross von Streifenwagen und Militärjeeps mit aufgebauten Maschinengewehren. „Die erwarten wohl hohen Besuch", meint Harald. „We are waiting for you!", belehrt uns eine kleine Frau vom Government Press Office (GPO), eine Nubierin aus Assuan, die Abdul Haris ausnahmsweise mal nicht kennt. „Die kommen alle mit nach Abu Simbel Gedid!", sagt die Frau, die wir später wegen ihres unstillbaren Dranges nach Bakschisch Misses Greedy (Frau Gierig) nennen. Mit Blaulicht und Sirene geht es durch Kom Ombo und hinaus auf eine Wüstenpiste. „Mann, sind wir bedeutend!", staunt Willi. Von der Landschaft ist wenig zu sehen. Die Polizei-Eskorte staubt uns völlig ein.

Abu Simbel Gedid ist eine von 43 Siedlungen, die 1964 in eine hügelige Ebene entlang eines Betonkanals gebaut wurden: Neu-Nubien. 15.000 Häuser auf fünf mal fünf Kilometer Fläche. So wenig wie diese Wüste einer nubischen Flusslandschaft ähnelt, so wenig erinnert dieses Straßendorf an ein nubisches Dorf. Abu Simbel Gedid besteht heute aus rund 3000 Häusern, in denen 5000 Familien wohnen, erzählt uns später der Omda. Es gibt nur wenige asphaltierte Straßen, sondern meist festgefahrene Sandpisten, aber überraschend viel Grün. Vor jedem Haus steht ein Baum, auf den Dorfplätzen Palmen. Alles ist sauber, friedlich, keineswegs dürftig.

Wir fahren durch ein Labyrinth mehr oder weniger gleichartiger Häuserreihen bis zu Ashrafs Elternhaus. Es ist ein großes Hallo. Wahby begrüßt uns strahlend, dann Ashrafs weitläufige Familie, seine Schwestern, seine Tanten, die Frauen seiner Brüder und Fausi, Ashrafs Cousin. Keiner von ihnen lässt sich beim Einzug unseres Begleitschutzes etwas anmerken. Misses Greedy bezieht mit ihrer Truppe zwei Schlafräume der Gayers und erkundigt sich nach dem Essen. Das Haus befindet sich im Belagerungszustand: die GPO-Leute und Polizisten, unser Team und der Fahrer. Dazu die Frauen der Familie Gayer, die alle bekochen.

Nach einem kurzen Imbiss machen wir uns auf zur Ortsbegehung. Ashraf empfiehlt, zuerst dem Omda unsere Aufwartung zu machen. Seam Abdul Halil ist ein hagerer Mann Mitte 50 und leitet die landwirtschaftliche Genossenschaft. Die Zuckerrohrernte ist in vollem Gang, und Halil hat auf dem großen Hof, in den ständig Traktoren und Erntemaschinen ein- und ausfahren, viel zu tun. Er lädt uns dennoch ins Kontor auf eine Cola ein – die von unserem Begleitschutz abgegriffen wird. Ich frage den Omda, wie sich die Nubier mit den Jahren an den Zuckerrohr-Anbau gewöhnt hätten.

Vor 40 Jahren wurden den Familien von der Regierung je zwei Feddan Land zugeteilt, erzählt er – aber erst fünf Jahre nach der Umsiedlung. Einige erhielten zusätzliches Land entsprechend ihrem vorherigen Besitz – viele der „Moghtariboon" genannten Leute erhielten gar nichts, weil sie in Kairo waren, als die Regierungsvertreter die Landansprüche in den Dörfern notierten. Da heute viele Männer in den Städten arbeiten, bewirtschaften die meisten Familien ihre Zuckerrohrfelder nicht mehr selbst, sondern überlassen die Bewirtschaftung der Genossenschaft, die die Maschinen und Fahrer sowie Lohnarbeiter aus Kom Ombo oder Saidis stellt. Die Ernte wird von der Genossenschaft vermarktet, so wie das auch schon im alten Abu Simbel geschah, als die Gamaiya das Korn und die Datteln auf den Markt nach Assuan brachte. Anfangs habe es hier kein Grün gegeben. Jetzt könnten wir ja selbst sehen, wie es ihnen nach 40 Jahren gelungen sei, die Böden zu kultivieren. Allerdings beklagt sich der Homda über die Regierung. Die komme ihrer Aufgabe nicht nach, die Kanäle frei von Bewuchs und Dreck zu halten. Das sei ein großes Ärgernis.

Über den Zuckerrohrfeldern liegt der Rauch der Erntefeuer, Traktoren wirbeln Staub über den Feldwegen auf. Die Äcker sind von schilfumstandenen Kanälen durchzogen, über denen Libellenschwärme summen. Palmen und Eukalyptusbäume konturieren die flache Landschaft, dazwischen Gärten mit Peperoni, Zucchini, Bohnen, Männer, die im Alexandrinergras kauern, angepflockte Bullen. Ashraf bricht Zuckerrohr für uns, und wir kauen kräftig. Es kracht und knirscht zwischen den Zähnen. Ashraf lächelt glücklich und atmet tief durch. „Aaah! No Smog!" Wir stapfen zu einigen Fellachen hinüber, die ein Feld abernten und verabreden uns mit ihnen für den nächsten Morgen.

Das Haus der Familie Gayer ist – so wie alle anderen auch – um einen kleinen Innenhof gebaut: die Schlaf- und Wohnräume auf der einen Seite, Klo und Duschräume auf der anderen. Der Hühnerstall liegt hinter dem Haus. Vielleicht 120 m² Fläche. Nicht viel im Vergleich zu den einstigen Wohnburgen der Nubier am Nil. Die Häuser hätten auch nichts zu tun mit den Modellhäusern, die den Nubiern 1960 von Regierungsvertretern gezeigt wurden. In den abgedunkelten Zimmern räkelt sich unsere Schutztruppe auf den Sofas und Betten der Gayers, der Fernseher flimmert, man lässt sich Tee servieren. Misses Greedy lauert vor der Küchentür, wo die Frauen mit der Zubereitung des Abendessens beschäftigt sind.

Die Küche ist ein fensterloser Verschlag mit Lehmboden und grob verputzten Wänden. Sonnenlicht fällt von oben durch das mit Bambusmatten abgedeckte Geviert. Auf dem Boden blanke Blechtöpfe, ein kleiner Gasofen, ein elektrischer Zweiplattenherd, eine Crêpe-Platte, Plastikwannen und große Blechplatten, auf denen serviert wird, alles blitzblank. Es ist ziemlich eng, die Frauen hocken in ihren schwarzen Gewändern auf dem Boden und schnattern und lachen. Die hübsche Reda aus dem Nachbarhaus kümmert sich ums Hähnchen und den Auflauf; Samia, Ashrafs Halbschwester, rührt den Teig, Karima, die zweite Halbschwester, streicht ihn auf die dampfende Crêpe-Platte, Fetahia, Ashrafs Tante, schält Kartoffeln und schneidet sie in Streifen, die alte Sherifa, Wahbys Mutter, gibt die Fritten ins siedende Öl. Ein betörender Duft steigt auf. Die Hitze schlägt den Frauen ins Gesicht. „Mmmmh, lange halt' ich das aber nicht mehr aus", lässt Thomas den Damen bestellen, und die lachen auf. Wahby und Ashraf unterhalten sich munter mit den Frauen. Im Hof liegt das ofenfrische Sunbread, das in der Sonne duftig aufgeht, auch dünnes nubisches Brot, Sahasel genannt. Außerdem gibt es Tahina, shish kebab, Hähnchen, gefüllte Auberginen, Zucchini und Paprika, Mahschi genannt, Okraschoten.

Wir schmausen im Hof wie die Paschas. Wir Männer greifen zuerst zu. Die Frauen essen danach und für sich. Wir achten darauf, dass genug übrig bleibt, und sind dabei höflich genug, ordentlich zuzulangen. Ashrafs Familie versorgt auch den dösenden Sicherheitstrupp. Thomas sagt zu Abdul Haris, der unsere Spesenkasse führt, er möge darauf achten, dass die Familie großzügig bedacht wird.

Unter dem sanften Licht des Spätnachmittags drehen wir auf dem Wasserturm des Dorfes, 20 Meter über Abu Simbel Gedid. Filter „Soft edge". Schwenk über das schachbrettartig angelegte Städtchen, die Moschee, das Gemeinschaftshaus, die rasterförmig angelegten Felder, den Kanal. Wir drehen in den Straßen, und Ashraf bittet die Nachbarn, nicht in die Kamera zu schauen. Dorfleben. Die Frauen tragen ein langes, schwarzes Obergewand, leicht und gazeartig, so dass ihre bunten Gewänder durchscheinen. Fausi erklärt, dies sei das traditionelle Gewand. Unverheiratete Frauen erkenne man an drei schmalen gestickten Streifen in Hüfthöhe; die Verheirateten an ihrem enger gewebten, undurchsichtigen Gewand, das nur einen etwas breiteren Streifen habe. Wir sollten nur alle aufmerksam begrüßen, rät er, und niemanden übersehen, sonst müssten wir ihn auf dem Rückweg begrüßen. Es sei unhöflich, vorbeizugehen, ohne einen guten Tag zu wünschen. Masaa il cheer! Massaʿ in-nuur!

Am Abend sind wir mit den Dorfältesten im Gemeinschaftshaus verabredet. Es werden Tee und Karkadé gereicht. In der Runde übernimmt Misses Greedy die Gesprächsführung, und es ist sofort klar, dass das ein Fehler ist. Die Männer sind reserviert, tuscheln unter sich. Closed Faces. Sie erkennen in Frau Greedy die Vertreterin der Regierung. Thomas lässt fragen, ob wir ihre Schule, den Kindergarten und die Moschee drehen dürften. Wir verstehen das als Kompliment, denn Ashraf hat uns erzählt, dass die Moschee nicht von der Regierung, sondern aus den Spenden der Nubier errichtet worden sei. Doch ein striktes Lalala kommt zurück. Nein, nein! Dafür hätten wir keine Drehgenehmigung. Pause. Ich frage, ob sie Fotos aus der Zeit der Umsiedlung besäßen. Lalalala. Ob sie uns als Zeitzeugen ein Interview geben würden? Sie weichen aus. Ich frage den Herrn neben mir, wie er selbst vor 40 Jahren die Umsiedlung erlebt habe.

Ja, das alte Abu Simbel, ruft er laut, das sei ja weit weg von der Welt gewesen. Es habe weder Radio noch Zeitung gegeben. Deshalb hätten die Leute den Regierungsvertretern auch nicht geglaubt, als sie ihnen erzählten, dass alles überspült würde. Sie hätten ein Übergangsgeld erhalten, damit sie die Zeit ohne Ernte und Einnahmen überbrücken konnten. Und als das Geld nicht reichte, hätte es noch mal Geld gegeben. Das neue Haus sei gut gewesen, sagt er, auch das Land. Jetzt hätten die jungen Leute viel mehr Job-Chancen als im alten Abu Simbel. Es gebe Schulen, medizinische Versorgung. Die Regierung hätte ihnen zweimal mehr Land zugeteilt, als sie zuvor besessen hätten. Die Mehrzahl der Leute sei jetzt glücklicher hier.

Thomas gibt Zeichen zum Rückzug. Er hatte schon vorher gesagt, dass wir – nach dem Abu Simbel-Club – keine zweite Alt-Herren-Runde drehen würden. Das hier bringe offenbar auch journalistisch nichts. Als die anderen aufbrechen, bleibe ich mit Fausi sitzen. Misses Greedy ist irritiert, hin- und hergerissen, zieht aber den Feierabend vor. Kaum ist sie weg, trifft ein weiterer grauhaariger Herr ein. Die Dorfältesten erheben sich und begrüßen Mohammed Hassan, einen freundlichen Herrn mit dicker schwarzer Brille, der uns aufmerksam begrüßt. Und doch scheint den Dorfältesten seine Gegenwart unangenehm. Sie stehen schließlich auf und zerstreuen sich. Ich habe ein schlechtes Gewissen: Ich rücke hier mit Misses Greedy an und bringe sie damit in Verlegenheit. Obwohl sie die Umsiedlung anders erlebt haben müssen, färben sie sie schön. Das muss einen bitteren Nachgeschmack hinterlassen.

Mohammed hat früher für die britische Botschaft in Kairo gearbeitet. Heute pendele er zwischen Kairo, Abu Simbel und Abu Simbel Gedid. Er hat ein Haus in El Salam am Nasser-See. Warum er dort lebe, will ich wissen. „Weil es keinen Sinn macht, immer nur vom Neuen Nubien zu reden. Man muss selbst dort leben, sonst ist man unglaubwürdig." Er erzählt von den Entwicklungsplänen Sadats, der, selbst nubischer Abstammung, die Nubier gemocht habe, weil sie ihm einst Unterschlupf im Sudan gewährten. „Sadat liebte Assuan und verbrachte viele Wochen des Jahres dort. Nasser dagegen mied Assuan, weil er die Nubier fürchtete. Er wusste genau, dass sie ihm die Umsiedlung niemals verzeihen würden." Sadat schließlich habe den Nubiern versprochen, dass sie an den See zurückkehren dürften. Vielleicht hatte er ein schlechtes Gewissen. 1960 war er als Vize-Präsident nach Nubien gereist und hatte die Nubier gebeten, Nubien dem Fortschritt Ägyptens zu opfern. Aber das Land am See, das er ihnen schließlich versprach, sei den Leuten lange Zeit vorenthalten worden. „Mancher Premierminister hat die Tatsache, dass es im Süden Ägyptens Nubier gibt, demonstrativ ignoriert. Wir mussten die Regierung immer wieder an ihr Versprechen erinnern. Und nicht alle trauten sich. Man muss für seine Rechte und Anliegen kämpfen, sie werden einem nicht zugewiesen!"

Mohammed Hassan ist, so wie Hosean Mokhtar, ein politisch gebildeter und engagierter Mann, der die Entwicklung in Europa und den USA aufmerksam verfolgt. Er setzt darauf, dass die Europäische Union ihren demokratisierenden Einfluss im Nahen Osten geltend macht. Unter Mubarak werde sich nichts verändern. Die Reichen würden immer reicher, die Armen blieben sich selbst überlassen. Das sei unter Nasser auch nicht viel anders gewesen. Dann erzählt er von der Zeit nach der Umsiedlung, die natürlich ein Schock gewesen sei.

„Bei der Einschulung werden die Namen der Kinder erstmals amtlich festgehalten. Der 1964er Jahrgang fehlt beinahe vollständig in den Listen. Warum? Weil die Neugeborenen dieses Jahrgangs fast alle den miserablen hygienischen Verhältnissen in den Siedlungen zum Opfer fielen. Der Kanal war nicht fertig, als wir hier ankamen. Die Bagger hoben Gruben aus, die von Tankwagen mit Wasser gefüllt wurden. Das Wasser war so schmutzig, dass auch viele ältere Leute daran starben." Die Frauen seien viele Kilometer weit bis zum Nil gelaufen, um frisches Wasser zu holen. Viele hätten sich auf ihrem Rückweg verirrt und ihre Häuser nicht wiedergefunden, weil sie so gleichartig aussahen. Die Umgesiedelten weigerten sich, die neuen Realitäten anzunehmen. „Lange Zeit gab es hier keine Bäume. Die Leute wollten nichts anpflanzen, weil sie davon überzeugt waren, bald wieder fortzuziehen." Ob wir die Felder gesehen hätten, das viele Grün überall? „So könnte es heute überall um den Nasser-See aussehen, wenn Nasser nicht den Fehler begangen hätte, die Nubier fortzubringen." Mohammed erzählt eine Anekdote: „Als Menachim Begin auf Staatsbesuch in Ägypten war, hat er auch Assuan besucht. Als er auf den See mit seinen kargen Ufern blickte, fragte er Sadat, ob das alles Trinkwasser sei. Natürlich sagte Sadat, alles Süßwasser. Begin hat ihn durch seine dicken Brillengläser angeglotzt und gefragt, warum das dann alles noch Wüste sei! – Ja, die Israelis hätten dieses Land längst begrünt."

Und Toshka? Sei Toshka eine Chance für die Nubier? 50 bis 100 Pfund für einen Feddan Land, sagt Mohammed, das sei sehr günstig. „Ich habe allerdings noch von keinem einfachen Mann gehört, der Landanteile erwerben konnte. Übrigens warten heute noch viele nubische Familien auf die 1960 versprochenen Entschädigungszahlungen."* Mohammed erwartet nichts von der Regierung. „Wir sind zu lange ignoriert oder beiseite geschoben worden."

* Im Oktober 2002 verfasste der Erste Nubische Kongress in Kom Ombo eine Petition an die Regierung, in der unter anderem gefordert wurde, dass die Kompensations-Akten des Sozialministeriums erneut geöffnet werden sollten. Die Nubier seien 1962 mit einem Grundstückspreis entschädigt worden, der 1912 gegolten habe. Von den 25 Millionen Ägyptischen Pfund, die die Regierung damals als Entschädigungsfond zur Verfügung stellte, seien lediglich 200.000 Pfund bei den Nubiern als direkte Zahlung angekommen. Laut Petition gab die Regierung mehr Geld bei der Verwaltung der Entschädigungsfond aus als für direkte Entschädigungsleistungen. Dies entnehme ich dem Bericht „Paradise Lost" von Yasmin Moll auf www.egypttoday.com vom Mai 2004.

Mohammed erhebt sich, er müsse morgen schon früh nach Kairo. Wir laufen durchs Dorf und grüßen die Alten, die vor ihren Häusern sitzen. Kinder spielen. Mohammed erzählt, er habe an dem Film „Agilkia – Remember" mitgearbeitet, der von den Nubiern erzähle und damit von ägyptischer Geschichte. Darin werde auch eine nubische Taufe gezeigt: Sieben Frauen heben das Neugeborene empor, sieben Sorten Korn werden in den Korb des Neugeborenen gegeben, am Nil werden Schiffchen ausgesetzt, dem Nilgott und dem Sonnengott geopfert. Diese Zeremonien stammten noch aus dem pharaonischen Ägypten. Auf die Stirn des Neugeborenen machten die Frauen mit dem Finger ein Kreuz, sie bäten Maria um Gesundheit für das Kind. Das stamme noch aus der langen christlichen Tradition Nubiens. „Die Nubier haben also über Jahrhunderte hinweg altägyptische, christliche und islamische Elemente in ihren Volksglauben aufgenommen und erhalten. Warum pflegt und unterstützt der ägyptische Staat solche Traditionen nicht?", fragt Mohammed. „Warum fördert er solch kulturellen Reichtum nicht? Warum muss das zu Grunde gehen?" Andere Völker respektierten ihre kulturellen Minoritäten doch auch. Beim Abschied fragt Mohammed: „And what is your message?" Ich erkläre ihm, dass wir die Geschichte Abu Simbels und der Nubier erzählen wollen. Er nickt. Ich solle daran erinnern, das allein für die Versetzung von Abu Simbel 43 Millionen Dollar aufgewendet wurden. Einige Zehntausend Nubier wurden dagegen mit einem Almosen abgespeist. Die Weltöffentlichkeit? Mohammed lächelt, als ob er sagen wollte: Sie hat uns damals nichts genutzt, was soll sie uns heute helfen. „Berichten Sie über uns! Wir können jede Öffentlichkeit gebrauchen!"

Wann genau sie ihre Dörfer verlassen mussten, daran erinnern sich weder Karima noch Sherifa. Aber sie wissen noch, dass nach der Kunde von der Flut die Touristen-Schiffe voller ausländischer Besucher waren. Abu Simbel florierte geradezu. Wie sollte man angesichts der blühenden Geschäfte mit den Fremden auch an eine drohende Katastrophe glauben! Gewiss, viele Dörfer mussten bereits wegen des ersten Damms ein Stück weit nach oben rücken. Dass das Wasser nun aber 60 Meter hoch emporsteigen und alles unter sich begraben würde, Dörfer, Bäume, Tempel, das mutete einfach zu unglaublich

an – ein See, der noch Wadi Halfa im Sudan überschwemmen werde? Unsinn! Die Journalistin Gisela Bonn machte Anfang der 60er Jahre die Nilpassage nach Wadi Halfa und schreibt in ihrem Buch: „Aus dem Wasser ragten die Kronen der Palmen, die durch die Stauung am Assuandamm wie der Boden, in dem sie wurzelten, überschwemmt wurden. Sie müssen sterben, damit Ägypten leben kann."
Bonn reiste an Bord des Dampfers „Sudan" – der Jahre später für den Film „Tod auf dem Nil" mit Peter Ustinov als Kulisse diente. Der junge Abdul Haris wirkte bei den Filmaufnahmen als Statist mit. Heute fährt die „Sudan" betuchte Touristen von Luxor nach Assuan.

Wer beschreibt mein Erstaunen, als ich sah, dass der Dampfer Sudan links und rechts noch zwei kleinere Schiffe mit sich führte, die mit Drahtseilen an ihn gehängt waren. Rechts: zweiter Klasse, und links: dritter Klasse. In der zweiten Klasse reisten die einfachen Bürger aus dem Sudan in Kabinen. Dritter Klasse hingegen bestand nur aus einem Deck, das wie ein riesiges Heerlager wirkte. Mann neben Mann lag oder hockte am Boden. Es war unvorstellbar. Eingeborene, Braune und Schwarze, Hausdiener, Kameltreiber und kleine Händler – alles strömte auf dieses abenteuerliche Boot, das mit Menschenfracht geladen war. Zurück vom Sudan nach Ägypten, so erklärte man mir, führen an Stelle der Menschen Kamele, Büffel, Panther und Löwen für die zoologischen Gärten einer sensationslüsternen Welt. Einige junge Burschen – vom Vater vielleicht in Ägypten als Hotelboy angeboten – riefen ein paar Worte in die erste Klasse, zum Hauptschiff hinauf: „Down with colonisation – go home, go home", hörte ich deutlich.

Wir haben vor Ashrafs Haus eine Familienszene arrangiert. Fathaye, Munira, Karima, Sherifa – alle Ende 60 – sitzen auf Matten, gemeinsam mit Ashraf, Wahby und Fausi – alle Mitte 30. Sie haben Fotos von Abu Simbel mitgebracht. Fausi hat sogar eine handaquarellierte Pappe mit der Zeichnung des alten Ballana organisiert. Darauf ist jedes Haus, jedes Gehöft, jedes Grundstück eingezeichnet und mit Namen versehen, jedes Schöpfrad und jedes Feld, eine Art Grundbuch und Flurkarte noch aus der Zeit des britischen Mandats. Die Fotos gehen reihum und werden besprochen, dabei scheint die Runde unsere Kamera zu vergessen. Sherifa, das zahnlose faltige Weiblein, blüht geradezu auf und dominiert mit ihren Erzählungen die Runde. Mit dem Finger fährt sie über die Karte und erklärt den Jungen offenbar, welche Familie in welchem Ortsteil wohnte. Ashraf ist wie ausgewechselt. Der schüchterne Gafir aus Kairo tritt im Kreis seiner Familie selbstbewusst auf. Abdul Haris sagt, sie würden hier nur nubisch miteinander sprechen. Im Dorf ist Ashraf das Familienoberhaupt, und diese Rolle erfüllt ihn sichtlich. „Ashraf", ruft ihm Thomas zu, „you will become the Omda of the village!" Alle lachen, und Thomas zeigt auf den Monitor: „Guck dir das an. Der Typ ist wie ausgewechselt." Aber auch wir haben uns an ihr Tempo gewöhnt, sind nicht mehr so angespannt wie in den ersten Tagen. Ich bewundere den vertrauten, respektvollen Umgang der Jungen mit den Alten. Ebenso entspannt und aufmerksam sind die Alten gegenüber den Jungen. Neugierig kommen Kinder heran, und nach wohl einer Stunde sitzt die ganze Straße, jung und alt, wie im Kino hinter der Kamera und beobachtet gebannt, wie Harald und Thomas mit dem Dolly hin und her und her und hin fahren.

Dann bitten wir zum Einzelinterview, zunächst die alte Sherifa. Wie erinnert sie sich an die Zeit vor dem Umzug?

„Ich weiß noch, wie die ägyptischen Beamten ins Dorf kamen und alles registriert haben: Jede Familie, ihre Häuser und ihr Land und all die Dinge, die sie mitnehmen würden, die Tiere und die Sachen."

Wie vollzog sich der Umzug?

„Wir fuhren auf drei Booten. Auf einem Boot waren unsere Tiere, auf einem anderen der Hausrat, auf dem dritten wir. So kamen wir am High Dam an. Niemand wusste, wohin sie uns bringen würden. Niemand hatte eine Vorstellung, wo wir ankommen würden. Aber viele freuten sich und machten sogar Musik, denn die Regierung hatte uns ja schöne neue Häuser versprochen. Mit Bussen wurden wir dann in die Siedlung gebracht und zunächst auf einem großen Platz versammelt. Da wurden die Familien ihrer Größe nach auf die Häuser verteilt. Aber was heißt schon Häuser! Das waren meist nur Rohbauten. In den wenigen fertigen Häusern wohnten die Bauarbeiter. Vieles mussten wir selber fertigstellen. Was hatte man uns nicht alles versprochen! Fließendes Wasser, Strom. Nichts gab es. Es war ein Schock. Eine Zeit voller Bitternis." Die Häuser seien von keiner guten Qualität, sagt Sherifa. Überall Risse, ständig müssten sie repariert

werden. Die alten Häuser am Nil seien viel besser gewesen, obwohl sie schon von den Großvätern gebaut worden waren.
Mit welchen Gefühlen denkt sie an das alte Abu Simbel zurück?
„Ich bin tief traurig, weil ich alles, was mir etwas bedeutet hat, zurücklassen musste: das Haus, die Felder, selbst die Toten auf den Friedhöfen. Wir sind ja nicht freiwillig gegangen. Die Regierung hat uns dazu gezwungen. Es gibt eine Geschichte aus der Zeit des Umzugs: Ein Vater und sein Sohn weigerten sich, ihr Dorf zu verlassen und blieben allein zurück. Da biss ein Skorpion den Vater, und der Sohn lief klagend durch das leere Dorf auf der Suche nach Hilfe. Aber er konnte niemanden finden. Da starb der Vater, und der Junge begrub ihn. Aber auch er wollte das Dorf nicht verlassen. Doch er fand nichts mehr zu essen und litt großen Hunger. So wie sein Hund. Schließlich hielt es der Hund nicht länger aus, und er hätte den Jungen wohl gefressen, wäre nicht ein Freund der Familie ins Dorf zurückgekehrt, um nach dem Vater und dem Sohn zu schauen. Der Mann brachte den Jungen ins neue Dorf. Aber der Junge war wie versteinert. Er sei wie tot, sagten die Leute. Und so waren auch unsere Herzen. Das Leben am Nil war wie ein Traum, den Gott uns genommen hat. Der Nil war das Leben. Jetzt sind wir wie tot."

Sherifa blickt mit traurigen alten Augen in unsere Kamera. Thomas flüstert in seiner Monitortüte: „Ganz große Tragödie. Die weiß genau, wie man sich in Szene setzt. Eine Stummfilmdiva!"

Und wie ist das Leben hier?

„Heute geht es uns natürlich besser. Wir denken auch positiver über das neue Dorf. Aber begraben will ich hier nicht werden. Und wenn sie morgen zurückgehen, bin ich dabei!"

Ob sie die Tempel vermisst?

„Sie haben uns den Tempel gestohlen! Heute bezahlen wir für den Eintritt in unsere Tempel! Auch damals konnten wir Frauen ihn nicht oft besuchen, auch wegen der Touristen. Wir wussten nicht genau, was in den Tempeln war. Die Gafire erzählten uns Geschichten. Dass da ein Teufel wohne, ein Schirkan. So wurde auch der Platz neben dem Tempel genannt!"

Dann bitten wir Fausi zum Interview. Er ist 36 Jahre alt und gibt als Beruf Medizinischer Assistent an. Er bereise alle 43 nubischen Dörfer und informiere die Frauen über Fragen der „Familienhygiene". Fausi ist eine Art fahrende nubische Familienberatungsstelle. Welche Vorstellung haben die Jungen vom alten Nubien?

„Es ist sonderbar. Obwohl wir das alte Dorf nie gesehen haben und nur aus den Erzählungen der Eltern und Großeltern kennen, glauben wir doch, eine recht genaue Vorstellung von ihm zu haben. Jede Straße, jeder Weg, jede Gasse, all die Geschichten des Dorfes haben sich uns so eingeprägt, eindringlicher noch, als wenn wir dort gelebt hätten. Es ist, als ob wir das Heimweh der Älteren teilen würden, und dabei wissen wir nicht wirklich, wie das Leben dort war. Obwohl wir Jungen hier geboren sind, lebt meine Generation doch in gewisser Weise noch immer in einer Art Emigration. Wir sind 1964 hierher gekommen. Vierzig Jahre später leben wir immer noch sehr rückwärtsgewandt."

Warum er nicht nach Abu Simbel zurückgegangen sei?

„Ich würde gehen, wenn wir dort die Möglichkeit hätten, eine bessere Gesellschaft zu schaffen. Aber wir dürften dort nicht schlechter leben, als wir es heute hier tun."

Du sollst nicht vergessen! Da sitzt er – Jan Assmanns „kommemorativer Imperativ": Sherifa – mumifiziert durch die eigenen, gebetsmühlenartig wiederholten Beschwörungen der Vergangenheit. Nur die Erzählung hilft, das Trauma der Umsiedlung mental zu verkraften. Wenn aber alle Alten hier so sind wie Sherifa, dann ist Abu Simbel Gedid ein Freilichtmuseum, wo der „Leidschatz" der Geschichte jammert wie die bestellten Klageweiber bei einer Beerdigung. Und Fausi? Empfindet er nicht exakt, was Edward Said beschreibt: Das Gefühl, „am falschen Ort" zu sein, unter dem Trauma einer Entwurzelung zu leiden, die er selbst gar nicht erfahren hat?

Am Abend liegen wir im Innenhof, wo ein Nachtlager aus Matten und Decken bereitet ist. Es ist mild. Über uns der Sternenhimmel. Thomas und ich haben uns ein Aragi, ein Nachtgewand, von Ashraf geliehen. Wir posieren und reißen Witze: Wünsche angenehme Ruhe, Effendi. Dann wird es immer stiller. Die Hühner gackern, Hunde bellen in der Nacht. Ich schaue hinauf und fühle mich wie berauscht.

Ashraf hatte uns zum Abendessen in den Hof seines Bruders eingeladen. Wohl 40 junge Männer erwarteten uns, alle in langen weißen Galabiyen. Auf einer elektronischen Orgel machten sie ihre Musik, eine Mixtur aus arabischem Dauergesang, westlicher Popmusik und vitalem Tanzrhythmus, die nach wenigen Minuten einen wunderbaren Klangteppich webten. Die Männer bildeten zwei Reihen, fassten sich an den Händen oder Hüften, tanzten von links nach rechts, von rechts nach links, ein Auf und Ab. Dabei sangen sie, lachten und winkten. Einer gab einen Vers vor, den der Chor beantwortete, der Vers wurde wiederholt und variiert, schneller und lauter. Wahby tanzte traumselig, glücklich. Ashraf winkte, wir sollten dazu kommen, mit ihnen tanzen. Abdul Haris stand längst in der wiegenden Reihe. „Come. It's easy! It's fun!"

Es juckte und zuckte, aber ich ließ den Funken nicht überspringen. Wenn einer der anderen, dann vielleicht... In der Musik der Jungen erschien die Dorfgemeinschaft völlig intakt. Ihre Musik hatte nichts Elegisch-Nostalgisches oder Folkloristisches, sondern mutete kraftvoll und urban an. Fausi beschenkte uns mit einer Auswahl selbstproduzierter Musik-CDs, und Wahby erzählt begeistert, dass es viele Musiker in den Dörfern gebe, die überall in den Städten aufträten und in Ägypten sehr beliebt seien. Und natürlich ist von Ali Hassan Kuban die Rede und von dem populären Mohamed Mounir.

– Wer die Menschen und ihr Temperament kennen lernen will, sollte zuerst ihre Musik hören und vor allem ihre Sprache lernen. Ich höre ihre Worte sprudeln und weiß: Nicht mehr in diesem Leben.

Ursuppe, Urhügel, Urhütte

Das Sonnenwunder

Welcome to Abu Simbel! Hosean Mokhtar begrüßt uns wie alte Bekannte. Thomas ist voll gespannter Vorfreude auf die Tempel und will so schnell wie möglich alles in Augenschein nehmen. Wir hatten eine vage Vorstellung entwickelt, wie der Film beginnen könnte: Ein Schwenk über Wüste, Sand und Geröll. Die Sonne, eine gleißende Scheibe; die Klänge der Oud. Ein Mann in wallendem Gewand kommt über einen Hügel, seine Kontur in flimmernder Luft. Samy würde über den Rücken des Tempelhügels kommen, den Anch-Schlüssel über der Schulter. Der Zuschauer würde nur eine hohe Düne sehen, an deren Fuß seltsamerweise eine Stahltür eingelassen ist. Diese Tür öffnet Samy und steigt durch eine lange Stahlröhre in die Tiefe. Die Kamera folgt ihm in einen Raum, dessen Dimensionen in der schwachen Beleuchtung kaum auszumachen sind. Ist das die Kuppel eines Atommeilers? Ein Bunker? Ein Raketensilo am Rande der Welt? Während sich der Zuschauer noch fragt, was das für eine seltsame Untergrundstation in der Wüste ist, öffnet Samy eine weitere Tür und steht unvermittelt im grellen Sonnenlicht. Die Kamera öffnet den Blickwinkel und gibt über Samy die Sicht frei auf die kolossale Fassade von Abu Simbel. Ramses, in Fels gehauen für die Ewigkeit. So könnte es gehen.

Betreten verboten. Achmed Salah sitzt in seinem Dienstzimmer, blickt unbeirrt auf sechs Monitore, während er mit einem Stick Überwachungskameras über den Tempelvorplatz schwenkt. Dabei erklärt er, ohne uns dabei anzuschauen, dass wir nicht im Dome drehen dürfen. „Völlig ausgeschlossen. Zu gefährlich. Betreten verboten." Der Direktor des Antiquity Service in Abu Simbel ist ein junger Mann Mitte Dreißig. Er wirkt streng und konsequent. Im Dome gebe es kein Licht, auch seien einige Starkstromkabel defekt. Erst neulich habe es einen schlimmen Unfall gegeben. Samys Bruder geriet bei einem Sicherungskasten an ein defektes Kabel. Seine Hand ist für immer gelähmt. Den Job als Gafir ist er los. Er ist weder kranken- noch unfallversichert.

Thomas erklärt, dass der Dreh aber vom Government Press Office und vom Supreme Council genehmigt sei.

Achmed Salah wehrt ab. Da stehe „Tempel innen", aber nicht „Dome innen".

Wir müssten da aber rein. Unser Film funktioniere nur mit den Szenen in der Betonkuppel, insistieren wir.

„Dazu müssen Sie eine schriftliche Genehmigung aus Kairo einholen", sagt Achmed. „Das dauert."

„Dafür haben wir aber keine Zeit!"

Hosean Mokhtar nimmt seinen Cousin zur Seite. Sie reden, schließlich will Achmed es auf seine Kappe nehmen. Natürlich müssten wir die übliche Drehgebühr bezahlen – und für Licht sorgen. Samy öffnet uns also die Eisentür. Das dröhnende Schrammen entfernt sich und erstickt irgendwo im Inneren des riesigen Resonanzbodens. „Klingt gut", meint Willi. Harald geht mit der Taschenlampe voran. Thomas und Willi bleiben dicht dran. Der Autor tappt in völliger Finsternis hinterher, die Arme weit ausgestreckt. Man wird ja wohl nicht gleich in den Sicherungskasten greifen. Unsere Schritte hallen durch die Stahlröhre hinunter in den Bauch des Baus. Über eine klackernde Stahltreppe steigen wir hinab auf eine Galerie, die wie eine Empore um die Betonhalbschale führt. Die Klimaanlagen saugen wummernd die heiße Luft aus dem unter uns liegenden Inneren des Tempels in den Dome. Es herrscht jene Backofenhitze, die schon Belzoni und Champollion beschrieben.

„Leuchte mal nach oben", höre ich Thomas sagen. Der Lichtkegel der Taschenlampe scheint irgendwie aufgesogen zu werden. Die Stirnwand, vor der draußen die Kolosse sitzen, ist nicht auszuleuchten. Das Licht verliert sich unter der Kuppel.

„Das kannst du vergessen", meint Harald. „Selbst wenn wir da all unser Licht reinknallen, kriegen wir das nicht hell."

Thomas ruft in die Höhe. „Huh, ha, he! – Sag mal, wie hoch ist das Ding?"
Ich sage: Ziemlich hoch! Ziemlich weit. Ziemlich tief.
„Okay, wir brauchen auf jeden Fall mehr Licht", befindet Thomas. Harald stellt fest, dass in keiner der drei Dutzend installierten Neonlampen eine Röhre hängt, auch aus allen anderen Lampen sind die Birnen herausgeschraubt. „Schätze mal, da hat sich jemand bedient."
Thomas beschließt, im Kaff alles zu kaufen, was leuchtet.
„Schau dir mal die Kabel an", höre ich Harald. „Da sind nicht mal Stecker dran. Die liegen alle blank." Thomas erklärt, er werde auch alle Stecker aufkaufen.
Die beiden ziehen mit Abdul Haris los auf der Suche nach dem Abu-Simbel-Media-Markt. Willi und ich sollen unterdessen schon mal einräumen: Lampen, Dolly, Alukisten. Samy funzelt vor uns her.

Zwei Stunden später tauchen die drei mit dem Elektriker des Antiquity Service auf. Der Mann sieht irgendwie glücklich aus. Er besitzt jetzt neben seinem Elektroschraubenzieher auch eine große Taschenlampe. Die hat ihm Harald spendiert.
„Du hättest den Ladenbesitzer sehen sollen. Der hat nach uns die Bude dichtgemacht und trinkt jetzt Tee auf der Terrasse des Old Katarakt." Eine Stunde später springen flackernd die Neonlampen an.
„Und der Herr sprach, es werde Licht!"
Den Rest des Tages verbringen wir damit, einen müden Samy bei seinem Gang durch das Innere des Domes zu filmen.
„Kamera läuft", sagt Harald.
„Okay, come", ruft Thomas.
Samy bewegt sich etwas schleppend. Er versteht nicht, warum er diesen Weg für uns so oft abschreiten muss. Samy von der Seite, Samy von hinten. Türe öffnend. Türe schließend. Samy kommt durch die Röhre, von hinten, von vorne. Schuss und Gegenschuss. Einzig Abdul Haris vermag den übernächtigten Gafir mit guten Worten und gedrehten Zigaretten auf Trab zu halten.
Hosean und Achmed Salah nehmen anerkennend die Elektroinstallationen in Augenschein. Wir stehen abseits der Dreharbeiten und blicken hinab auf die Betonwürfel, die sich unterschiedlich hoch

und breit auf dem anstehenden Fels erheben: Die große Pfeilerhalle, das Allerheiligste, die so genannte Bibliothek, die Mysterienräume. Die wenigsten Besucher ahnen, dass vom Tempel eigentlich nur noch die antike Originaltapete und die Außenfassade geblieben sind. Die Innenwände der Säle sind quasi in passgenaue Garagen gedübelt worden, über denen sich ein hohler Tempelberg erhebt. Aus der Höhe der Kuppel hängen Lotleinen wie Foucault'sche Pendel herab und enden in offenen Tonnen, die mit einer sirupartigen Flüssigkeit gefüllt sind. Jeder seismische Ausschlag des Gebäudes würde diese Lotleinen zum Schwingen bringen, erklärt Achmed, und damit die Oberfläche der Flüssigkeit bewegen. Der Wellenausschlag sei dann auf der Innenwand der Tonne leicht ablesbar. Eine simple, aber effiziente Messeinrichtung. Im Übrigen werde das Gebäude regelmäßig inspiziert. Die Inspektoren, denke ich, werden gewiss auch ihre eigenen Neonröhren mitbringen.

Achmed warnt davor, hinab auf den Fels zu steigen. Da gebe es Schlangen und Skorpione. Hätte jedenfalls das Reinigungspersonal erzählt, das sich weigere, dort unten durchzukehren. Ich bin beeindruckt: So schreckt denn am Allerheiligsten, vor dem Baum der Erkenntnis, immer noch Tod und Verdammnis. Vielleicht ist das Schlangengerücht aber auch nur die Finte einer faulen Putztruppe.
– Mit Skorpionen hatte ich bereits am Vormittag Bekanntschaft gemacht. Als ich mich gegen die antike Lehmziegelwand vor dem großen Tempel lehne, zucke ich zurück. Auf Augenhöhe hängt ein Skorpion an der Wand. Gleich neben dran ein Zweiter, ein Dritter, Vierter. Ich bin umzingelt. Alle zücken den Stachel gegen mich – sind aber, Hamduillah, mit Zahnstochern sorgfältig an die Wand gespießt. Ein Zeitvertreib der Gafire.

Plötzlich ist es zappenduster. Die Kunstlichtlampen hauen die Sicherung raus. Wir übergeben die Anlage dem Antiken-Elektriker und seinem flinken Schraubenzieher und verabreden uns mit Samy für den späten Abend. Wenn die Besucher weg sind, wollen wir zurückkehren und die Nacht hindurch allein mit ihm im Tempel drehen. Es wird eine lange Nacht.

Zwischen zwei und drei Uhr morgens ist die Spreu vom Weizen getrennt. Die Männer der Antiken-Polizei haben sich in eine der Mysterienkammern zurückgezogen und schlafen zusammengerollt auf dem Holzplankenboden. Abdul Haris döst auf einer Matte in einer dunklen Ecke des Vorraums. Der Pfeilersaal ist indes in geheimnisvolles Licht getaucht, dank Haralds gedämmter Kunstlichtlampen. Samy wankt vor der Kamera her und leuchtet mit einer Lampe auf die berühmten Wanddekorationen. Im Lichtkegel erscheinen der Kriegsherr Ramses, Szenen der Schlacht von Kadesch, der unter den Feinden wütende überdimensionale Pharao. Samy kann nicht nach oben schauen und gleichzeitig auf seine Füße achten. Immerzu stolpert er während der Aufnahme über die Dollyschienen, und wir müssen die Szene wiederholen.

Da ich nur im Weg bin, genieße ich das 17.500 Pfund teure Privileg, den Tempel für mich allein zu haben – fast 4.000 Euro stellt das Supreme Council allein für den Nachtdreh in Rechnung. Ich gehe hinaus an die kühle Nachtluft und lasse mich zu Füßen der liebreizenden Nofretari nieder. Über mir die Sterne und die lächelnden Ramses-Riesen. Die Wände voller Hieroglyphen.

Es waren diese Texte, die Jean François Champollion „die Pforten des Altertums" öffneten. Am 14. September 1822 erhielt der Franzose mit der Post einige Kopien von Hieroglyphen, die der Architekt Jean-Nicholas Huyot während seiner Nubien-Reise am großen Tempel hatte abzeichnen lassen. Champollion entdeckte darauf Kartuschen, die Herrschernamen enthalten mussten, und konnte schließlich die Namen Ramses und Tutmoses entziffern. Die Entzifferung der Buchstaben „s" und „m" brachte Champollion letzte Sicherheit darüber, dass er mit seiner Methode richtig lag. Als er dann am zweiten Weihnachtsfeiertag 1828 selbst in Abu Simbel anlandete, berichtet er von dem „unbeschreiblichen Glücksgefühl", die Originaltexte endlich selbst sehen zu dürfen. Ich dagegen verzweifle. Ich habe im Souvenirshop ein altägyptisches Alphabet erstanden, betrachte eine Zeichenreihe mit unterschiedlichen Vogelfiguren, für deren Entzifferung allein es ornithologischer Grundkenntnisse bedarf. Dass da einer draus schlau wird.

> *Sun, sun, sun, here it comes*
> *Sun, sun, sun, here it comes*
> *Sun, sun, sun, here it comes*
> *Sun, sun, sun, here it comes*
> *Sun, sun, sun, here it comes*
> THE BEATLES
> „HERE COMES THE SUN"

Aufbau der Kamera vor Sonnenaufgang. Es bleibt wenig Zeit. Um fünf Uhr landet der erste Flieger, gegen sechs treffen die Busse ein. Im Osten der erste Vorschein der Sonne. Wir bringen die Dollyschienen unterhalb der Kolosse ins Lot und warten, bis sich der Vorhang für das Große Welttheater hebt.

Auf der Ostseite wird Licht in den See gegossen und schwimmt langsam auf uns zu. Wärmend umfängt es die nachtkalte Fassade der beiden Tempel. Dann wandern die ersten Strahlen ins Innere des Berges. Mittags nimmt ein gleißend weißes Licht dem Fels beinahe jede Kontur, als lade die Sonne den Pharao energetisch auf für seine Reise durch die Nacht. Am Nachmittag beginnen die Schatten den Berg zu modellieren, ihm wieder Form und Tiefe zu geben. Während des Sonnenuntergangs leuchtet er feuerrot wie eine Laterne und verlischt dann rasch. Es scheint, als wachse die Dunkelheit aus dem Tempelportal über den Vorplatz und ziehe die Nacht wie ein Tuch über den Berg.

Alle Elemente mythischer Schöpfungsszenarien sind hier versammelt: Ursuppe, Urhügel, Urhütte. Dieselbe Sonne, die die Wüste zum „Reich des Todes" macht, dieselbe Sonne bewirkt das Wunder des Lebens. Die Tempel sind die Projektionsfläche dieses Wunders und zugleich eine Festspielbühne. Denn nichts anderes war der Vorplatz mit Anlegestelle für Pharaos Sonnenbarke: die Bühne einer großen Staatsoper, eines Ostergottesdienstes, die Kulisse für das große Urbi et Orbi des User Maath Re.

Die Steinmetze kamen vermutlich aus dem Tal der Könige, denn die Tempelanlage erinnert an ein Pharaonengrab. Die Architektur des Lebens spiegelt die Architektur des Todes. Draußen erwartet

Ramses die lebensspendende Kraft der Götter. Drinnen wacht er in Gestalt des Osiris über die Jenseitswelt. Tag und Nacht, Leben und Tod sind die zwei Seiten einer Medaille. Ich notiere auf meinen Spiralblock: Der große Tempel ist ein mit mathematischer Präzision geführter Gottesbeweis, ein perfekt konstruierter Syllogismus: Solange die Sonne mit ihren Strahlen zuverlässig Pharaos Antlitz im Inneren des Berges erleuchtet und damit seine Wiedergeburt initialisiert, solange ist die maath für alle Menschen nachvollziehbar intakt. Umgekehrt gilt: Solange Pharao hier unerschütterlich präsent ist, garantiert er das kosmische Gleichgewicht, ist der kosmische Lauf der Dinge in Gang gehalten. Der Architekt inszenierte mit Sonnenauf- und -untergang die Erschaffung der Welt und gab damit dem antiken Ursprungsmythos eine konkrete Gestalt. Seit der Pyramidenzeit wird der Pharao in den Lauf der Sonne einbezogen; erleuchtet, verklärt steigt er auf zum Himmel, fährt wieder hernieder auf Erden. Wie auffallend die Gemeinsamkeiten mit dem Christentum.

Dieser Ursprungsmythos hatte in Abu Simbel auch die Funktion, den territorialen Anspruch der Ägypter über Nubien zu legitimieren. Das Bauwerk empfing an diesem Ort den verbindenden Funken zwischen der Herrscher-Dynastie und der Götterwelt. Was bedeutete: Wir Ägypter waren immer schon an diesem Ort. Dies ist unser angestammter Platz.

Wenn ein Tempel früher das Bild der Welt symbolisierte, was sagt dieses Bauwerk dann über die heutige Zeit? Ein toter Gott im Stützkorsett, von eisernen Lungen beatmet. Der mythische Urhügel – eine Spannbetonkuppel. Die Urhütte – Staffage. Die Ursuppe – ein Stausee, den Menschen ob seiner prekären Künstlichkeit suspekt.

Die Zeit der Götter ist perdu, überlebt aber hat der Ursprungsmythos der Antike: Immer noch ist die Frage nach der eigenen Identität mit dem Herkommen verbunden, mit dem Rückhalt durch den „angestammten Platz". Land der Väter. Land des Usprungs. Land der unmittelbaren Berührung. Heiliges Land. Unteilbar, exklusiv: Wir waren immer schon hier – ihr seid geduldet, zugezogen, dahergelaufen, Migranten.

Am Abend hatte mich Thomas gefragt, ob ich endlich sagen könne, wie ich gedächte, diesen Film enden zu lassen. Mit bleischwerem Gewissen denke ich an den Merksatz aus dem Basiskurs: Der Autor muss in dramaturgischer Logik vom Ende her auf den Anfang hin denken. Das Ende des Films ist der Maßstab für die gesamte Gestaltung. Am Ende muss eine bestimmte Emotion, ein bestimmtes Argument stehen. – Angesichts von Pharaos kosmischer Sonnenuhr denke ich: Anfang und Ende sind nur zwei Seiten einer Medaille. Das Ende des Films führt zurück zu seinem Anfang.

Ich notiere: Am südlichen Rand der ägyptischen Wüste, dort, wo einmal das Land Nubien lag, gibt es einen Jahrtausende alten Pfad. Einst trugen Priester hier Pharaos Heilige Sonnenbarke. Der Pfad war Sklavenroute und Karawanenweg. Fremde Heere zogen durch, Schatzsucher und Archäologen, Ingenieure und Präsidenten. Keiner von ihnen ist lange geblieben. So weit Samy zurückdenken kann, hat seine Familie das Ankh verwahrt: das Symbol des Lebens, den Schlüssel zum Allerheiligsten. Mit dem Ankh öffnet Samy heute die Pforte zu einer Unterwelt – das Tor zu einer anderen Zeit. Der Weg durch die Finsternis erinnert Samy an die Geschichte seiner Heimat, die versank, aber nicht verloren ging. An den Exodus und die Rückkehr seines Volkes. Heute, am Ende seines Weges scheint alles wie vor 3300 Jahren – so als wäre hier nie etwas geschehen. Im Angesicht der Sonne thront Ramses der Zweite – in Fels gehauen für die Ewigkeit.

Thomas legt mir die Hand auf die Schulter.

„Was gibts'n am frühen Morgen so viel zu schreiben?"

„Willst du's hören?"

„Nö. Hier, mach mal den Lappen nass! Die Dollyschienen müssen gewischt werden. Die knirschen zu laut."

So verbringe ich die nächsten Stunden geduckt unter der hin- und herfahrenden Kamera, kniend wie ein Tempeldiener im Hause des Herrn und befeuchte – dankbar für die Eingebung des göttlichen Dramaturgen – knirschende Dollyschienen.

Tagein, tagaus sitzt Samy im Schatten der hohen Tempelpforte und erwartet die Touristen, die am frühen Morgen über den knirschenden Vorplatz eilen. Aufmarsch der Kulturen. Schirmmützen, Pepitahütchen, Beduinenschals vom Souvenirshop. Japaner, Franzosen, Amerikaner, Besucher aus arabischen Ländern. Junge Frauen bauchfrei, enge T-Shirts, Tätowierungen über dem Steißbein wie flammende Heckspoiler. Samy blinzelt zu ihnen hinüber, wenn sie sich für ein

Foto in Positur bringen oder an ihm vorbei in den Tempel gehen, eine Duftfahne von Parfüm und Achselspray hinter sich herziehend. Achmed Salah erklärt, nubische Frauen dürften sich niemals so kleiden. Shorts und Shirts seien undenkbar. Nichts Kurzärmeliges. Die nackten Arme seiner nubischen Ehefrau sähe der Ehemann das erste Mal in der Hochzeitsnacht. Die Kleidung habe respektvoll zu sein, nicht aufreizend. Das bringe eine Frau sonst in Verruf. Einige Besucher bitten Samy mit seinem Anch-Schlüssel höflich mit aufs Bild und stecken ihm dafür etwas zu. Samy verdient rund 400 Pfund im Monat. Jedes Bakschisch ist willkommen.

„Meine Aufgabe ist es, die Tempel vor dem Touristenandrang zu schützen", erklärt Samy im Interview. „Manchmal landen die Flugzeuge mit Touristen schon um 1 Uhr in der Früh. Alle sind sie von der Größe und Pracht überwältigt. Die Engländer sagen ‚Oh, my God' oder ‚Very nice'. Die Deutschen sagen ‚Alles klar'." Samy sagt: „No flash!"

Wir arbeiten den Drehplan Szene für Szene ab: Interview mit Samy und Rabeia vor den Tempeln, wie sie den Ab- und Aufbau erlebten. Sie zeigen die verfugten Schnittstellen in der Fassade, erzählen von den Verletzungen, die ihnen die Umsiedlung zufügte; Rabeias trauriger Blick auf den See. Dann Hosean in El Salam; nubische Siedler.

Wir sind 16 Stunden am Tag auf den Beinen, immer im Wettlauf mit dem besten Licht. Bei Sonnenuntergang ein Bier am Hotel-Pool, in Erwartung des einzigen, aber oppulenten Essens des Tages. An den Wänden des Restaurants Bilder aus besseren Zeiten: das junge schwedische Königspaar in Abu Simbel. Der König bei der Dessert-Auswahl. Thomas sagt: „Wenn wir hier abreisen, werden sie unsere Fotos daneben hängen!" Am zweiten Abend bereits nimmt der nubische Hotelkoch persönlich die Menüwünsche des Regisseurs entgegen.

„Tomorrow I want a fish from the lake", meldet Thomas an. Am nächsten Abend bekommen wir einen etwas krossgegrillten, grätigen Fisch.

„I mean a big fish!", erklärt Thomas dem Mann. „A real big fish!" Der Koch kann nicht versprechen, einen „big fish" beschaffen zu können. Am nächsten Abend aber serviert er ein gut 60 Zentimeter langes Prachtexemplar, stolz, dankbar lächelnd für soviel geschätzte Anerkennung seiner Arbeit.

Hosean trinkt weder Cola noch Sprite. Er lehnt amerikanische Erfrischungsgetränke ab. Aus Protest. Seit dem 11. September kaufe er keine amerikanischen Produkte mehr. Hosean vermutet hinter dem Anschlag die CIA. Wer sonst habe, kaum eine Stunde nach dem Einschlag des ersten Flugzeugs, den Namen Osama Bin Laden ins Spiel gebracht! Wie das so rasch möglich sei!

Ich traue der CIA einiges zu, erwidere ich, aber nicht den Mord an über 3000 Landsleuten. Ich bin erstaunt, diese Verschwörungstheorien von Hosean zu hören.

Im Pumpensumpf

Michael Fetzer ist wenige Tage vor unserer Ankunft nach Deutschland zurückgekehrt. Ein Kollege aus Frankfurt wickelt jetzt die Übergabe der Pumpstation an die Ägypter ab. Der Verbindungskanal zum Assuan-See ist durchstochen. Der Betonklotz steht bis auf halber Höhe im Wasser. Wir drehen mit Hosean zunächst am Seeufer. Gemeinsam mit einem ägyptischen Ingenieur inspiziert er Kanal und Pumpstation. Überall werden Gerüste und Montagegerät abtransportiert, Wände gestrichen. In wenigen Wochen will Husni Mubarak die ersten Pumpen anwerfen. Im International Club verabschieden sich deutsche, englische, japanische Ingenieure voneinander. „See you!" auf irgendeiner Baustelle dieser Welt.

Unser deutscher Ingenieur wartet ungeduldig auf das verabredete Interview. Er stehe unter enormen Zeitdruck. Also bauen wir ihn flugs vor seiner Station auf und bitten um Auskunft über die Finessen des deutschen Pump-Patents, über Sinn und Zweck der Anlage. Stolz erklärt der Mann, dass die Ägypter diese Pumpe respektvoll die „Vierte Pyramide" nennen. Denn so wie die Pyramiden von den Pharaonen künden, so werde die Pump-Station einmal für die Ära des ägyptischen Präsidenten Mubarak stehen. Naja, denke ich, das ist die offizielle Interpretation.

Dann erklärt der Mann, die Station stehe wie eine Tauchpumpe in einem gewaltigen Pumpensumpf. Da wir den Take wegen der lauten Baustellengeräusche mehrmals drehen müssen, wird „Pumpensumpf" zum geflügelten Wort. Irgendwie passend für die Ära Mubarak, denke ich. Jedenfalls werde die Station eine Wassermasse vergleichbar mit dem Durchfluss der Elbe bei Dresden in die Höhe wuchten, sagt der Ingenieur, und damit einen „Menschheitstraum" wahrmachen: Blühende Landschaften in der Wüste. Noch so ein geflügeltes Wort.

Abu Simbel und das Toshka-Projekt – die Wüste scheint die Fantasie von Pharaonen und Präsidenten gleichermaßen zu inspirieren –

zu Megaprojekten und Superlativen, als ob die lebensfeindliche Landschaft zu einem außerordentlichen Duell herausfordere: Mensch gegen Wüste. High Noon in der High Arid Desert. Als ob hier dem Nichts der unbedingte Wille zur Macht entgegengesetzt werden müsse.

Interview mit Hosean am Toshka-Kanal. Was erhoffen sich die Nubier von diesem Projekt?

„Als ich hier ankam, war Abu Simbel ein rein touristischer Ort. Arbeit gab es nur im Tourismus. Durch das Toshka-Projekt verändert sich die ganze Region, und Abu Simbel profitiert bereits davon. Wir machen Fortschritte, die sonst zehn bis fünfzehn Jahre gedauert hätten. Es entstehen Arbeitsplätze in der Landwirtschaft, im Dienstleistungssektor, im Transport- und Verkehrswesen. Ich denke, in ein paar Jahren wird Abu Simbel eine moderne Stadt mit vielleicht 20.000 bis 30.000 Einwohnern sein, mit einer modernen Infrastruktur, mit Schulen und Krankenhäusern. Für uns Nubier ist dieses Land ein ganz besonderer Ort, und es löst besondere Gefühle aus. Schon als wir wegen des Nasser-Sees von hier weg mussten, träumten wir davon, wieder zurückzukehren. Dieser Traum ließ sich nicht verwirklichen. Es fehlte an allem, an Verdienstmöglichkeiten, an weiterführenden Schulen, ärztlicher Versorgung. Die Leute fragten uns, warum sie hier zehn, fünfzehn Jahre ihres Lebens verschwenden sollten, denn so lange würde es dauern, bis ihnen Abu Simbel all die Annehmlichkeiten bieten würde, die sie in den Städten vorfinden. Das ändert sich nun. Heute kann ich meinen Leuten guten Gewissens sagen: Es werden Ingenieure, Lehrer, Ärzte und Facharbeiter gebraucht. Ich meine, das Toshka-Projekt ist eine Chance für alle Nubier, die davon träumen, in das Land ihrer Väter zurückzukehren. In der Antike hat Nubien für den Wohlstand der Ägypter gesorgt. In der Moderne hat sich Nubien für den Staudamm geopfert. Auch das Toshka-Projekt liegt in Nubien, das kann keiner leugnen. Deshalb nenne ich es bei seinem wahren Namen: Das Nubien-Projekt. Nubien wird wieder für Ägyptens Zukunft und Wohlstand sorgen."

Hosean spricht davon, dass Nubien immer schon die Brücke zwischen Ägypten und Afrika gewesen sei – nicht nur geographisch, auch kulturell. „Diese kulturelle Brücke gilt es wieder zu schlagen. Sie wird anders aussehen als vor 50 Jahren. Wir werden hier ein modernes Leben führen, mit moderner Agrartechnologie, in modernen Städten, mit Computern und neuen Dienstleistungstechnologien. Ich kann mir nicht vorstellen, dass irgendjemand hierher zurückkehrt, um das Leben unserer Väter zu führen."

Bislang, wende ich ein, sieht es aber danach aus, als ob Toshka nur für Großinvestoren interessant sei. Befürchtet er nicht, dass Nubien nur die Agrar-Kolonie ausländischer Investoren sein wird? „Ich verfolge das Toshka-Projekt von Anfang an mit großer Aufmerksamkeit. Ich weiß, dass hier eine Menge Geld investiert werden muss und dass Menschen mit besonderen Fähigkeiten gebraucht werden, damit es ein Erfolg wird. Aber ich glaube, dass zuletzt auch Kleinbauern und Menschen mit beschränkten finanziellen Möglichkeiten von dem Projekt profitieren werden. Entweder werden sie bei Großunternehmen Beschäftigung finden oder ihr eigenes Land kultivieren."

Und was ist mit der enormen Hitze! Wer werde sich hier draußen freiwillig grillen lassen? „Wir haben schon immer unter solchen Bedingungen gelebt, und es hat uns nie etwas ausgemacht. Wir sind an diese Hitze gewöhnt, und selbst wenn es hier noch heißer würde, werden uns die Temperaturen nicht daran hindern, hier zu leben." Eines Tages, sagt er, werde der Tempel von Abu Simbel als Etikett auf Orangen, Zitronen und Melonen in europäischen Supermärkten zu finden sein. Als internationale Marke für ein Qualitätsprodukt. „Der Tempel und das Toshka-Projekt sind wie die zwei Seiten einer Medaille. Der Tempel repräsentiert Geschichte und Herkunft. Ohne ihn gäbe es hier kein Leben. Das Toshka-Projekt steht für die Zukunft, und die wird – insh'allah – eine gute Zukunft sein."

Die Zukunft des „Neuen Nubiens" – wir schicken Hosean in dem leeren Kanal spazieren. Er solle einfach loslaufen, bis die Kamera ihn aus dem Auge verliert.

„Ich hab's Ihnen noch nicht gesagt, weil ich befürchte, sie werden versuchen, mich mit allen Mitteln umzustimmen." Bob Rush lächelt, glücklich ist er aber nicht über die Situation. Er ist kein Mann, der andere im Stich lässt oder einen Job hinschmeißt. Wir gehen durch üppige, mannshohe Rebzeilen der KADCO-Versuchsfarm. Die Sprinkler surren, das Wasser sprudelt aus Schläuchen. Alles ist prächtig gediehen in diesem kurzen halben Jahr seit unserem letzten Treffen.

Bob zieht sein Taschenmesser, reicht uns aufgeschnittene Tomaten, Zucchini, Äpfel. Die Trauben sind bereits geerntet. Er kann mit seiner Arbeit zufrieden sein.

Gewiss, sagt Bob, aber die Koffer seien gepackt. Ende der Woche trete er seinen Urlaub an, aus dem er nicht nach Abu Simbel zurückkehren werde. „Es ist definitiv. Meine Frau und ich gehen zurück nach Yuma." Nein, er sei nicht frustriert. Sein Vertrag laufe aus, und er verlängere nicht. That's it. Auch wenn die Ägypter hier davon ausgingen, dass er bleibe. Bob will nicht mehr. Vielleicht habe zuletzt sein Realitätssinn über seinen Enthusiasmus gesiegt, sagt er. Welche Realitäten ihn denn so plötzlich eingeholt hätten, will ich wissen. Bob spricht zögernd, macht wieder seine Pausen zwischen den Sätzen, als müsse er zuvor noch einmal abwägen, ob er wirklich sagen soll, was ihm auf dem Herzen liegt.

„Well ... also ... ich habe den Eindruck gewonnen, dass die Beteiligten das Projekt nicht mit dem Engagement betreiben, wie das meiner Ansicht nach erforderlich ist." Für den Saudi-Prinzen sei Toshka wohl keine Herzensangelegenheit, eher ein formales Engagement in Rücksicht auf die engen Beziehungen zu Mubarak. Der General Manager von KADCO in Kairo betreue neben Toshka noch ein weiteres Projekt, was Folgen habe.* „Ich habe geraten, die jungen Bäume durch Bambusmatten vor dem Wind zu schützen. Sie haben das

---

* Der Mainzer Geographie-Professor Günter Maeyer schreibt 1995 über die 2600 Hektar große Dallah-Farm, ein Beteiligungsunternehmen der saudischen Königsfamilie: „Trotz modernster Technologie warf das Projekt keinerlei Gewinn ab, sondern machte jährliche Verluste ... – ein keineswegs überraschendes Betriebsergebnis, wenn man die Managementstrukturen analysiert: Der leitende Direktor residierte in der Kairoer Zentale der Kapitalgesellschaft und ließ sich höchstens einmal pro Woche auf der Farm blicken. Die übrigen leitenden Angestellten wohnten in Alexandria und hielten sich kaum länger als vier Stunden pro Tag an ihrem Arbeitsplatz auf. Bei weitgehend fehlender Kontrolle durch das Leitungspersonal konnte auch von den übrigen Beschäftigten keine hohe Arbeitsmotivation erwartet werden. Eine grundlegende Änderung trat erst im Frühjahr 1992 ein, als ein erfahrener, in Deutschland promovierter Manager die Leitung des Betriebes übernahm: Er zog in eine Wohnung auf der Farm und ersetzte alle leitenden Angestellten durch Fachkräfte, die sich bereit erklärten, dauernd auf der Farm zu wohnen... Bereits fünf Monate, nachdem der neue Leiter die Farm betreten hatte, wies die Betriebsbilanz erstmals einen Gewinn aus. Dieses Beispiel ist durchaus typisch und unterstreicht die Bedeutung der Qualität des Managements, die über den Erfolg oder das Scheitern vieler Neulandprojekte entscheidet." Günter Meyer 1995, 27.

abgelehnt, weil ihnen die Kosten zu hoch waren. Wir haben dann die Bäume im letzten Sturm verloren. Dann kamen doch Matten, aber keine Stecken, um sie zu befestigen." Was umgehend und dringend gebraucht werde, bleibe in der Kairoer Bürokratie hängen. „Es ist eine Mentalitätsfrage. Die Leute sind nicht gewohnt, eigenverantwortlich und aus eigener Initiative zu arbeiten. Sie reagieren nur auf Druck von oben, wie zu Zeiten der Pharaonen", sagt Bob. Sie gingen vor wie Fellachen, die nur ein oder zwei Feddan Land zu bewirtschaften haben und nicht diese riesigen Flächen. Auf dem Anbaugebiet am Kanal hätten längst windschützende Bäume oder Elefantengras gepflanzt werden müssen, damit sie hoch und dicht stehen, wenn die Setzlinge gepflanzt werden. Es gebe auch noch keine Vertriebsstruktur für die Ernte, keine Kühlhäuser. Bob hebt die Schultern, als ob er sagen wolle: Ich weiß auch nicht, wann sie das alles noch bauen wollen.

Mit seiner mexikanischen Frau kehrt Bob Rush also zurück in die südwestliche Ecke von Arizona, ins „Yuma County", nahe der mexikanischen Grenze. Da windet sich der Colorado durch Sonora Desert. Auf dem schmalen Ufersaum des Flusses wachsen 90 Prozent des amerikanischen Wintergemüses. GPS-getriebene Traktoren bearbeiten die Böden, Zehntausende von illegalen und legalen Saisonarbeitern aus Mexiko und Lateinamerika placken sich auf den Feldern. Multinationale Lebensmittelkonzerne lassen Salatblätter einsammeln für die Bulletten multinationaler Burger-Ketten. In Yuma schuften Arbeitsmigranten für außertarifliche Billiglöhne in der vagen Hoffnung, von hier aus weiter gen Norden zu gelangen, in die Suburbs der Städte. Hier am Südrand Ägyptens soll diese globale Bewegung umgekehrt werden? Raus aus den Vorstädten Kairos auf die Felder an der Peripherie?

Ich frage Bob, was ihn nach Abu Simbel gebracht hat. Das Geld? „Nein, das war es nicht", sagt er. „Ich mag die Wüste. Ich mag die Leute hier. Ich faste so wie sie." Sie wollten, dass er Muslim werde. Aber darüber lache er nur. Plötzlich bemerke ich: Dieser Pferdeflüsterer ist Melancholiker. Es fällt ihm schwer, so zu gehen, wie er jetzt geht. In Yuma will er es noch mal mit einer kleinen Farm probieren. Wir verabschieden uns. Good luck!

Völker, die unter den Entwürdigungen westlicher Herrschaft gelitten haben, ganz gleichgültig, ob der fremde Herr ihre materielle Lage förderte oder verschlechterte, haben ein sehr feines Gefühl für jede Kränkung ihrer Würde, ihrer Selbstachtung oder ihres völkischen Stolzes.
FREDA UTLEY*

Morgendreh am Kanal. Links und rechts der Straße ist die Ebene zerpflügt und aufgewühlt. Riesige Maulwurfhügel sind in die Landschaft gekippt. Baracken- und Containersiedlungen, umstellt von Tanklastwagen und Sattelschleppern, von demolierten Autos, Schrott und Müll. Wagenburgen des Wilden Westens. Lastwagen ziehen wirbelnde Sandschleppen hinter sich her. Ich blicke durch das Wagenfenster und nehme übel: Wie sie mit dieser Landschaft umgehen. Wie sie sie verkommen lassen! Ohne Gespür! Banausen!

Wir halten irgendwo am Rande dieser Mega-Deponie. Wir müssen noch Wüstenbilder drehen, Panorama, Landschaft. Ausgerechnet hier? Wir halten. Thomas, Willi und Harald greifen ihr Zeug und marschieren auf einen Geröllstreifen abseits der Straße zu. Es ist noch kühl. Ich bin zerknirscht und vertrete mir abseits die Beine. Hosean und Abdul Haris bleiben beim Wagen, palavern und lachen. Die anderen bauen einige hundert Meter entfernt die Kamera auf und drehen, wie ich finde, das langweiligste Stücke Wüste, an dem wir bislang vorbeigekommen sind.

Am liebsten würde ich losmarschieren, zwei, drei Stunden alleine sein. Unwillkürlich suchen meine Augen den Sand ab, nach markanten Steinformen, Pfeilspitzen, Faustkeilen. Vielleicht liegt ja hier, zwischen den Abraumhalden, noch ein Stück unberührte Wüste. Aber da ist nichts, nur Gerölllachen, lachendes Geröll. Ich gehe zu den anderen und frage Thomas, warum er ausgerechnet hier dreht. „Egal", sagt Thomas. „Entscheidend ist das Licht. Und das Licht ist perfekt."

---

* Freda Utley, Seite 125.

Von der Straße her ist das Lachen von Abdul Haris und Hosean zu hören. Wenigstens sind die bester Laune, denke ich. „Die könnten mal ein bisschen leiser sein", meint Willi unter den Kopfhörern. „Abdul Haris!", rufe ich. „Shut up!" Ich weiß sofort, dass ich mich im Ton vergriffen habe. Thomas hebt den Kopf aus der Tüte und schaut mich irritiert an. „Na, hoffentlich haben die das nicht missverstanden!" Ich brummele irgendwas wie „na ja" und „wissen doch, dass wir drehen". Ich trolle mich zurück zum Wagen und entschuldige mich bei den beiden. „I'm sorry! I was wrong!" Aber es ist schon zu spät. Hosean sitzt unter der Heckklappe des Wagens und weicht meinem Blick aus. Abdul Haris ist still.

„Sorry. I didn't mean it the way I said it."

„It's okay for me", sagt Abdul Haris.

Hosean sagt nichts. Er ist enttäuscht und verletzt.

Ich entschuldige mich. Mehrmals. Aber es hilft nichts. Die Stimmung ist hin für den Rest des Tages. Im Auto sagt keiner ein Wort.

After two days in the desert sun
my skin began to turn red
After three days in the desert fun
I was looking at a river bed
And the story it told of a river that flowed
Made me sad to think it was dead.
AMERICA „A HORSE WITH NO NAME"

Nabta Playa. Die Temperaturen steigen auf 40 Grad. Abdul Haris kauert bewegungslos unter seinem weißen Schal. Selbst nach acht Stunden Dreh will er keinen Tropfen Wasser zu sich nehmen.
„No, not for me!", sagt er. Ramadan.
Wir appellieren an seine Vernunft. „Wir sind in der Wüste! Du musst was trinken! Das ist ungesund!"
„No-no-no. I'm fine", sagt er und zieht sich wieder unter seinen Schal zurück.

Rudolph Kuper ist am Tag zuvor zwölf Stunden von Dakhla herübergefahren, hat nur wenige Stunden geschlafen, ist um vier Uhr wieder raus, um uns nach Nabta zu bringen. Ihn begleitet die junge Ägyptologin Heba Abel Basit. Sie hat im vergangenen Winter an der Feldschule Fred Wendorfs teilgenommen und kennt das Gelände. Sie liebt die Wüste, sagt sie. Zielsicher bringt sie die Wagen in die Nähe des kleinen Steinkreises, das „Stonehenge" von Nabta.

Wir drehen die beiden, wie sie fachsimpeln, für welche religiösen Rituale oder astronomischen Beobachtungen die mysteriösen Stelen wohl eine Rolle gespielt haben mögen. Schließlich befrage ich sie über den Zusammenhang von Klima und Migration, über die noch im Nebel der Vorgeschichte liegenden Ursprünge der ägyptischen Hochkultur, über das Toshka-Projekt und die Gefährdung dieses prähistorischen Fundplatzes.

Die Wüste vergisst nichts, sagt Kuper, und sie verzeiht nichts. Nirgendwo wachse Gras über eine Wunde. Die Spuren, die Menschen hinterlassen, bleiben lange sichtbar. Kuper erzählt, wie er vor Jahren in der Libyschen Wüste auf die Wagenspuren des ägyptischen Wüstenforschers Prinz Kemal el Din gestoßen sei – Spuren aus den 20er

Jahren. Sie hätten auch die Bezinkanister des „Englischen Patienten" Ladislaus Almásy gefunden (mit der Aufschrift „Wehrmacht 1942"). Die Wüste hebt alles auf.

„Wenn man an eine solche Stelle in der völligen Einsamkeit kommt", sagt er, „da fragt man sich: Wer war schon vor dir da? Der steinzeitliche Mensch, der hier als Jäger und Sammler lebte, der Forscher der 30er Jahre, auf dessen Lager man irgendwo stößt. Das schafft auch irgendwo Verbindungen zu Menschen, die man nie im Leben gesehen und gekannt hat, weil die sich mit den gleichen Herausforderungen auseinandersetzen mussten, mit denen man selbst konfrontiert ist."

„Danke! Das war's", sagt Thomas. Letzter O-Ton. Wir umarmen uns, bedanken uns bei Kuper und Heba. Es war ein langer Dreh. Wir sind alle einigermaßen müde. Harald und Willi verstauen die Ausrüstung im Wagen. Kuper, Heba und Thomas gehen zur Wanderdüne hinüber. Abdul Haris nimmt den ersten Schluck Wasser.

*Der Mensch muss, um überlebensfähig zu sein, nicht
nur wissen, sondern auch vergessen. Die Macht des
Vergessenkönnens ist ebenso stark wie die des Wissens.*

ANDREAS URS SOMMER
„LOHNT ES SICH, EIN GUTER MENSCH ZU SEIN"

Abschied von der Wüste. Nomadenfragen. Woher kommst du? Wohin gehst du? Rudolph Kuper wird sich gleich auf den Weg nach Dakhla machen, um wenige Tage später mit den Kollegen in den Tschad zu fahren. Thomas, Harald und Willi haben bereits Telefonate über den nächsten Dreh geführt. Bob Rush ist auf dem Weg nach Yuma. Die Toshka-Ingenieure beziehen einen Container auf einer anderen Baustelle. Unsere nubischen Freunde pendeln zwischen Stadt und Land, zwischen Welten und Zeiten.

Woher kommst du? Ich blicke auf die vielen Fußspuren, die wir in Nabta zurücklassen wie Astronauten auf dem Mond. Unser Herkommen, das Lesen der eigenen Fährte, das „Denken der Spur", wie Édouard Glissant die Suche der Migranten nach der eigenen Identität nennt. Was sagen Spuren darüber, wie wir wurden, was wir zu sein scheinen?

Mein Vater hat mir vor Jahren einen Stammbaum übergeben, der die Ahnen bis ins stramme Wurzelwerk der germanischen Völkerwanderung auflistet. Ein entfernter Verwandter, der Anfang der 60er Jahre nach Salt Lake City auswanderte, hatte den Stammbaum erstellen lassen – als Entreebillet für die Mormonen-Seligkeit. Ich beäugte die deutsche Familieneiche, misstrauisch – es gibt auch Bäume, die wurden ein paar Jahre früher erstellt und sprießen aus bemerkenswert reinrassigen Wurzeln. Aber hier stand, geschrieben mit schwarzer Tusche auf kräftigem Pergament, auch mein Name zu lesen, auf einem Ästlein hoch oben im Eichenwipfel. Das Geburtsdatum war eingetragen, Platz gelassen für jenen letzten Tag. Weiter unten im knorrigen Baum standen die Wilhelms, Brunos, Herberts. Ihre Sterbedaten verwiesen auf Merkdaten deutscher Geschichte – Daten, nach denen man deutsche Brücken hätte benennen können: gescheiterte Feld- und Eroberungszüge. Erschreckend viele Vorväter hatten ihr Leben auf einem russischen Acker gelassen. Das Todesdatum meines verschollenen Großvaters konnten wir erst vor wenigen Jahren nachtragen, dank der Öffnung russischer Archive. Er war in den letzten Kriegsmonaten in Astrachan gestorben, vermutlich an der Ruhr, die er sich auf dem Feldzug oder im Arbeitslager in den Wolga-Sümpfen zugezogen hatte.

Als mir mein Vater den Brief der Deutschen Kriegsgräberfürsorge gab, sah ich plötzlich meine Großmutter vor mir, wie ich sie als kleiner Junge wenige Jahre vor ihrem Tod gesehen habe. Im Nachthemd saß sie auf der Bettkante, das aufgelassene lange graue Haar wie eine junge Frau. Sie blickte geistesabwesend in einen Winkel ihres Schlafzimmers. – „Wir sind, was wir erinnern", schreibt Jan Assmann, „und das heißt: Wir sind die Erzählungen, die wir über uns und unsere Vergangenheit geben können." Das stimmt sicher. Aber wir sind auch, was wir vergessen oder verdrängen können, um uns davon zu befreien.

Hätte dieser Brief, wäre er Jahrzehnte früher gekommen, ihr Leben verändert? Hätte sie anders weitergelebt? Ich denke an die traurigen Augen der alten Sherifa. – Es gibt keine Rückkehr in ein untergegangenes Land. Aber Erinnerung zieht bleischwer in eine versunkene Zeit. Da soll einer froh sein, oben im Baum auf seinem wiegenden Ästlein zu sitzen und unbeschwert auf der Höhe seiner Zeit zu schaukeln.

Mein Resümee nach drei Wochen intensiver, anstrengender Dreharbeiten? Wie sehen die Nubier Abu Simbel? Beide wurden versetzt und haben überlebt. Beide haben verloren und gewonnen. Die Nubier verloren ihr Land, von dem sie über kurz oder lang ohnehin nicht mehr hätten leben können. Doch der Verstoß aus dem Paradies machte ihnen erst ihre gemeinsame kulturelle Identität bewusst, zwang sie, den Anschluss an ein modernes Leben zu suchen.

Und Abu Simbel? – Das sanfte Lächeln der Kolosse. Vielleicht gilt es der Ironie der Geschichte. Der ägyptische Imperialbau, der ein nubisches Monument wurde: Denkmal einer verlorenen, Hoffnungsanker einer neuen Heimat. Emblem einer Zukunft, in der sich „Herkunft" auf einer vielfach reflektierenden Seeoberfläche bricht. Projektionsfläche für Erinnerungen und Träume.

Was weiß ich über die Nubier, über Ashraf, Samy, Abdul Haris? Während der Dreharbeiten war kaum Zeit, über Persönliches zu sprechen, ganz abgesehen von den Sprachbarrieren. Ich weiß auch kaum etwas über Thomas, Harald, Willi. Nichts über ihr Herkommen, ihre Ziele, Leistungen, Ambitionen. Am Anfang war spontane Sympathie und im Laufe der gemeinsamen Arbeit das Gefühl der Zusammengehörigkeit.

Wieviel muss man von der Kultur und Identität des anderen wissen und verstehen, als Voraussetzung für Respekt und Freundschaft? Édouard Glissant, der karibische Migrant, beansprucht für jeden Menschen und jede Kultur das Recht auf „Undurchdringlichkeit". „Für mich ist es nicht mehr notwendig, den anderen zu ‚verstehen', das heißt, ihn auf das Modell meiner eigenen Transparenz zu reduzieren, um mit diesem anderen zusammenzuleben oder etwas mit ihm aufzubauen." Was für ein souveränes (Selbst-) Vertrauen! Aber die „Undurchdringlichkeit" des Anderen ist uns in Zeiten des Terrors suspekt geworden. Wir fordern „Transparenz" des anderen als Selbstschutz. Dabei würde es genügen, etwas miteinander aufzubauen, um sich kennenzulernen. Teamarbeit, würde Thomas sagen. Ja, das würde helfen.

Ich gehe zurück zum Wagen und bleibe plötzlich stehen. Vor mir liegt eine rotbraune Steinklinge, an den Rändern wie von Mäusezähnchen benagt. Liegengelassen oder verloren gegangen vor sechs-, sieben- oder zehntausend Jahren, liegt das Stück am aufgebrochenen Straßenrand, in der Nähe eines verbogenen Stahlrohrs. Ich nehme die Steinklinge und lasse sie in meine Jackettasche gleiten. Harald verstaut die letzten Kisten im Wagen. Bevor er das Gepäck hineindrückt, schiebe ich meinen Koffer vor den weiten Horizont und mache ein letztes Foto.

Literaturverzeichnis

Jan Assmann, „Ägypten. Eine Sinngeschichte". Frankfurt/M, 2000.

Ders, „Das kulturelle Gedächtnis. Schrift, Erinnerung und politische Identität in frühen Hochkulturen". München, 2000.

William Y. Adams, „Nubia. Corridor to Africa". Princeton Univ. Press, 1977, 1984.

Marianne Bechhaus-Gerst, „Sprachwandel durch Sprachkontakt am Beispiel des Nubischen im Niltal". Köln, 1995.

Gisela Bonn, „Neue Welt am Nil. Tagebuchblätter einer Reise nach Ägypten und dem Sudan". Stuttgarter Hausbücherei. 1962.

„Brehms Reisen im Sudan 1847 – 1852". Hrsg. von Helmut Arndt. Droemer Knauer 1981

Johann Ludwig Burckhardt, „Entdeckungen in Nubien 1813-1814". Tübingen 1981. Hrsg. und bearbeitet von Helmut Arndt.

J. H. Breasted, „Geschichte Ägyptens." Bertelsmann 1956.

Hassan Dafalla, „The Nubian Exodus." London: Hurst. 1975

Bodo von Dewitz, Karin Schuller Procopovici (Hrsg.), „Die Reise zum Nil. Maxime Du Camp und Gustave Flaubert in Ägypten." Göttingen: Verlag Steidl, 1997.

„Elephantine. Die antike Stadt." Offizielles Führungsheft des Deutschen Archäologischen Instituts Kairo. 1998.

Max Pol Fochet, „Nubien. Geborgene Schätze". Kohlhammer. Stuttgart, 1965.

Robert Fernia, Georg Gerster, „Nubians in Egypt. Peaceful People", Austin, University of Texas Press: 1973.

Georg Gerster, Christiane Desroche-Noblecourt, „Die Welt rettet Abu Simbel". Wien, Berlin: Verlag A.F. Koska, 1968.

Charlotte Trümpler (Hg), „Flug in die Vergangenheit. Archäologische Stätten in Flugbildern von Georg Gerster2. München, 2003.

Thomas Giefer, „Formatierte Indianer". In: Julia Bayer, Andrea Engl, Melanie Liebheit (Hg.), „Strategien der Annäherung. Darstellungen des Fremden im deutschen Fernsehen." Bad Honnef: Horlemann, 2004. S. 201 – 216.

Édouard Glissant, „Kultur und Identität. Ansätze zu einer Poetik der Vielheit". Wunderhorn, 2005.

Johann Wolfgang Goethe. „Tagebuch der Italienischen Reise 1786. Notizen und Briefe aus Italien". Mit Skizzen und Zeichnungen des Autors. Herausgegeben und erläutert von Christoph Michel. Frankfurt: Insel, 1976. Seite 89.

Jocelyn Gohary, „Guide to the Nubian Monuments on Lake Nasser". The American University in Cairo Press 1998.

Omar El Hakim, „Nubian Architecture". Cairo: The Palm Press, 1999.

H. Hartleben in: „Champollion. Sein Leben und sein Werk". Zwei Bände. Berlin, Weidmannsche Buchhandlung 1906.

Mohammed Heikal, „Das Kairo Dossier. Aus den Geheimpapieren des Gamal Abdel Nasser". Molden Verlag: Wien, 1972, Seite 50.

Friedrich W. Hinkel, „Auszug aus Nubien". Berlin: Akademie-Verlag, 1977

Anna Hohenwart-Gerlachstein, „Nubienforschungen. Dorf- und Sprachstudien in der Fadídja-Zone". Acta Ethnologica et Linguistica Nr. 45. Wien, 1979.

Fuad Ibrahim, „Der Hochdamm von Assuan. Ein schwerer Eingriff in das Ökosystem." E & Z Entwicklung und Zusammenarbeit H.10 (1982), S. 5-7.

Ders., „Der Hochdamm von Assuan – eine ökologische Katastrophe?" Geographische Rundschau 36 (H. 5), S. 236 – 242.

Ders., „Nubien – das Ende einer Kultur im Stausee. Die Auswirkungen des Hochdamms von Assuan in ökologischer und ethnischer Sicht." In: Stüben, P.E., Nach uns die Sintflut: Staudämme –Entwicklungs"hilfe". Focus-Verlag, Giessen, 1986.

Ders., „Der Assuan-Staudamm und seine Folgen. Aussagen und Ergebnisse eines multidisziplinären Sachverständigengesprächs im Auftrage des BMZ." Frankfurt/M. 1986.

Günter Meyer, Liberalisierung und Privatisierung der ägyptischen Landwirtschaft. In: Erdkunde. Archiv für wisenschaftliche Geographie. Band 49/ 1995, Seite 27.

Werner Muensterberger, „Sammeln. Eine unbändige Leidenschaft. Psychoanalytische Perspektiven". Suhrkamp 1999.

Hermann Fürst von Pückler-Muskau, „Aus Mehmed Alis Reich. Ägypten und der Sudan um 1840". Manesse, 1994.

Richard Lepsius, „Denkmäler aus Ägypten und Äthiopien". 12 Bände und ein Ergänzungsband. Leipzig 1913.

Säve-Söderbergh, Torgny (Hg.): „Temples and Tombs of Ancient Nubia". The International Rescue Campaigns at Abu Simbel, Philae and Other Sites, Thames & Hudson/UNESCO, London/Paris, 1987.

Mokhtar M. Khalil, „Wörterbuch der nubischen Sprache (Fadija/Mahas Sprache)". In: Nubica. Internationales Jahrbuch für koptische, meroitisch-nubische, äthiopische und verwandte Studien. Hrsg. von Stefan Jakobielski & Piotr O. Scholz. Warszawa 1996.

Edward W. Said, „Am falschen Ort. Autobiografie". Berlin Verlag, 2000.

Piotr O. Scholz, „Abu Simbel. In Stein verewigte Herrschaftsidee." Köln, 1994.

Wolfgang Struck, Du hörst die Trommeln nachts dröhnen, doch du wirst sie nie verstehn. Konstruktionen des Fremden in Film und Fernsehen. In: Strategien der Annäherung. Seite 23.

Fatima El-Tayeb, „Schwarze Deutsche. Der Diskurs um »Rasse« und nationale Identität 1890 – 1933". Frankfurt: Campus Verlag, 2001.

Freda Utley, „Arabische Welt – Ost oder West? Vom neuen Schauplatz des Kalten Krieges". Plesse Verlag Göttingen 1958

Richard Wagner, „Abschied vom Territorium". In: Frankfurter Rundschau, 8. Juli 2003.

Ossama Abdel Wareth, „The New Nubia Museum in Aswan." In: Nubia Studies 1998. Boston, Massachusetts, 1998. S. 189 – 190.

Fred Wendorf (ed), „Contributions to the Prehistory of Nubia". Vol. 1. Dallas, Fort Burgwin Research Center and Southern Methodist University Press, 1965.

Fred Wendorf (ed.), „The Prehistory of Nubia". Vol. 2. Dallas, Fort Burgwin Research Center and Southern Methodist University Press, 1968.

Fred Wendorf, Romuald Schild, „Nabta Playa and Its Role in Norteastern Afrivan Prehistory". In: Journal of Anthropology and Archaeology 17 (1998), 97 – 123.

Peter Wolff, „Der Hochdamm von Assuan: Drei Jahrzehnte Pro und Contra." In: Zeitschrift für Bewässerungswirtschaft, 33. Jahrg., Heft 1/1998,

Ders., „Der Nilschlamm und sein Einfluss auf die Fruchtbarkeit der Ackerböden in Ägypten." In: Der Tropenlandwirt, Zeitschrift für die Tropen und Subtropen, 1986.

Ders., „In Ägypten wird das Wasser knapp." Zeitschrift für Bewässerungswirtschaft. 27. Jahrgang, Heft 1, April 1992, S.3 ff.

Über den Autor

Rüdiger Heimlich, 1959 in Koblenz geboren, ist promovierter Literaturwissenschaftler. Seit 1992 ist er Kulturredakteur beim Kölner Stadt-Anzeiger und arbeitet als freier Journalist für Radio, Fernsehen und diverse Zeitungen. Das Buch entstand im Zusammenhang mit der TV-Dokumentation „Abu Simbel. Ein Tempel bewegt die Welt" für Arte/WDR.

Danksagung

Eine Reise beginnt lange bevor man ein Flugzeug besteigt und sie endet nicht, wenn der Koffer wieder leer im Keller steht. Viele Menschen haben mich auf den Weg gebracht, viele haben mir noch geholfen, als ich mit mehr Fragen zurückkehrte als ich aufgebrochen war. Ihnen allen sage ich ein herzliches Danke! Viele kommen in diesem Buch vor, einigen möchte ich noch einmal ausdrücklich danken: Rudolph Kuper und seinen Kollegen vom Kölner Heinrich-Barth-Institut, Beatrice und Cornelius von Pilgrim vom Schweizer Institut für Ägyptische Bauforschung und Altertumskunde in Kairo. Danke für die Hilfe und Gastfreundschaft. Da ist Wafaa el-Saddik, die Direktorin des Ägyptischen Museums in Kairo, und ihr Mann Asmi Rabat. Danke für die vielen Telefonate und Kontakte. Wissenschaftlichen Rat verdanke ich den Professoren Marianne Bechhaus-Gerst und Peter Wolff. Da sind Georg Gerster und Harald Cremer, die mir einige ihrer wunderbaren Fotografien für dieses Buch überließen, und die Hochtief AG, die es ermöglichte, diese Bilder in Farbe zu drucken. In Freundschaft und Dankbarkeit denke ich an Ashraf und Wahby Geyer, an ihre Familien und Freunde in Abu Simbel Gedid, an Hosean Mokhtar in Abu Simbel, an Achmed Shendy in Kairo. Eine Umarmung gilt zuletzt Abdul Haris und Marina, Thomas, Harald, Willi, meiner Frau Astrid und meinem Sohn Lennard. Unsere Reise geht weiter.

REISEVERFÜHRER

MEXIKO
Ingo Becker-Kavan
Mexiko
Land der Geheimnisse und Mythen
224 S., br., zahlr. s/w-Fotos und Karten, ISBN 3-89502-180-6

KAMBODSCHA
Heinz Kotte / Rüdiger Siebert
Der Traum von Angkor
Kambodscha/Vietnam/Laos
256 S., br., zahlr. s/w-Fotos und Karten, ISBN 3-89502-111-3

GRIECHENLAND
Siegbert Isbrecht
Reisen in Hellas
Mit der Eisenbahn durch Griechenland
192 S., br., zahlr. s/w-und Farb-Fotos und Karten, ISBN 3-89502-163-6

FRANKREICH
Ulrich Straeter
Bretagne bleu
184 S., br., zahlr. Abb und Karte, ISBN 3-89502-138-5

IRLAND
Hans Ulrich Happe
Die Antwort der Kobolde
Reiseerlebnisse in Irland
136 S., br., zahlr. s/w-Fotos und Karte, ISBN 3-89502-206-3

SÜDSEE
Rainer Würth
Die Ameisen von Tanumatiu-Beach
Unterwegs in der Südsee
160 S., br., Karte, ISBN 3-89502-209-8

INDIEN
Rüdiger Siebert
Indien südwärts
Vom Kalkutta zum Kap Komorin
248 S., br., zahlr. s/w-Fotos und Karte, ISBN 3-89502-198-9

VIETNAM
Heinz Kotte / Rüdiger Siebert
Vietnam hautnah
Ein Land im Umbruch
212 S., br., zahlr. s/w-Abb., ISBN 3-89502-214-4

Bitte fordern Sie unser aktuelles Gesamtverzeichnis an

Horlemann Verlag • Postfach 1307 • 53583 Bad Honnef
Telefax 0 22 24 / 54 29 • E-Mail: info@horlemann-verlag.de
www.horlemann-verlag.de

NAHER OSTEN

Evelyne Accad
Die Beschnittene
Roman / Libanon
144 S., Englische Broschur
ISBN 3-89502-129-6

Andrée Chedid
Verschüttet
Roman / Ägypten
192 S., gebunden mit Schutzumschlag
ISBN 3-89502-114-8

Rebecca Hillauer
Freiräume – Lebensträume
Arabische Filmemacherinnen
352 S., br, mit zahlr. s/w-Fotos., ISBN 3-89502-128-8
Hinter der Kamera oder im täglichen Leben: Arabische Filmemacherinnen übertreten mit ihrer Berufswahl die ihnen noch immer eng gesteckten Grenzen von Tradition und Moral. Ob Muslimin, Christin, Jüdin, Atheistin – sie gehören zru Avantgarde ihrer Generation. DIe hier versammelten Interviews, Filmkritiken, Bio- und Filmographien sowie vertiefenden Essays geben Auskunft über ihre Lebens- und Arbeitsbedingungen.

Georges Corm
Europa und der Nahe Osten
Modernisierung oder Barbarei?
364 S., br., ISBN 3-89502-010-9
„Was das Werk von Georges Corm vor allem auszeichnet ... ist der intellektuelle Mut des Autors... Dieses leidenschaftliche Buch trägt entscheidend zur Erhellung der gegenwärtigen geschichtlichen Situation im Orient bei."
Le Monde diplomatique

Bitte fordern Sie unser aktuelles Gesamtverzeichnis an

Horlemann Verlag • Postfach 1307 • 53583 Bad Honnef
Telefax 0 22 24 / 54 29 • E-Mail: info@horlemann-verlag.de
www.horlemann-verlag.de